Guérir
de ses peurs

12 étapes pour vaincre
l'agoraphobie, l'anxiété et les peurs

Données de catalogage avant publication (Canada)

Jean, Nathalie

    Guérir de ses peurs: 12 étapes pour vaincre l'agoraphobie, l'anxiété et les peurs

    ISBN 2-89436-054-1

    1. Phobies. 2. Agoraphobie. 3. Angoisse. 4. Autodéveloppement. I. Titre.

RC535.J42 2001   616.85'225   C2001-940455-7

Infographie:
    Caron & Gosselin

Mise en pages:
    Composition Monika, Québec

Révision linguistique:
    Renée Lemay

Éditeur:
    Éditions Le Dauphin Blanc
    C.P. 55, Loretteville, Qc, G2B 3W6
    Tél.: (418) 845-4045 – Fax: (418) 845-1933
    E-mail: dauphin@mediom.qc.ca

ISBN 2-89436-054-1

Dépôt légal:
    2e trimestre 2001
    Bibliothèque nationale du Québec
    Bibliothèque nationale du Canada

Nathalie Jean

Guérir
de ses peurs

*12 étapes pour vaincre
l'agoraphobie, l'anxiété et les peurs*

Le Dauphin Blanc

Remerciements

Je tiens à remercier infiniment ces personnes qui m'ont aidée à comprendre tout ce dont j'avais besoin pour développer ma technique:

Réjean Dézièl
Suzanne Fiset
Mariette Paquet
Yannick Yoakam
Marie-Lorraine Bérubé

Je tiens à remercier tout particulièrement Sylvie De Blois, qui me tient à cœur et en qui j'ai beaucoup d'admiration, pour sa grandeur d'âme et sa générosité. Cette personne m'a été d'une aide très précieuse et comme le hasard n'existe pas, elle est entrée dans ma vie comme un arc-en-ciel après un orage. Je la remercie pour sa très grande disponibilité et sa compréhension face aux problèmes concernant l'agoraphobie.

Je veux également exprimer ma gratitude envers Carl Turgeon pour ses conseils éclairés et son encouragement à la réalisation de cet ouvrage.

Avertissements

IL EST IMPORTANT DE PRÉCISER QUE DANS CERTAINS CAS, UN SUPPORT ET UN SUIVI PAR UN THÉRAPEUTE PROFESSIONNEL PEUVENT S'AVÉRER NÉCESSAIRES.

Il vaut mieux essayer et réussir
que d'attendre en vain la réussite.

Nathalie Jean

Table des matières

Avant-propos

Après 15 années de recherche et de vécu d'agoraphobe, j'ai décidé d'écrire ce guide. Par le cheminement proposé, je me suis sortie de ce mal de vivre qu'est l'agoraphobie. Aujourd'hui, je goûte enfin à la liberté d'être et c'est merveilleux de vivre ainsi libérée de ses peurs obsessionnelles. Pendant plusieurs années, j'ai espéré vivre ce moment. La douleur était tellement forte que je doutais de pouvoir y arriver un jour. Maintenant, je comprends que je devais trouver le chemin pour le montrer à d'autres. Mon parcours fut long et pénible et c'est la raison pour laquelle ma technique est si efficace. Elle provient d'un vécu, de souffrances, de recherches, d'études, d'intégration et surtout de résultats positifs.

Après m'être sortie de ce problème, j'ai pratiqué cette technique sur beaucoup de personnes et toutes ont eu des résultats concluants. J'ai donc commencé à traiter les gens et le résultat était toujours le même. Je suis intervenue auprès d'une centaine de personnes et tout comme moi, elles ont pu goûter à la liberté. La technique est très efficace puisqu'elle a permis aussi à plusieurs personnes de l'extérieur de ma région, que je n'ai jamais rencontrées, de pouvoir s'en sortir en suivant ma méthode. Je pratique la psychothérapie depuis plusieurs années et je suis spécialiste de la «*peur d'avoir peur*». Je m'intéresse aussi aux problèmes de comportements associés aux émotions. J'exerce également la massothérapie (polarité, suédois) et j'ai une formation de thérapeute énergétique.

Ce livre s'adresse à toutes les personnes voulant se libérer de leurs peurs (agoraphobie, claustrophobie, phobies diverses et mal de vivre), apprendre à gérer leurs émotions, à se sortir de la dépression et du burn out. Enfin, il s'adresse à tous ceux qui veulent apprendre à vivre. Je dédie donc ce livre aux gens qui veulent suivre ce chemin jusqu'à la sortie, en vivant les étapes une à une. Tout au long du parcours, je vous accompagne avec mon cœur et ma simplicité. Si vous avez de la difficulté, recommencez sans vous décourager et pensez que j'ai déjà porté cette souffrance, tout comme vous.

Je vous souhaite la bienvenue et bonne chance vers le chemin de la libération.

Nathalie Jean

Les douzes étapes

Les 12 étapes proposées ici ne sont pas les étapes des Alcooliques Anonymes (AA). Ce sont des étapes qui amènent la personne à guérir de ses peurs et à se libérer du mal de vivre. Elles sont simples et faciles à intégrer. Il s'agit d'avoir la volonté et le désir de changer. Ces étapes sont basées sur mon vécu, mes recherches personnelles ainsi que ma formation en psychologie.

J'ai enseigné les 12 étapes à plusieurs personnes et j'ai remarqué que chacune a un rythme d'intégration qui lui est propre. Pour certaines, ce rythme est plus rapide et pour d'autres, le processus est plus long. Cela n'a rien à voir avec l'intelligence, mais plutôt avec la personne elle-même et surtout le nombre de blessures à traiter. Si on prend l'exemple d'une personne qui a vécu une enfance assez traumatisante et qui souffre d'agoraphobie depuis 20 ans, ce sera plus long que pour celle qui en souffre depuis seulement 2 ans avec un passé moins chargé. Vous devez donc vous donner le temps d'intégrer une à une les étapes mentionnées. Si vous avez de la difficulté avec une étape, reprenez-la au début et respecter votre rythme en vous disant que c'est peut-être celle que vous avez le plus besoin d'intégrer.

À chaque chapitre, je vous propose des façons de faire (méthodes, techniques, conseils) pour intégrer une à une les 12 étapes.

J'ai écrit ce guide pour informer les gens mais surtout pour expliquer comment on se sort de cet enfer, et ce, en utilisant les méthodes suggérées. Ce livre est un guide pour l'agoraphobe. Il vous aidera à cheminer vers la guérison de vos peurs.

Introduction

Dès mon jeune âge, j'étais une enfant anxieuse et angoissée. J'avais tendance à exagérer et à dramatiser les situations. Si je recule dans le temps et que je me compare à mes frères et sœurs, j'étais celle qui avait de la difficulté à accepter les évènements, je me battais pour tout et pour rien. Déjà je dominais et j'avais peur de perdre le contrôle. Je devais contrôler par peur qu'il m'arrive quelque chose et que je ne sois pas capable d'y faire face vu mon jeune âge. Je portais en moi le sentiment de trahison et pour ne plus le ressentir, je développais mon psychique pour être aux aguets et pour prévenir les coups.

J'étais perfectionniste et je n'aimais pas échouer. Mes premiers symptômes d'agoraphobie ont commencé vers l'âge de 7 ans. En première année, je ressentais de vilains maux de tête et une certaine peur indéfinissable. Quand cela m'arrivait, le professeur m'envoyait chez-moi. Je commençais déjà à fuir les situations difficiles. Mes parents me disaient que j'étais malade tout simplement. Ma sensibilité était développée à un point tel que je ressentais toutes les personnes qui pouvaient vivre des émotions négatives. J'étais la première d'une famille de 6 enfants et ma mère, à cause de son problème d'agoraphobie, m'avait confié des responsabilités trop grandes. Je pris donc ces responsabilités et tout au long de mon enfance je me sentais responsable de mes frères et sœurs. Je me rappelle la première fois où j'ai eu peur de mourir. Cette peur fut occasionnée par un bonbon que j'avais avalé et qui était demeuré coincé au niveau de ma gorge. Ma mère qui avait la phobie de l'étouffement me laissa avec ma peur et sortit à l'extérieur pour revenir par la suite et m'enlever ce fameux bonbon. Elle me dit ensuite que j'aurais pu mourir et que je ne devais plus jamais manger de bonbons. J'ai développé dès lors la peur de m'étouffer. Le soir lorsque je me retrouvais dans mon lit, je craignais la noirceur. Je voyais et sentais des choses que je ne pouvais expliquer vu mon jeune âge. Un soir, je me suis réveillée et j'ai constaté que ma mère n'était pas là, j'étais seule avec mes frères et sœurs. Je me mis alors à pleurer et à chercher ma mère. Durant tout ce temps, j'étais convaincue qu'elle ne reviendrait pas. Ce fut mon premier contact réel avec l'abandon. J'étais toujours terrorisée par l'idée qu'elle me quitte pour ne plus revenir.

À l'âge de 12 ans, la situation s'est aggravée. Je faisais des crises sévères d'anxiété aiguëe, accompagnées de troubles de panique. J'étouffais, j'avais l'impression de manquer d'air et surtout de ne plus être capable de respirer. Finalement c'était de l'hyperventilation. Je courrais à l'extérieur pour chercher de l'air et j'étais certaine que j'allais mourir. Ma mère, qui était aussi agoraphobe, paniquait plus que moi. Elle ne pouvait m'aider car elle se reconnaissait en moi et elle y voyait sa propre peur. Elle prit finalement la décision de me faire examiner par un médecin qui m'hospitalisa. On me fit passer une série d'examens et tout s'avéra normal. Le diagnostic fut que j'étais tout simplement une adolescente anxieuse et nerveuse.

Je repartis donc avec mes peurs et mon anxiété qui étaient toujours présentes. Je continuais à vivre ainsi en prenant toujours ma mère comme modèle. L'anxiété m'amenait souvent des maladies: grippe, otite, sinusite, amygdalite, bronchite et problèmes de surdité. Les années passaient et j'avais toujours à l'intérieur de moi un mal que je ne pouvais expliquer. De plus, je vivais dans un milieu familial disfonctionnel.

À l'âge de 17 ans, au moment où je m'apprêtais à débuter mes études collégiales, l'agoraphobie s'installa dans ma vie d'une façon très sévère. En peu de temps, je ne fus plus capable de sortir de chez-moi. J'étais confinée à la maison. Les premiers symptômes s'étaient manifestés dans un centre commercial où il y avait beaucoup de monde. Tout à coup, je fus prise de malaises, d'étourdissements, de vertiges, mon cœur battait très fort et j'avais le sentiment que j'étais dans un monde irréel. Ma première réaction fut de sortir du magasin et de m'en aller. Par la suite, j'ai eu d'autres crises à des endroits différents, autos, autobus, dans la rue, etc. À chaque fois qu'une crise se manifestait, je fuyais et je ne retournais plus à cet endroit. En peu de temps, je ne pouvais plus sortir du tout. Je ne savais pas ce que j'avais, je pensais que j'avais des problèmes avec mes yeux. Mais, c'était de la dépersonnalisation. Je croyais même avoir une maladie que les médecins ne pouvaient reconnaître. Donc, je me suis retrouvée à 18 ans coincée dans une maison, sans sortir durant 4 années.

Je ne peux exprimer par des mots l'ampleur de ce que j'ai vécu. Je faisais des paniques tous les jours, même si je ne sortais pas. Le soir, j'appelais tous les services d'écoute téléphonique, je ne mangeais presque plus, j'étais devenue anorexique. Mon corps tout entier me faisait mal, j'avais la mâchoire inférieure barrée et je devais porter un appareil. J'étais tellement stressée que ma pression artérielle était élevée et je devais prendre des Indérals pour le cœur. J'avais des problèmes de surdité et plusieurs fois par jour mes oreilles se bouchaient au point de ne plus entendre. Je me sentais comme sans vie dans un monde où je ne voulais pas être, car c'était trop difficile. Je me retrouvais tellement coincée que je pensais à creuser un trou dans la terre et à me cacher dedans. C'était tout simplement un enfer. Je me sentais complètement à part, comme si je venais d'une autre planète. J'enviais tellement les autres d'être bien dans leur peau, que je croyais que j'étais anormale et que plus jamais je ne pourrais vivre normalement. Je suis descendue très bas dans la peur d'avoir peur et je me sentais morte et sans vie.

Pendant cette période durant laquelle je ne sortais pas, je fis beaucoup de recherches et j'essayais plusieurs médecines douces dont l'homéopathie, l'acupuncture et la naturopathie.

Tous ces spécialistes venaient chez-moi. Les traitements étaient très dispendieux et ne donnaient toujours pas de résultat. J'ai rencontré, sans succès, plusieurs psychologues jusqu'à ce que j'en découvre un excellent. Il a été à la base de ma réhabilitation. Il m'a beaucoup appris, car il avait déjà été atteint de ce problème. Il utilisait avec moi la thérapie cognitive. Tous les jours, je devais me pratiquer dans des endroits anxiogènes, on appelle cela faire du *in vivo*. Chaque fois que je vivais une situation difficile, je redescendais. Ce que je ne comprenais pas, c'est qu'un jour je pouvais aller très loin et le lendemain, j'étais incapable de bouger. Donc, à l'intérieur de moi il manquait quelque chose de fondamental et je savais que j'allais le trouver. Avec l'aide de mon psychologue, je réussis à sortir de la maison, mais avec beaucoup d'efforts et d'anxiété. Je réussissais à aller dans la rue et je dois avouer que j'en ai usé des pantalons à m'asseoir sur les trottoirs pour attendre que l'anxiété passe. Par la suite, j'arrivais à me déplacer en auto mais en faisant beaucoup d'anticipation et en gardant toujours ce mal de vivre à l'intérieur de moi. Entre-temps, j'avais toujours des maladies que je devais combattre. Par contre je gardais toujours l'espoir car je voulais trouver le chemin de la sortie. Chaque jour, j'essayais de nouvelles méthodes, de nouveaux traitements, toujours sans trop d'amélioration. Mon psychologue m'avait parlé de différentes sortes d'exercices corporels tels l'antigymnastique, le Feldenkrais, le yoga, les techniques Mézière, Alexander, Trager, etc. Ayant tout essayé, je n'avais rien à perdre. Je me suis donc inscrite à une séance de Feldenkrais qui propose la prise de conscience par le mouvement. Les mouvements sont faits à partir de ceux du bébé. On est connecté directement sur le senti et les émotions. Déjà après une séance, on sent un changement. Cette technique nous ramène dans notre corps et nous redonne confiance en nous graduellement, car l'agoraphobe a peur d'habiter son corps. Par la suite, j'ai étudié l'antigymnastique, les chaînes musculaires de Françoise Mézière, tout ce qui touchait le corps, la massothérapie et enfin la polarité qui est aussi excellente pour les agoraphobes. La meilleure technique à mon avis pour reprendre contact avec son corps est la méthode Feldenkrais.

Après toutes ces démarches, je m'étais beaucoup améliorée, mais il me restait encore quelque chose à faire. J'ai alors étudié la psychothérapie. Cette technique vise la prise de conscience par les émotions. Avec tout ce bagage d'études, j'avais trouvé la sortie, car la clé de l'agoraphobie réside dans les émotions. Après 13 années de recherche et de souffrance, je me sentais bien et pour la première fois, je voyais la lumière au bout du tunnel. Mais comme cela faisait plusieurs années que je vivais avec beaucoup de tension, j'ai du être hospitalisée pour la maladie de Crohn (intestins). On voulait me faire une colostomie, tellement j'étais avancée dans la maladie, mais comme j'étais certaine que toutes les souffrances viennent de nos émotions, je ne voulais pas. J'ai décidé de travailler sur l'émotion qui m'avait amenée à la maladie et d'en guérir. De toute manière, je venais de passer à travers de nombreux obstacles et plusieurs maladies donc je n'en étais pas à ma première expérience avec la souffrance.

Avec le temps, je réussis à me guérir de la maladie de Crohn. Par la suite, j'ai pu profiter de mon bien-être et vivre dans un corps en santé. Je fis de nombreux voyages et toutes sortes de folies, car après avoir été privée de tant de choses, je voulais tout goûter et tout prendre de ce que la vie m'offrait.

En résumé, j'affirme qu'on peut se sortir complètement de l'agoraphobie et que c'est merveilleux de vivre pleinement la vie en étant bien dans tout son corps. Pour vaincre cet état, il faut travailler sur les plans mental, physique, psychique et spirituel. Si on ne fait que travailler sur un seul plan, cela ne fonctionnera pas car il restera toujours quelque chose. Après tout ce vécu et ces nombreuses années de recherches, j'ai développé ma propre technique qui donne des résultats exceptionnels. En fait, c'est une combinaison de tout ce qui m'a permis de m'en sortir. Par la suite, pour valider la technique que j'avais élaborée, je l'ai mise en pratique avec plusieurs personnes, notamment avec une personne qui ne sortait plus de chez-elle depuis 40 ans. Après seulement treize rencontres, cette personne était guérie à 80 %. Ces résultats concluants m'ont démontré l'efficacité de ma méthode. Je pratique aujourd'hui la psychothérapie et la massothérapie. J'ai aussi mis sur pied une association qui s'appelle «Les 12 étapes pour vaincre l'agoraphobie» et je donne chaque semaine des ateliers de groupe où j'y enseigne ma méthode.

Je comprends maintenant pourquoi j'ai été agoraphobe de façon aussi sévère. Je devais trouver le chemin pour le montrer à d'autres, car je connais la route pour arriver à la guérison. Laissez-moi vous la montrer.

Comprendre l'agoraphobie

Le mot «agoraphobie» signifie «peur des grands endroits, des foules, du public, etc.» Mais dans la réalité, c'est la peur d'avoir peur. Donc, cela n'a rien à voir avec l'endroit, mais c'est plutôt une association et un conditionnement. L'agoraphobie est une fuite pour ne pas sentir les vraies peurs qui se cachent au cœur de l'être. Les symptômes d'agoraphobie deviennent des prétextes pour éviter des situations ou des gens. Ce n'est pas une maladie mentale ni un problème physique et il n'y a aucun risque de perdre la raison ou de mourir.

L'autre jour, je tentais d'expliquer les symptômes de l'agoraphobie à une personne qui n'en avait jamais souffert. Je lui mentionnais de s'imaginer dans un avion qui s'écrase. La peur serait alors un état évident et normal. Pour la personne atteinte d'agoraphobie c'est la même chose, l'avion en moins. Dans les deux cas, c'est une question de survie. Dans l'un, la peur est tout à fait justifiée puisque la vie est vraiment en danger et dans l'autre, la personne se sent en danger, mais ce danger n'est pas réel. Elle se sent menacée par ses peurs enfouies au fond d'elle-même et qu'elle ne veut pas ressentir par crainte de mourir ou de perdre la raison. Tout ceci est inconscient bien sûr.

Les réactions

- **RÉACTIONS PHYSIQUES:** étourdissements, difficultés à respirer, étouffements, hyperventilation, chaleurs, tremblements, palpitations, spasmophilie, nausées, vomissements et engourdissements.

- **RÉACTIONS COGNITIVES:** sentiment d'étrangeté, peur de perdre le contrôle, de s'évanouir, de mourir, etc.
- **RÉACTIONS COMPORTEMENTALES:** fuite et évitement.

C'est par la mémoire du subconscient et la réaction comportementale que l'on grossit le noyau de l'agoraphobie ou de la phobie. Pour résumer, la personne a un symptôme une fois, ensuite elle fuit, puis elle évite et le processus est enclenché. C'est la fuite et l'évitement qui grossissent le noyau de la peur. C'est comme si vous affirmiez à votre esprit que les symptômes sont réels et qu'ils représentent la réalité, donc l'état de panique s'intensifie d'une fois à l'autre.

Il est très important de comprendre ce qu'est l'agoraphobie pour pouvoir s'en libérer. Durant les 13 ans où j'ai subi l'agoraphobie, et comme à peu près tous ceux souffrant de ce problème, j'ai tenté plusieurs thérapies et essayé tout ce qui existait comme médecine douce, sans jamais avoir de très grands résultats. J'ai fait des recherches pendant plus de 15 ans pour en venir à la conclusion que l'agoraphobie est **un mal de vivre**.

La personne agoraphobe n'a pas appris à vivre; elle ignore comment vivre. Elle a une très grande difficulté à gérer ses émotions. Elle dramatise et amplifie les événements. Ses pensées sont négatives et elle leur donne beaucoup de pouvoir. Ses pensées viennent de son subconscient, mais elle croit qu'elles viennent de son mental (intelligence), ce qui est complètement faux. Par exemple, elle vit une situation qu'elle va amplifier. Elle enregistrera par la suite uniquement le négatif de cette situation, sans même en voir le côté positif. Elle sera portée à croire qu'elle a raison. Ensuite, elle dira que c'est la faute des autres ou de la situation; ou à l'opposé elle prendra sur elle tout ce qui arrive aux autres. Au lieu de prendre la responsabilité de sa propre vie, elle prend plutôt celle des autres.

Il est très difficile selon moi de se sortir de ce mal de vivre sans aide. Pour apprendre à jouer du piano, nous devons avoir un professeur. Pour apprendre à vivre et à être libre à l'intérieur de soi, c'est la même chose.

Les critères pour reconnaître l'agoraphobe?

* Hypersensibilité, 7e sens;

* Responsable du bonheur et du malheur des autres;

* Plexus ouvert et veut contrôler à sa façon;

* Ne prend pas sa place;

* Peur de la mort à tous les niveaux;

* Dépendance du lien maternel;

* Manque d'amour envers soi;

* Hypoglycémie;

* Psychique très développé;

* Sentiments négatifs, abandon, trahison, rejet, injustice et humiliation (qui se caractérisent sous deux grandes peurs: la peur de la mort et celle de la folie).

L'agoraphobe est une personne qui, dans son enfance, s'est tout simplement trop ouverte aux émotions des autres (hypersensibilité) en se croyant responsable du bonheur et du malheur des personnes qui l'entouraient et en prenant sur elle de trop grandes responsabilités qui ne lui appartenaient pas. Par conséquent, elle développe généralement son psychisme au-delà de la moyenne des gens pour pouvoir être aux aguets et prévenir le malheur qui peut survenir dans sa vie, d'où vient le besoin de contrôler. Cela explique pourquoi le plexus est ouvert (capter toutes les émotions et les peurs des autres) et que la personne veut tout contrôler à sa façon. Elle ne prend pas sa place. Elle a peur de la mort à tous les niveaux (déménagement, divorce, mariage, etc.) et craint aussi de perdre la raison. Elle est dépendante du lien maternel (dépendance affective). À l'âge de 2 ans, l'enfant a besoin de se sentir aimé. Ce n'est nullement un caprice comme on peut parfois le croire. Si ce besoin n'est pas comblé ou s'il est interprété comme étant un abandon ou un rejet par celui qui porte cette blessure à l'intérieur de lui, il développera une dépendance et toute sa vie il recherchera l'amour maternel dans ses relations affectives. L'agoraphobe souffre d'hypoglycémie dans 95 % des cas. Pour compenser son manque d'amour envers lui-même, il mange beaucoup de sucre et se nourrit très mal, d'où l'importance d'une bonne alimentation recommandée pour les personnes agoraphobes. On doit comprendre qu'on nourrit son corps comme son esprit.

Les vraies peurs qui se cachent derrière l'agoraphobie

* Abandon = dépendance affective
* Rejet = fuite
* Trahison = contrôle et victimisation
* Injustice = jugement et peur de l'échec
* Humiliation = honte et culpabilité

Le plexus est le centre de nos émotions. Il nous permet de ressentir et il est situé à l'ombilic (ventre). Ensuite, nous avons le subconscient dont une partie est située au niveau du plexus et l'autre dans le cerveau. Pour comprendre, je vous donne un exemple. Imaginons une personne sur le point de devenir agoraphobe. Elle contrôle son travail, ses enfants, son conjoint, etc. Tout à coup, elle perd son emploi et son conjoint la quitte. Elle se met à avoir des symptômes d'agoraphobie : palpitations, étourdissements, etc. Elle fuit et le processus est enclenché. Ce que la personne ignore, c'est qu'elle est en réaction à une information (émotion) et que la vraie peur se cache derrière ses symptômes.

Par exemple :

* **L'abandon** qui amènera la personne à être dépendante affectivement ;
* **La fuite** qui amènera la personne à paniquer ;
* **La trahison** qui amènera la personne à contrôler ;
* **L'humiliation** qui amènera la personne à avoir honte ;
* **La culpabilité et l'injustice** qui amèneront la personne à ne rien ressentir, à se juger ;
* **La peur de l'échec.**

L'agoraphobe ne veut rien ressentir, il veut contrôler, car pour lui cela est trop douloureux d'affronter ses peurs. D'ailleurs, il n'est même pas conscient qu'il vit de très grandes peurs à l'intérieur de lui, car il les étouffe en fuyant avec ses symptômes. Quand il n'en peut plus, qu'il a atteint sa limite mentale, l'éclatement survient et les symptômes deviennent la fuite. Comme l'alcoolique qui fuit ses émotions en essayant de les noyer dans l'alcool, l'agoraphobe se ment à lui-même en pensant que tout va bien et qu'il contrôle parfaitement la situation. Ces personnes ont toujours l'air d'être très fortes et en pleine possession de leurs moyens.

Comme l'alcool devient la béquille chez l'alcoolique, les symptômes deviennent la béquille chez l'agoraphobe. Dans les deux cas, ils ne veulent pas ressentir les peurs, car cela fait trop mal. Mais une émotion (sentiment négatif) doit être comprise et gérée. Si elle ne l'est pas, elle retourne dans le corps et se transforme en malaises et en maladies, d'où l'importance de prendre conscience des vraies peurs qui se cachent derrière l'agoraphobie. Je vous donne l'exemple d'une personne qui a vécu l'abandon et le rejet et qui s'est sentie trahie par l'un de ses parents. Cette souffrance vécue sera enregistrée au niveau du subconscient et la personne fera tout pour ne plus jamais la ressentir. Elle fuira, elle contrôlera et elle développera la dépendance affective. Elle bloquera ainsi son plexus, centre des émotions, pour éviter de souffrir à nouveau. Elle sera très contrôlante, dépendante et elle fuira jusqu'à ce que sa limite mentale soit atteinte. Lorsqu'elle vivra un divorce, une perte d'emploi ou encore une maladie, la panique éclatera pour lui faire prendre conscience des peurs qui sont enfouies au fond d'elle-même. La personne les vivra comme étant la peur de la mort ou la peur de perdre la raison (folie). Ainsi, la panique ressentie va être associée aux endroits où elle les vit. Elle évitera ces endroits pour ne pas les ressentir à nouveau, d'où l'importance de faire un retour en arrière et de se poser les questions suivantes:

Est-ce que j'ai eu dans ma famille des personnes atteintes de psychose, de névrose, de dépression ou d'angoisse? Est-ce que j'ai vécu la perte d'une personne chère ou la peur de perdre quelqu'un d'important? Ai-je failli mourir?

Plusieurs d'entre vous ont sûrement entendu parler de la sérotonine, un neurotransmetteur qui a pour rôle de faire passer des impulsions nerveuses d'un neurone à un autre. La sérotonine contrôle le comportement affectif (hypothalamus, limbique) qui selon les chercheurs serait la cause des symptômes d'agoraphobie. Je ne suis pas d'accord, car je serais toujours agoraphobe si c'était le cas et ceux que j'ai traités n'auraient pas eu de résultats. C'est évident que lorsqu'on vit pendant plusieurs mois, plusieurs années même, avec de tels symptômes, le corps et le cerveau en sont affectés. Mais il ne faut jamais oublier que c'est nous, par notre pensée, qui dirigeons notre corps. Pour comprendre comment se développe l'agoraphobie, je vous explique le tableau «la clé» qui est le résultat de mes recherches.

«LA CLÉ»

ANXIÉTÉ:	Questions et inquiétudes que la personne se crée sans avoir de réponses, ni de pensée consciente.
• cause:	Personne qui cherche une réponse et qui veut avoir une certitude. Elle le fait par habitude.
• résultat:	Stress, insomnie, nervosité et malaises.
• changer:	Arrêter de donner du pouvoir au mental et laisser aller le contrôle. Je fais confiance à la vie.
ANGOISSE:	Inconscient, peur, sentiment d'être pris, danger et panique.
• cause:	Blessures non réglées et fausses croyances enregistrées qui demandent à être comprises.
• résultat:	Panique, peur, sentiment de perdre la raison et de mourir.
• changer:	Accueillir, ressentir, comprendre, changer et guérir la perception de la situation.
AGORAPHOBIE: phobie	
• cause:	Blessures et association automatique d'idées. Rejet, abandon, trahison, injustice et humiliation (phobie de la honte et de l'humiliation).
• résultat:	Peur d'avoir peur et symptômes.
• changer:	Ressentir, comprendre ces sentiments négatifs et les changer.

L'anxiété

Commençons d'abord par le pourquoi de notre comportement anxieux et angoissé. **L'anxiété** c'est de l'inquiétude. La personne se pose des questions mais elle n'obtient pas de réponses. Pourquoi? Parce qu'il n'y en a pas. Ce qu'elle veut c'est une certitude mais cela est impossible, car la vie est incertitude. Quand on fait de l'anxiété, on la fait consciemment et la personne s'inquiète face à son futur. Elle croit qu'en s'inquiétant tout s'arrangera et qu'elle trouvera une solution. Cela est tout à fait faux, c'est une mauvaise habitude. Elle est tellement préoccupée par son questionnement qu'elle ne peut voir les solutions positives qui se présentent. Elle doit donc arrêter de s'inquiéter et de se poser des questions pour lesquelles il n'y a pas de réponses.

L'anxiété, on la fait consciemment. C'est donner du pouvoir à notre subconscient. Pour éliminer l'anxiété, on doit arrêter immédiatement de se questionner. Dès qu'on ne se sent pas bien avec une pensée, c'est que nous ne sommes pas dans le bon chemin. C'est un signe que notre pensée est négative. Donc, nous devons la remplacer par une autre plus positive: *«je fais confiance à la vie»*. Remarquez les personnes qui ne se cassent pas la tête, comment sont-elles? Celles qui font de l'anxiété sont des personnes contrôlantes qui n'acceptent pas la vie. En arrêtant cette mauvaise habitude et surtout en acceptant la vie on admet aussi qu'il n'y a pas de certitude et que l'inconnu nous amène à apprendre beaucoup de choses. On se laisse aller et ainsi, on prend mieux la vie en arrêtant de se battre constamment avec elle.

L'angoisse

Elle est inconsciente, elle provient du subconscient et c'est une sensation très forte, comme une panique intérieure, avec une peur de mourir et le sentiment d'être pris. L'anxiété se vit consciemment, mais l'angoisse vient de l'inconscient.

Pour l'angoisse, vous devez accueillir les symptômes, ainsi que les sentiments. Vous devez *ressentir*. Il ne faut jamais essayer de combattre l'angoisse car cela augmente les symptômes et amène une inquiétude profonde, voire même un état de panique. Vous devez tout simplement vous *abandonner* et vous posez la question suivante: comment je me sens? Le physique va répondre par des symptômes, mais allez plus loin. Ce que vous devez chercher, c'est un sentiment comme *l'abandon, le rejet, le jugement, l'incompréhension, l'humiliation ou la colère*. Dès que vous avez cerné ce sentiment, vous le ressentez. Ensuite, demandez-vous: qu'est-ce que je crois? Qu'est-ce que je nourris? En suivant cette démarche vous découvrirez la source de vos angoisses et par le fait même la fausse croyance que vous devez changer. Il vous suffit de changer celle-ci et l'angoisse disparaît.

L'angoisse est là pour nous indiquer qu'à l'intérieur de nous, il existe des blessures et des sentiments négatifs qui ne sont pas guéris et qui demandent à être écoutés. En les fuyant, vous ne connaîtrez jamais les vraies peurs qui vous habitent et qui sont là pour être comprises et libérées. Je vous encourage donc à les **ressentir et à les accepter**. Plus loin, je vous montrerai comment les transformer et les guérir. Vous pensez sans doute que cela va déclencher en vous une crise de panique, mais au contraire, vous allez sentir que les symptômes diminuent et que pour la première fois, vous êtes sur le bon chemin. Essayez-le.

L'agoraphobie

Pour continuer l'explication du tableau «la clé», nous avons la phobie et l'agoraphobie qui sont une association automatique d'idées. Comment cela fonctionne-t-il? La première fois où la personne a vécu une panique, elle associe l'endroit où elle l'a ressentie aux symptômes, ce qui est complètement erroné. Comme je vous l'expliquais précédemment, derrière l'agoraphobie et ses symptômes se cachent des sentiments tels le rejet, l'abandon, l'humiliation, l'injustice, la trahison et la critique. Ces sentiments sont tous des fausses croyances qui viennent de notre enfance et de notre éducation. Elles sont ressenties comme étant une blessure que la personne a à guérir. Par exemple, chacun des enfants d'une même famille ne vivra pas les mêmes choses. Pourquoi? Parce que chaque enfant va interpréter de façon différente ce qu'il a vécu, parce qu'il porte en lui une blessure qu'il a à guérir.

Tous ces sentiments font partie de la honte et de l'humiliation. Dans ces deux phobies, nous retrouvons la culpabilité. La culpabilité se classe en deux catégories: celle de se sentir coupable quand on brise quelque chose par exemple et celle de se sentir coupable parce que l'autre a de la peine et qu'on se croit responsable. Toujours dans la phobie de la honte et de l'humiliation, nous retrouvons le sentiment de ne pas être à la hauteur, d'être rejeté, de ne pas être aimé, d'être victime, d'être trahi, d'être humilié et d'être abandonné. Tous ces sentiments amènent **la peur d'avoir peur**.

L'agoraphobe a une pensée phobique, c'est-à-dire que sa façon de penser l'amène à souffrir des murs qu'il a lui-même érigés tout autour de lui. Il a une façon de penser qui est tout à fait erronée, je dirais même qu'il laisse le subconscient diriger sa vie. Il se critique lui-même et juge les autres. Pourquoi? En critiquant, il a le sentiment de se valoriser. Mais, la critique détruit celui qui s'y adonne. Il rumine beaucoup (préoccupations). Prenons l'exemple d'une personne qui ne s'affirme pas et qui ne dit pas ce qu'elle pense vraiment. Quand surviennent des situations où elle doit s'exprimer, elle n'en fait rien, garde tout en elle et ensuite pense à l'événement et s'imagine ce qu'elle aurait dû faire, dire, ou encore à ce que l'autre personne aurait dû dire, faire, etc. Elle visualise sa vengeance. Pendant tout ce temps, elle fuit au lieu d'aller ressentir l'émotion qui est présente (ici se sentir jugée) et travailler à dépasser celle-ci. Elle garde tout en elle et ainsi érige des murs et se sent prisonnière. En un mot, la personne ressasse ses émotions (angoisse) et elle prend des moyens pour étouffer l'angoisse ressentie, comme par vengeance ou pour se valoriser.

Ensuite, toujours dans la pensée phobique, il y a bien sûr l'imagination (fabulation). L'agoraphobe a une imagination très développée. Il croit vraiment à son imagination car il lui a donné beaucoup de pouvoir. Il **dramatise** beaucoup. Les événements sont tellement amplifiés, qu'on se croirait dans un roman de Stephen King. Tous les événements de sa vie sont exagérés. Il doit d'ailleurs apprendre à ne plus nourrir ainsi son subconscient avec l'aide du mental (intelligence) et à amoindrir les événements de sa vie. L'agoraphobe doit changer sa façon de penser et ses perceptions face à la vie. Il doit éduquer son mental, car il n'a pas appris à le faire.

Puisque la vraie peur est inconsciente, la personne se trouve des **faux motifs** pour se comprendre. Par exemple: je n'ai pas de mémoire, je deviens folle, je suis bête, j'ai une maladie, je ne suis pas capable, je suis soumise au perfectionnisme, etc. Pour faciliter la compréhension, j'ai divisé l'agoraphobie en deux phobies.

La phobie de la honte, «c'est de ma faute». La personne ferait l'impossible pour se faire pardonner (culpabilité) et ainsi refouler la phobie de la honte. Attention, il faut bien comprendre le sens du mot honte, qui veut dire avoir eu honte de se sentir coupable. La personne emploiera la justification pour tout et pour rien, car elle se sent toujours coupable et responsable inconsciemment. Par exemple, son conjoint lui demande pourquoi elle n'a pas fait telle tâche et tout de suite, elle se justifie par diverses raisons.

La deuxième phobie c'est **la phobie de l'humiliation**. C'est se sentir en dessous des autres, bon à rien, incapable de s'exprimer; c'est avoir peur d'échouer, de ne pas être à la hauteur, d'être soumise au perfectionnisme, etc. Comment se développent ces deux phobies? Dans le cas de la phobie de la honte, elle provient d'un sentiment de culpabilité et de confusion. Elle se développe avec des parents qui se sentent coupables. Ils culpabiliseront l'enfant pour le soumettre et l'enfant sentira que c'est de sa faute. Donc, il aura honte de faire de la peine à ses parents et non de ce qu'il a fait (responsabilité). C'est l'humiliation qui est ressentie, la personne se sent coupable mais ne elle sait pas de quoi. Cela est très fort (croyance) et elle ne veut plus faire d'erreur. Pour la phobie de l'humiliation, le parent porte en lui le sentiment de honte et de culpabilité et il veut que son enfant soit parfait. Il le comparera avec d'autres enfants pour le faire écouter et non pour l'abaisser. Il fait tout ceci pour ne pas sentir sa propre honte. L'humiliation est la peur d'avoir peur. Si on s'arrête pour y penser, quand on ressent la panique, c'est qu'intérieurement on a peur de ne pas réussir et de ne pas être à la hauteur.

Pour résumer, je poursuis avec un exemple concret: Suzanne (nom fictif) vient de vivre un divorce. Elle se sent abandonnée et rejetée. Inconsciemment, elle ne veut pas le ressentir, cela fait trop mal. Comme d'habitude, elle va dans un centre commercial et ressent des symptômes très désagréables. Ce qu'elle ressent ce sont les **faux motifs**, (ce qui n'est pas compris doit sortir quelque part) et bien sûr suivront la justification et la fuite. Quand elle sera de retour chez elle, elle commencera la rumination, se préoccupera des symptômes, etc. Ce qui vient de se passer c'est un conditionnement, une association automatique d'idées. C'est pour cela que le faux motif deviendra la phobie. Si la personne avait senti et traité ses sentiments, elle n'aurait pas eu de symptômes.

Par ce tableau «la clé», je peux expliquer comment se développe et se traite l'agoraphobie. Comme vous pouvez le constater, ce n'est pas de la folie ni une maladie, mais bien l'enregistrement de conditionnements au niveau du subconscient, qui ensuite créent les associations d'idées. Vous devez donc prendre conscience des sentiments négatifs qui sont en vous. Commencez par observer tout simplement.

Pour travailler sur la pensée phobique, la personne doit:

- **Arrêter de ruminer:** favorisez l'affirmation et dites ce que vous pensez;
- **Arrêter de critiquer:** c'est vous que vous critiquez. Vous devez remplacer la critique par un compliment envers vous ou envers l'autre;
- **Arrêter de fabuler:** arrêtez d'imaginer des choses qui n'arrivent pas;
- **Arrêter de dramatiser:** ne dramatisez plus, équilibrez les évènements et les situations;
- **Éviter complètement la justification:** affirmez-vous.

Pratiquez cela tous les jours et vous verrez s'amorcer en vous des changements merveilleux.

Pensée phobique:
comment une personne phobique pense et agit

- Critique: soi-même et les autres.
- Refoulement: pour ne pas décevoir les autres.
- Justification: pour ne pas se faire juger.
- Faux-motif: excuse.
- Rumination: se préoccupe régulièrement.
- Dramatisation: amplifie les événements.

La peur est une illusion. Elle n'existe pas sauf bien sûr dans votre pensée, car c'est votre façon de penser qui vous amène à ériger les murs de l'agoraphobie. C'est la raison pour laquelle **vous ne devez plus fuir ni éviter les situations anxiogènes**. En évitant ou en fuyant, vous grossissez le noyau de la peur. Il est important de prendre la décision que peu importe ce qui vous arrive, vous ne fuyez plus et vous n'évitez plus. Vous demeurez à l'endroit où la peur s'est manifestée. Vous remarquerez qu'elle s'estompera par la suite. Vous ne fuyez plus les choses que vous êtes capable de faire présentement. Ceci est très important et résume la première étape. Si vous continuez à fuir et éviter, vous ne pourrez voir aucun changement s'opérer en vous, car vous alimentez votre peur en agissant ainsi. Pour vous aider à connaître votre degré de peur et aussi à connaître votre objectif, je propose de faire une hiérarchie en inscrivant les peurs les plus petites aux plus grosses, de 1 à 10.

Ensuite fixez-vous un objectif pour atteindre votre but qui est le n° 10, par exemple, aller partout sans angoisse. Ne vous préoccupez pas du temps ni du comment, faites-le tout simplement en ayant la ferme intention de vous y mettre et de suivre les étapes. Ne vous découragez pas si vous vivez des hauts et des bas comme si vous avanciez et que vous reculiez en même temps et en ayant parfois l'impression de stagner. C'est tout simplement que le processus de guérison est enclenché. C'est la raison pour laquelle je vous explique l'échelle de guérison aux niveaux mental, physique, psychique et spirituel.

Cette échelle nous montre deux choses: premièrement, il faut toujours attendre d'être à 0 niveau d'anxiété, quand vous êtes dans une situation anxiogène, avant de quitter le lieu où celle-ci s'est manifestée, sinon nous apportons avec nous cette situation et nous augmentons la peur. De toute façon les symptômes seront là quand même. Deuxièmement, quand une personne commence les 12 étapes, elle est au niveau de connaissance 0 face à son problème. Elle doit s'attendre à progresser graduellement et à faire des arrêts avant d'arriver à la fin. Il ne faut pas se décourager, simplement comprendre la méthode. La personne arrive à 3 et elle se sent bloquée. Elle doit comprendre que pour continuer à 4 ou à 5, elle doit assimiler les autres étapes. C'est la raison pour laquelle elle doit s'attendre à avoir des effets qui seront très bénéfiques. Il s'agit de l'intégration des connaissances retirées des 12 étapes.

Vous avez maintenant une bonne idée du travail qui vous attend pour vous libérer de votre prison qu'est l'agoraphobie. Je vous souhaite bonne chance pour cette première étape et comme je vous l'ai mentionné, si vous avez de la difficulté, recommencez et ne vous découragez pas, car la liberté vous attend à la fin des 12 étapes.

GUIDE POUR LA PREMIÈRE ÉTAPE

La première étape est la plus difficile, parce que c'est le début de la démarche.

- Vous devez accepter vos symptômes et votre état. L'acceptation est toujours la première marche à gravir pour faire face à n'importe quel problème. C'est de cette façon que vous allez vous en sortir. Quand je parle d'acceptation, cela ne veut pas dire être d'accord, mais tout simplement laisser aller, arrêter de vous battre contre cet état et affirmer que vous devez faire des apprentissages. Vous devez accepter de passer votre vie comme cela tout en conservant la certitude que vous ferez des apprentissages et que cela n'arrivera pas. Si vous vous battez contre une peur, c'est perdu d'avance, car vous n'apprendrez rien. Avec une peur, on va toujours dans le même sens qu'elle, jamais contre.

- Arrêter complètement de consommer du sucre et ce sous toutes ses formes, parce qu'il augmente la nervosité et l'angoisse. Il amène la personne à se sentir fébrile. J'ai même remarqué que lorsque la personne arrête de consommer du sucre, elle vit beaucoup moins de panique et ses symptômes peuvent même diminuer de 50 %.

- Ne plus fuir et ne plus éviter, car vous grossissez le noyau de la peur. Vous attendez toujours que l'anxiété disparaisse complètement avant de vous en aller sinon ce sera beaucoup plus difficile la fois suivante.

- Travailler l'anxiété, arrêter d'analyser, de vouloir comprendre le pourquoi de vos symptômes et arrêter de vous casser la tête.

- Comprendre l'échelle de guérison.

- Ne jamais partir d'un endroit sans être au niveau d'anxiété 0.

- Comprendre qu'au début de la démarche, vous êtes au niveau 0 et que lorsque vous franchissez un niveau, il est normal de vous arrêter pour comprendre le niveau suivant. À ce moment, ne vous découragez pas si vous avez le sentiment que vous stagnez. Vous ne reculez pas, vous devez tout simplement comprendre pour continuer.

- Écrire les moments de vie, c'est-à-dire, en partant d'aujourd'hui, écrire tous les évènements qui vous ont marqué en remontant aussi loin possible dans votre enfance selon vos souvenirs. Par exemple, 1999, à la mort d'un parent, comment je me suis senti? C'est le sentiment qui est important et non les détails entourant l'événement. Le sentiment que vous devez trouver pourrait être: l'abandon, le rejet, la trahison, la honte, la colère, etc. En identifiant ces sentiments, vous allez trouver les vraies peurs qui se cachent derrière.

- Vous devez affronter les plus petites peurs que vous avez écrites dans votre hiérarchie. Passez à l'action, car l'action est l'intégration de ce que vous avez appris.

- Lorsque l'angoisse survient, ne plus se battre avec elle. Il faut la ressentir et se poser la question: comment je me sens? Trouver le sentiment qui nous habite.

- Comprendre l'agoraphobie et les vraies peurs qui se cachent derrière. Observer les sentiments négatifs qui sont là, en prendre conscience.

L'ÉCHELLE

0 _____ 10

- Attendre toujours d'être a 0 pour partir de l'endroit sinon la personne l'amène avec.

- Quand la personne commence la thérapie elle est à 0 elle avance jusqu'à 3 puis pense qu'elle recule, mais elle avance.

PRIORITÉS D'ACTION
Pour atteindre un plus grand niveau de satisfaction

Situations insatisfaisantes à améliorer	Objectifs	Actions à prendre	Échéance

inconsciente de notre mental l'a créée (ou l'a attirée), pour nous en faire prendre conscience. En le reconnaissant, on apprend à se connaître soi-même. La leçon que nous devons apprendre en est facilitée, car on arrête de lutter contre l'événement.

> *Nous n'avons pas le droit de prendre la*
> *responsabilité de l'autre et lui voler son expérience.*

Le concept de responsabilité ainsi présenté n'a rien à voir avec la culpabilité, la faute ou le blâme. Au contraire, c'est un outil précieux pour se libérer et libérer les autres de tels sentiments. Nous n'avons pas le droit de prendre la responsabilité de l'autre et lui voler son expérience. Chaque personne a une expérience à vivre. Prendre sa responsabilité sur nos épaules, n'est pas d'aider cette dernière. Bien au contraire, c'est la ralentir au niveau de son évolution. Je vous explique pourquoi: prenons une personne qui est très négative et qui se plaint constamment auprès de l'une de ses amies. Elle lui raconte tous ses problèmes en espérant que l'autre trouvera des solutions à sa place et l'aidera ainsi à régler ses difficultés. L'amie en question essayera par tous les moyens d'aider sa copine. Par contre, elle sera dans le problème de l'autre et elle le vivra aussi intensément qu'elle. Elle aura des pertes d'énergie et réagira comme si c'était elle. Le pire, c'est que cela ne change rien à la situation de l'autre. C'est tout simplement l'empêcher de vivre vraiment son expérience. Si l'amie en question était responsable, elle écouterait son amie et mentalement lui remettrait ses responsabilités. Cela ne l'empêche pas de l'écouter, de la comprendre, mais ça ne devrait pas aller plus loin que cela. Être responsable signifie que tout ce que l'on ressent à l'intérieur de soi nous appartient. Cela ne peut venir de l'extérieur, car c'est nous qui le ressentons. La personne qui nous fait ressentir des émotions désagréables vient tout simplement peser sur le bouton qui nous fait mal. Au lieu de la rejeter sur l'autre et la répéter plus tard, apprenons la leçon et ainsi libérons-nous de cette émotion. Le prix à payer lorsqu'on se déclare créateur de toute notre réalité, c'est qu'on ne peut plus blâmer les autres ou quelqu'autres évènements extérieurs. Ainsi l'extérieur n'a plus d'emprise sur nous, donc nous avons le pouvoir de changer notre vie. Je me rappelle lorsque j'étais agoraphobe, que tout ce qui m'arrivait était la faute des autres. Cela m'amenait à être souvent en colère et à en vouloir à tout le monde par rapport à mon état. Je me retrouvais donc frustrée et sans pouvoir pour changer la situation. Je me sentais toute petite dans ce monde où je me croyais victime.

> ## On doit abandonner la victime en nous.

On doit abandonner la victime en nous qui se nourrit de jugements, de ressentiments, de blâmes, d'envies, de colères et du sentiment arrogant d'avoir raison. Il n'y a aucun inconvénient à se déclarer créateur (responsable) de notre réalité, qu'on comprenne comment ou non. Par contre, il y a l'énorme avantage qu'on ouvre la porte à toute notre puissance intérieure et qu'on se donne toutes les chances de se créer une vie consciente et satisfaisante, sans plus jamais se sentir victime ou impuissant par rapport à ce qui nous arrive.

> ## Chaque situation créée par nous l'est de façon parfaite.

Il est quelquefois difficile de comprendre que toutes les situations soient parfaites. Plusieurs diront même: «allons donc, ce n'est pas moi qui ait créé cela, je ne veux pas souffrir!» Pour comprendre il suffit de prendre conscience que le seul but de notre vie est de grandir, d'évoluer et d'intégrer les leçons non comprises au niveau de l'âme. C'est aller vers une conscience supérieure pour ne plus souffrir. Chaque situation qui nous arrive est parfaite puisque que nous avons besoin de cette expérience pour apprendre et développer certaines qualités comme la force, le courage, le détachement, l'amour vrai, l'intégrité, la patience, la compréhension, la compassion, etc. J'explique souvent à mes élèves que la vie est comme une école et que chaque personne vient apprendre des leçons qui sont toutes différentes les unes des autres. Chaque personne a des choses à travailler qui lui sont propres. Par exemple, prenons une personne qui n'a aucun respect pour elle ni pour les autres. Une partie de sa vie, elle vivra des situations où elle sentira qu'on lui manque de respect et qu'elle n'a pas de place. Si cette personne n'en prend pas conscience elle n'apprendra jamais à développer le respect chez-elle. Si par contre elle réalise qu'elle est responsable et qu'elle a à apprendre cette leçon, qu'elle change sa perception, alors elle ne vivra plus le manque de respect puisqu'il sera intégré. Chaque individu est libre de choisir son chemin. Le chemin de la victime et de la faute des autres, ou le chemin de la responsabilité, où la personne a le pouvoir entier de changer sa vie.

> *On doit arrêter de penser que ce qui nous arrive est une épreuve ou que c'est la faute des autres.*

Si nous apprenons à considérer chaque situation que nous avons créée dans notre vie comme parfaite dans la leçon qu'elle nous a apportée, nous cessons de résister à notre vie, et nous arrêtons aussi de répéter toujours les mêmes situations (comme le fameux jour de la marmotte). Apprenons donc la leçon lorsqu'elle se présente, au lieu de lutter contre elle et évoluons très rapidement vers cette conscience supérieure qui nous apportera paix, puissance, amour et liberté. Lorsque nous refusons cette évidence, nous ralentissons notre processus d'évolution et nous continuons à attirer la souffrance et l'insatisfaction dans notre vie et celle des autres. On doit arrêter de penser que ce qui nous arrive est une épreuve ou que c'est la faute des autres. Cette façon de penser nous enlève tout pouvoir et ainsi on ne peut rien changer à notre vie. Pour pratiquer la responsabilité, vous devez faire deux exercices. Le premier est quand vous vous sentez envahi ou qu'une personne vous raconte ses problèmes, vous devez mentalement visualiser une poche et la remettre à la personne. Cette poche représente les problèmes de la personne. Par exemple, quelqu'un vous appelle et encore une fois vous raconte ses problèmes. Tout de suite, mentalement, vous lui remettez sa poche en vous disant que ce sont ses difficultés et que vous ne les prenez pas. Cela ne vous empêche pas de l'écouter, mais tout simplement de ne plus prendre ses problèmes sur vous. Pour le deuxième exercice, vous devez prendre la responsabilité de votre vie. À partir d'aujourd'hui tout ce que vous ressentez à l'intérieur de vous, vous appartient. C'est vous qui en êtes responsable et tout ce qu'est votre vie présentement est le résultat de votre pensée et des leçons que vous devez

apprendre. Je sais que cela peut vous faire réagir, mais ne refusez pas cette nouvelle information, laissez-vous tout simplement le temps de l'intégrer. Je vous suggère de lire plusieurs
fois le texte sur la responsabilité avant de lire celui sur le contrôle.

Le contrôle

L'agoraphobe aime beaucoup contrôler et ne plie pas facilement aux situations qui lui arrivent dans sa vie. En contrôlant
ainsi les gens et les événements, il croit détenir le pouvoir, mais
il n'en est rien. Au contraire, il le perd complètement. On ne
peut contrôler ni les situations ni les gens. Que se passe-t-il
lorsque la personne veut contrôler? Elle se sent impuissante et
a le sentiment que tout lui échappe. D'où vient le sentiment
d'avoir peur de perdre le contrôle et qui mène à la panique. La
personne doit arrêter de vouloir tout contrôler, elle doit accepter
les situations et les gens tels qu'ils sont, et arrêter de se battre
contre tout. Elle doit apprendre que tout ce qui lui arrive a sa
raison d'être et prendre ses responsabilités. Le pire en contrôlant est que ça ne change rien à la situation et la personne n'a
rien compris. C'est comme si on voulait changer le jour pour la
nuit et la nuit pour le jour, on sait très bien que cela est impossible. C'est un peu la même chose.

> *La personne veut contrôler par peur d'être jugée,*
> *abandonnée et de ne pas être à la hauteur.*

C'est normal que la personne qui veut contrôler se sente impuissante, car le sentiment d'impuissance veut dire pas de
puissance sur les situations et sur les gens. Pourquoi une personne veut tant contrôler? Elle le fait par peur, la peur d'être
jugée, d'être abandonnée et de ne pas être à la hauteur. C'est
une question de survie. Je vous donne une façon de changer
cette manière d'être. À chaque fois que vous venez pour contrôler, arrêtez immédiatement et dites-vous mentalement **«je
ne contrôle plus, je laisse aller et j'accepte»**. Accepter ne
veut pas dire être d'accord, cela veut tout simplement dire
laisser aller et accepter qu'on ait une leçon à apprendre. Vous
pouvez même visualiser que vous tenez des cordes et que vous
les lâchez. Cet outil est un moyen merveilleux qui fonctionne à

100 %. Vous n'aurez qu'à l'essayer lorsque vous serez en pré-sence d'une situation ou d'une personne que vous voulez con-trôler. Mentalement vous vous dites : je ne contrôle plus, je ne me bats plus, je laisse aller et j'accepte, tout en visualisant que vous lâchez les cordes. Comme résultat vous ressentirez un bien-être et surtout un détachement.

Technique d'anticipation

L'anticipation amène la personne à penser constamment à la situation qu'elle s'apprête à affronter. Si la personne sait qu'elle va au restaurant dans 3 semaines, elle y pensera sans arrêt en ayant de l'angoisse et de l'anxiété. Elle aura beau essayer de se convaincre que tout ira bien, qu'il ne faut pas y penser, mais cela ne fonctionnera pas. Ce que veut la peur, c'est que vous ac-ceptiez qu'elle vous montre qu'elle n'existe pas.

La technique d'anticipation a pour but de se libérer de l'anxiété et de l'angoisse avant qu'une situation ne se produise. Elle diminuera ainsi le noyau de la peur. On fait de l'anticipa-tion quand on imagine une situation et que cela nous fait peur. Pour composer avec cette anxiété, que ce soit mentalement ou par l'écriture, on doit penser à la situation comme si elle était en train de se passer. Posez-vous la question suivante : qu'est-ce que je ne veux pas qu'il arrive ? Visualisez que l'événement non désiré se produise. Par exemple, vous devez vous rendre chez le médecin et vous avez peur de faire une panique. Ce que vous vi-sualisez, c'est l'évènement que vous ne voulez pas qui arrive et qui se produit. Vous imaginez que vous passez votre vie chez le médecin en ayant toujours la panique et que jamais vous ne quitterez cet état, qu'il n'y a pas de fuite. À la fin, vous imaginez la situation la plus ridicule, comme par exemple que vous pani-quez tellement, qu'il y a plein de gens qui viennent voir le phé-nomène. Vous faites cette technique jusqu'à ce que l'anxiété parte.

Il est important de ne jamais fuir lorsque vous pratiquez cette visualisation et d'imaginer que vous passez votre vie à faire des paniques.

> *Ne jamais se battre avec une peur,*
> *ni essayer de la contrôler.*

Avec une peur on ne se bat jamais et on n'essaie pas non plus de la contrôler. On va toujours dans le même sens qu'elle. Par exemple, votre pensée vous dit que vous allez faire une crise de cœur et bien vous acceptez et vous visualisez que vous en faites une. N'ayez crainte cela n'augmentera pas les symptômes; au contraire, cela diminuera complètement l'anxiété et vous pourrez vérifier ainsi que cela fonctionne. Après avoir visualisé plusieurs fois la scène, vous acceptez, vous laissez aller le contrôle, vous arrêtez de lutter et vous reprenez le pouvoir que vous avez donné à la peur.

Résumé

1. Qu'est-ce que vous ne voulez pas qu'il arrive?
2. Imaginez que la situation arrive.
3. Imaginez que vous passez votre vie comme cela.
4. Laissez aller le contrôle et acceptez.
5. Poussez la situation jusqu'au ridicule.
6. Reprenez le pouvoir que vous avez donné au subconscient.

N'oubliez pas que pour faire mourir une peur, il faut aller jusqu'au bout de son imagination, sans vouloir la contrôler mais l'accepter.

Cette technique est très importante à pratiquer pour faire diminuer l'anxiété et le noyau de la peur. En la pratiquant souvent, vous arriverez à vous défaire de cette anticipation et le noyau de la peur diminuera.

L'inconscient est-il menteur?
D'où vient la petite voix?

On se pose souvent la question à savoir si la voix qu'on entend à l'intérieur de nous c'est l'intelligence (mental), le subconscient (inconscient) ou l'intuition (psychique), et si elle est vraie ou fausse.

Tout d'abord, je dois expliquer ce qu'est le **subconscient**. Le subconscient est la pellicule photographique de tout l'être.

C'est la mémoire intérieure de l'organisme humain; c'est une mémoire énergétique. Nous avons la mémoire olfactive (nez), la mémoire auditive (oreilles), la mémoire visuelle (yeux), la mémoire du toucher et celle du goûter. Nous sommes de la mémoire ambulante. Mais quelle est l'utilité pour l'homme de posséder une telle mémoire intérieure? Si nous n'avions pas la mémoire du subconscient, nous recommencerions chaque jour à apprendre à lire et à écrire. Donc c'est pour ne pas recommencer les choses que nous savons, pour la loi de la continuité et de l'évolution. Saviez-vous que 85 % de vos gestes sont gérés par votre subconscient et que 15 % sont raisonnés? Chaque fois que vous voyez du chocolat et du gâteau, c'est le subconscient par sa mémoire qui vous dit si c'est bon ou non.

Ensuite nous avons **l'intellect**, on l'appelle aussi le fameux «mental», c'est le côté rationnel et logique. C'est par lui que nous apprenons, c'est l'intelligence. C'est aussi par lui que nous avons des émotions. Il est constitué de cellules qu'on appelle neurones. Ces neurones sont au nombre de 14 à 16 milliards. C'est l'intellect qui analyse l'information venant du subconscient et c'est par manque de connaissance que le mental fera une équation négative. Le mental (intellect) a besoin d'être éduqué, car il n'a pas appris. Il est un très mauvais conducteur, mais il peut être un très bon serviteur. Il s'agit de lui montrer le chemin et de lui enseigner ce que vous ne voulez plus croire dans votre vie. Les émotions appartiennent au subconscient et une émotion est une réaction à une information. De quelles façons les contrôler? Avec le senti et la logique. En changeant par une autre information que je donne au subconscient, j'arriverai ainsi à remplacer l'ancienne information avec la répétition et l'intensité.

Je continue de vous expliquer le fonctionnement du cerveau. Il y a le **psychisme** qui est comme une antenne, celui-ci capte et va chercher les informations à l'extérieur. Il sert aussi à en donner. Le psychisme est le siège de l'âme, c'est une mémoire extérieure, c'est le monde de l'intuition. Le psychisme inspire; l'intellect raisonne; le subconscient enregistre et le corps réagit. Le psychisme est le monde de l'âme et de la communication. Son siège se situe au niveau du front. Le psychisme se divise en 2. Il y a le psychisme supérieur représentant le plan de vie de l'âme et le psychisme inférieur, celui de la mémoire, de la communication et de l'intuition. Le psychisme n'est pas régi par le temps et l'espace.

L'inconscient est menteur parce qu'il ne dit pas toujours la vérité et qu'il ne distingue pas le positif du négatif. Le subconscient n'est pas analytique. Il va agir aussi par manque de connaissance. Il peut construire une histoire fausse. Par exemple, un père dit à son enfant de 5 ans que toutes les personnes qui ne travaillent pas sont des lâches. Le subconscient de l'enfant enregistre cette information et le mental y croit. Chaque fois que l'enfant va rencontrer une personne qui ne travaille pas, il va réagir. Une fois adulte, la personne sera aux prises avec le même programme enregistré dans l'enfance. C'est ainsi que le subconscient fonctionne. Le subconscient est-il méchant? Non, il ne l'est pas! Il n'est que le reflet de ce que vous avez imprimé en lui. Le subconscient n'est pas méchant, mais il se souvient. C'est pourquoi il fait naître en vous des peurs irraisonnées, des inquiétudes et des soucis. Il amplifie les malheurs, il fait même croire que le négatif est positif et que l'on a mille raisons d'y obéir. Pourquoi le subconscient enregistre-t-il des choses comme cela? C'est l'éducation qu'on a eue, les croyances qui nous ont été inculquées, les choses que nous entendons, etc. C'est par la répétition que nous avons créé ces croyances qui par la suite gèrent notre vie. Une pensée répétée 100 fois devient une pensée négative et une pensée négative répétée 1000 fois devient une croyance.

> *C'est votre responsabilité de changer vos pensées et vos croyances au lieu de les mettre sur le dos des autres.*

Si vous comprenez jusqu'à maintenant le rôle du subconscient, vous avez une idée de la façon dont il faut agir avec lui. Vous devez le reprogrammer, c'est votre responsabilité de changer vos pensées et vos croyances, au lieu de les mettre sur le dos des autres. Du moment qu'il y a une information qui est culpabilité, rejet ou honte, c'est la preuve que le subconscient est menteur, car c'est autodestructeur. Quand vous n'embarquez pas avec votre subconscient (culpabilité, rejet) vous venez de le vaincre et c'est la nouvelle programmation qui surgira. Si les pensées que vous avez vous amènent à être bien, c'est positif. Si vous avez une idée qui vous vient sans y avoir pensé, c'est votre psychisme (intuition) et si par contre vous avez une pensée qui vous amène de l'anxiété, c'est le subconscient. Je vous donne un exemple d'une personne agoraphobe.

- Une personne atteinte d'agoraphobie a enregistré «contrôle» au niveau du subconscient. Elle doit contrôler pour ne pas ressentir la peur d'échouer. Quand arrive une situation où elle ne peut plus contrôler, le subconscient lui envoie le message, l'intellect l'accepte et ensuite il l'envoie à l'hypothalamus qui est le chef d'orchestre de tous les organes. C'est par lui que nous ressentons les symptômes. C'est ce qu'on appelle une réaction à une information. La personne ressent des symptômes de panique et fuit la situation. Ensuite, elle développera l'agoraphobie. Je vous explique tout ceci pour que vous compreniez bien d'où viennent les peurs et les phobies. Pour arriver à se libérer de ce mal de vivre, on doit bien sûr changer notre pensée négative, reprogrammer le subconscient, travailler les émotions, etc.

Je vous donne un exercice à pratiquer tous les jours. Lorsque vous n'êtes pas bien avec une pensée, c'est un signe que vous n'êtes pas dans le bon chemin et que c'est votre subconscient qu'il l'a enregistrée sans l'analyser bien sûr. Donc, vous devez vous servir de votre intellect (mental) pour changer l'information au niveau du subconscient. Vous devez lui parler comme on parle à une personne, par exemple, «j'en ai assez de croire à tout ce que tu me dis, maintenant j'ai décidé de ne plus te croire et c'est moi à partir d'aujourd'hui qui te dirigerai. Toi, tu t'assoies en arrière et moi en avant. Je n'embarque plus avec toi, car je choisis d'être heureux». Parler de cette façon à votre subconscient l'amènera à réagir et ainsi il vous écoutera. Ceci se fait avec de la répétition, mais vous amène à changer votre vie complètement. Au début, lorsque j'ai parlé ainsi à mon subconscient je suis restée surprise de voir les changements s'amorcer en moi. À partir de ce moment, j'avais décidé que plus jamais je ne me laisserais mener par le subconscient qui est si menteur.

Comment ne plus nourrir la peur

Nous arrivons maintenant à la pratique, ce qu'on appelle en psychologie *in vivo*. C'est par la pratique que vous pourrez intégrer tout ce que vous avez appris jusqu'à maintenant, car sans pratique cela demeure au niveau de la connaissance et ne peut améliorer la situation. Le changement exige l'action.

La peur est un peu comme un noyau que la personne a créé. Ce noyau commence par être petit et augmente graduellement avec la force de la pensée, l'inquiétude, l'évitement et la fuite. Plus nous croyons, plus le noyau grossit. C'est nous-mêmes qui construisons le noyau de la peur avec des outils comme les pensées négatives, les croyances, l'éducation et les fausses perceptions et avec l'aide bien sûr de notre mental. La peur est une illusion, comme l'illusionniste qui fait disparaître la statue de la Liberté, tout le monde y croit car on ne la voit plus, mais il n'en est rien. La peur est une fausse perception et tant que la personne ne va pas au bout de sa peur, elle restera toujours là.

Pour diminuer le noyau de la peur, vous devez prendre conscience de la façon dont vous l'avez créé et l'avez augmenté de volume. Vous avez d'abord eu une première crise de panique qui a été enregistrée au niveau du subconscient. Elle était un trop plein d'émotions mal gérées et de fausses croyances enregistrées. Par la suite, vous avez cru à ces symptômes, vous avez anticipé les situations dans lesquelles cela pourrait se produire et avec votre mental, vous avez imaginé des symptômes encore plus importants. C'est ainsi que le noyau s'est formé. Pour diminuer le noyau de la peur, on doit agir de la même façon mais en sens inverse. Vous devez affronter les situations, étape par étape, et avec votre mental de croire aux images lancées par le subconscient.

On ne doit jamais se battre avec la peur. On doit l'accepter puisque c'est nous avec nos fausses croyances qui l'avons créée. **On doit plier et aller dans le même sens qu'elle**. Plus on se bat et plus on panique. Pour être sûr que vous compreniez bien, je vous donne l'exemple d'un petit garçon qui pendant des heures demande à sa mère un bonbon. Mais sa maman ne veut pas et ainsi le combat s'installe jusqu'à ce qu'elle consente et lui donne. Quand la mère accepte, l'enfant arrête de la harceler et c'est fini. La peur c'est un peu la même chose: elle vous harcèle et vous ne voulez pas. Arrêtez de vous battre avec la peur et acceptez les pensées qui viennent. Tout comme le petit garçon, elle arrêtera de vous harceler. Ce que veut la peur, c'est vous montrer que ce que vous croyez est faux. Donc, si vous acceptez d'aller au bout elle vous le montrera. Ainsi, vous reprendrez le pouvoir que vous avez donné à la peur. Pour se libérer de la peur on doit prendre conscience que cela a été imaginé, grossi et exagéré, comme l'enfant qui a peur du noir et qui imagine un monstre sur son mur. Dès qu'il se rend compte que c'était l'ombrage d'un arbre, sa peur tombe. C'est la même chose avec la peur phobique.

Il est très important de savoir que les symptômes ne sont pas dangereux. Ils sont le résultat de notre pensée qui est évacuée par l'hypothalamus (chef d'orchestre des organes). C'est un stress augmenté et exagéré mais sans conséquence. Je peux en témoigner, car j'ai vécu l'agoraphobie pendant plus de 13 ans et il ne m'est jamais rien arrivé. Cela ne donne rien d'y penser, d'analyser ou d'essayer d'enlever ces symptômes, car ils sont déjà dans le corps et on n'y peut rien.

Ce dont on doit s'occuper, c'est de notre pensée et de notre comportement. Prenons un exemple, je vais dans un lieu public et les sensations se font sentir, la peur apparaît et le premier réflexe est l'envie de partir. Vous devez rester là même si votre peur peut vous dire que vous allez mourir. Vous l'acceptez et vous pliez comme je vous l'expliquais plus haut. Je sais, vous pensez que cela est impossible, mais continuons. Vous devez accepter les symptômes et vous n'aurez jamais de panique, car ce qui amène la panique, c'est quand on se bat avec la peur, qu'on ne l'accepte pas. Si au départ vous l'acceptez, vous n'en aurez pas. Vous devez apprendre à parler à votre peur, comme si c'était votre amie. Pour la faire mourir, il ne faut plus se battre ni croire à ce qu'elle vous dit. Je reprends l'exemple du lieu public. Vous ne vous occupez pas des symptômes et vous acceptez. Pour que le subconscient n'enregistre plus de peur, vous devez l'affronter. La peur est un conditionnement et si on prend 2 bébés et qu'on leur présente un lapin, un dans le calme et l'autre dans le bruit, celui du bruit enregistrera: peur, stress et chose à éviter. La cause n'est pas le lapin, ni le bébé, mais le bruit. Donc, pour que le bébé se désensibilise, il devra affronter graduellement le lapin et annuler ainsi son équation lapin = peur pour travailler plus tard sur sa sensibilité.

Je reviens donc à notre exemple. La personne est dans un lieu public et son niveau d'anxiété est très élevé. **Elle doit donc accepter les symptômes et demeurer là jusqu'à ce qu'ils partent. Pour se motiver, elle doit se dire que c'est irréel et que si c'était vrai, personne ne sortirait.** Elle ne doit pas se battre avec les sensations, elle doit plutôt les sentir et les laisser là. Je vous donne des outils qui vont vous aider à travailler avec la peur, ces outils ont aidé beaucoup de personnes à cheminer vers la guérison de leurs peurs. Je vous invite à prendre connaissance attentivement des outils suggérés et à retenir ceux qui vous rejoignent le plus.

Coffre à outils.

1- La tente

Peu importe où l'on est, dès qu'on se sent insécure et qu'on veut quitter, on visualise une tente et on s'imagine qu'on y couche. On doit s'imaginer que l'on vit là directement à l'endroit où l'on est et qu'on va passer le reste de sa vie à cet endroit et que c'est maintenant notre maison. On doit comprendre que nous sommes partout chez-nous, que notre maison c'est la planète Terre et que si demain nous déménageons en Afrique, l'Afrique est devenue chez-nous et que si nous déménageons à Toronto, Toronto est devenu chez-nous. L'idée c'est qu'en agissant ainsi, on transfert la sécurité qu'on met uniquement dans notre maison vers tous les lieux imaginables, car on est en sécurité partout

Quand j'étais agoraphobe, j'ai vécu une panique sur une autoroute et si je m'étais écoutée, je serais partie à toute vitesse et j'aurais laissé mon auto là. Au moment où la panique montait, j'ai vu un homme qui faisait de l'auto-stop et sur son dos il portait une tente. À cet instant, je me suis dit que cet homme coucherait probablement dehors et que partout c'était chez-lui. Tout comme l'auto-stoppeur, on doit se visualiser partout chez-nous, dans la sécurité. À partir de cet événement je me suis toujours visualisée montant ma tente à chaque endroit où j'étais mal. Je peux vous assurer que cette technique fonctionne!

2- Yeux et photophobie

Quand on entre dans une maison ou une bâtisse, on peut souffrir de photophobie. La lumière arrive sur la pupille de l'œil et amène une sensation d'éblouissement, car la personne est stressée et a peur de ce qu'elle va voir. Ce n'est pas dangereux et on doit se dire mentalement *«je regarde et j'affronte»*. En se disant *j'affronte*, les symptômes d'étourdissements disparaîtront.

3- Auto et place

Sur la route, pour ne pas se sentir envahi, on visualise que l'intérieur de notre auto est notre place, notre univers et que personne ne peut nous envahir dans cet espace. On ne s'occupe pas des autres. Mentalement on remet à chacun sa responsabilité.

4- Étouffement et sentiment d'être pris

Le sentiment d'étouffement, d'être pris, vient des murs qu'on se met et du contrôle qu'on veut obtenir. Quand cette sensation se produit, on visualise qu'on fait tomber les murs et qu'on arrête de se battre. On accepte, on remet aux autres les responsabilités qu'on leurs a prises, en acceptant que nous n'avons pas le contrôle ni sur les personnes ni sur les événements. On se dit mentalement: je fais confiance à la vie

5- Qu'est-ce que je nourris?

Nous devons nous poser cette question en présence d'anxiété ou d'angoisse. *«Qu'est-ce que je nourris? Qu'est-ce que je crois?»* Ce questionnement nous permet de trouver ainsi la fausse croyance qui se cache derrière la peur. Par exemple, vous êtes dans un lieu public et vous avez des symptômes. Vous vous posez alors ces questions. Après avoir trouvé la croyance, comme *«je ne suis pas à la hauteur»*, vous devez la ressentir et par la suite prendre conscience qu'elle est fausse puisque vous ne vous sentez pas bien avec celle-ci. Par la suite, on la remplace par une pensée positive qui rejoint davantage la réalité, comme *«je me fais confiance»*.

6- *Faire mourir la peur et mourir avec elle*

Pour faire mourir la peur, vous devez comprendre qu'elle n'est qu'une illusion et que pour la faire disparaître, vous devez arrêter de lui donner de la nourriture. Elle se nourrit de vos pensées et de vos inquiétudes. Lorsque vous êtes en sa présence, vous devez toujours accepter ce que la peur vous dit. Par exemple, la peur vous dit que vous allez étouffer et vous imaginez que vous étouffez réellement. Elle vous dit que vous aller perdre le contrôle et vous imaginez que vous le perdez. Pensez-y un peu, si vous agissez de cette façon elle ne peut pas aller plus loin que cela. Lorsque j'explique cet outil à mes clients, sur le coup ils refusent complètement d'adhérer à cette pratique, car ils pensent que leur état va empirer. Mais c'est le contraire, la peur arrête de vous agacer.

7- *Mes craintes et mes peurs sont les parties de mon être qui attendent de l'amour*

Mes craintes et mes peurs sont les parties de mon être qui attendent de l'amour parce qu'elles sont un manque de confiance en soi et un manque de connaissances. En envoyant de l'amour à mes angoisses, par le fait même j'accepte mes peurs.

8- *Panier de pommes*

La personne se sent vide et pour remplir son panier, elle va aller voler des pommes dans les autres paniers. Pour cela, elle donnera beaucoup et sera continuellement dans l'attente. Mais ce que veut la personne ce sont des pommes pour remplir son panier. Elle vivra toujours dans l'attente d'avoir des pommes, car ce qu'elle donne ne vient pas du cœur. Elle est souvent très déçue et très pauvre dans sa réserve de pommes, jusqu'au jour où n'en pouvant plus d'être toujours vide, elle changera de fournisseur (personne qui peut l'aimer) pour aller se remplir à nouveau. Ceci devient une roue sans fin. Vous comprenez par cette allégorie que la personne ne pourra jamais être satisfaite car c'est elle-même qui doit remplir son panier avec l'amour de soi, au lieu d'aller chercher à l'extérieur ce qui lui amène toujours une pénurie et un vide à combler.

9- *200 façons de faire la vaisselle*

Vous saviez qu'il y a 200 façons de faire la vaisselle? L'important c'est qu'elle soit faite. Il y a des personnes qui vont laver les verres en premier et d'autres vont terminer par ceux-ci. Le but de cet outil est de comprendre qu'il existe plusieurs façons de voir les choses et que la vérité a 360 degrés, donc 360 façons de percevoir les choses. L'important c'est d'être bien avec celle qu'on choisit et d'accepter que d'autres personnes aient leurs propres idées. Il faut accepter les autres tels qu'ils sont sans vouloir les changer.

10- *Pardon avec le cœur*

Il s'agit de pratiquer la technique du pardon, se pardonner à soi avec son cœur, car ce dernier ne condamne pas. En pratiquant cette méthode, vous serez libre.

11- *12 lois du comportement*

Les lois du comportement font partie des 12 étapes, car elles amènent l'être humain à vivre en parfaite santé et à changer complètement sa vie. Ce sont des lois de l'être humain qui sont simples mais qui demandent certains efforts pour être intégrées. Vous devez les pratiquer tous les jours. Nous les verrons en détail dans un autre chapitre.

12- *Rendre la valise à sa mère*

Mentalement on visualise une valise et on y met tout ce qui appartient à notre mère ou à notre père. Nous avons pris des choses qui ne nous appartenaient pas quand nous étions jeunes. Ma mère enceinte de moi vivait beaucoup de peurs et je me rappelle que toute petite, je vivais ses peurs à elle. J'ai donc dû lui remettre sa valise mentalement pour ne plus être en connexion avec elle.

13- *Victime et bourreau*

Nous devons prendre conscience que lorsqu'on se sent victime, on s'attire un bourreau. Il n'y a pas de victime. Il faut changer notre perception et la remplacer en acceptant notre responsabilité.

14- Échec et expérience

Il faut remplacer le sentiment d'échec par celui de l'expérience. Finalement, c'est de voir chaque situation de notre vie comme étant une expérience qu'on doit intégrer au niveau de l'âme car celle-ci en a besoin. Il n'y a pas d'échec ni d'épreuve. Beaucoup de personnes voient leur vie comme étant remplie d'épreuves. Elles n'ont pas compris que ce sont des leçons nécessaires à leur évolution.

15- Vivre le moment présent

Il s'agit de comprendre que le passé ne peut être changé et que le futur ne nous appartient pas encore. Donc, lorsqu'on veut provoquer du changement dans notre vie on doit le faire maintenant dans le présent, car c'est avec le présent qu'on construit le futur.

16- Abandon

Lorsque vous ressentez l'abandon, c'est un signe que vous êtes en train de vous abandonner vous-même. Par exemple, votre conjoint va à une soirée et vous vous sentez abandonnée, pourtant il ne vous abandonne pas. Alors pourquoi vous sentez-vous abandonnée? La raison est très simple. C'est que vous ne vous faites pas confiance et que lorsque vous vous retrouvez seule, vous avez peur de vous et vous vous sentez abandonnée, car vous vous laissez tomber. Vous devez remplacer ce sentiment par *«je ne me laisse plus tomber, je me fais confiance»*.

17- Est-ce que cette pensée est bonne pour moi?

Prenons conscience que nous sommes envahis par plusieurs concepts et patterns et que si nous voulons être libres, nous ne devons rien transporter, donc plus de croyances, de pensées négatives et de concepts. Nous en viendrons à prendre conscience de ce qui est bon ou non pour nous.

18- Baluchon

La pratique du baluchon consiste à prendre conscience des différentes croyances et pensées négatives que nous avons en nous. Lorsque vous êtes en présence d'une pensée ou d'un sentiment avec lequel vous n'êtes pas bien, vous visualisez que vous descendez un escalier de dix marches et qu'au bas des marches, il y a un baluchon dans lequel vous mettez vos pensées. Ensuite, vous remontez les marches et vous remplacez ce qui a été mis dans le baluchon par du positif.

19- Acceptation

Accepter c'est tout simplement affirmer que vous avez quelque chose à comprendre et à apprendre. Il ne faut plus se battre avec l'expérience, car elle devient alors une plus grande source de souffrance.

20- Impuissance

Lorsque vous ressentez de l'impuissance, c'est un signe que vous n'acceptez pas la situation, car ce mot veut dire *«pas de puissance sur la situation»*. Cela vous fait comprendre que vous voulez avoir de la puissance sur quelque chose que vous n'avez pas. On la remplace toujours par l'acceptation de la situation ou de la personne.

21- Comment gérer une émotion

Il faut apprendre à gérer ses émotions et se fixer comme objectif d'être capable de les gérer en quelques secondes. Il ne faut plus demeurer dans des émotions pendant des heures, des semaines, des mois et même des années. L'émotion n'est que du vent, elle est une réaction à une information qui vient du subconscient et la personne doit reprendre le pouvoir qu'elle a donné à ses émotions.

22- Je ne contrôle plus et je laisse aller

C'est l'un de mes outils préféré, car il amène à lâcher prise rapidement. Vous devez ressentir la situation que vous avez de la difficulté à accepter. Vous visualisez des cordes et vous lâchez les cordes en prenant conscience que vous n'avez aucun contrôle sur les situations extérieures et que vous n'en aurez jamais. Vous devez répéter: *«je ne contrôle plus, je ne me bats plus, je laisse aller et j'accepte de n'avoir aucun contrôle»*. De cette façon, vous retrouverez votre contrôle à vous.

23- L'arbre et le roseau

L'arbre est gros, fort et robuste et il ne plie pas face à une tempête, alors il risque de casser. Le roseau est souple et plie, vers la gauche, vers la droite, dans tous les sens et ne casse pas. En résumé cela veut dire que l'arbre qui ne plie pas est comme l'être humain qui contrôle et qui ne veut pas changer d'idée, car il veut se montrer fort. Tandis que le roseau qui est souple et qui plie selon les situations, lui ne peut casser et il s'adapte aux situations. Vous devez adopter la position du roseau pour ne pas casser comme l'arbre.

24- Langage du corps et symptômes

C'est apprendre comment fonctionne votre corps par son langage non verbal que sont les symptômes et l'utiliser tous les jours, pour apprendre à vous connaître.

25- Responsabilité

Prendre la sienne et remettre celle des autres pour reprendre sa propre réaction et gérer sa façon de réagir.

26- Échelle de 0 à 10

Ne plus jamais faire de fuite ni d'évitement et toujours quitter l'endroit à 0 niveau d'anxiété. Quand vous ressentez des symptômes dans un endroit, vous devez absolument rester là et laisser l'anxiété diminuer jusqu'à ce qu'elle disparaisse complètement (niveau 0). Sinon, la fois suivante, confronté à la même situation, vous risquez de vous retrouvez avec les mêmes symptômes.

27- Alimentation

Apprendre à mieux se nourrir et éliminer complètement le sucre de son alimentation.

28- Guérison sur les 4 plans

Il faut traiter les 4 plans pour atteindre l'équilibre.

29- Sentiments d'être pris et étouffement

Au lieu d'étouffer ce qu'on ressent, on doit ressentir pour nous amener à nous libérer.

30- Respiration

Devenir maître de la respiration et pratiquer l'exercice respiratoire.

31- Peur qui n'a pas été vécue jusqu'au bout

La peur qui n'a pas été vécue jusqu'au bout demeure toujours là. Cela veut dire qu'on retient toujours les idées reliées à la peur par crainte que cela arrive. On doit donc aller jusqu'au bout de notre peur avec notre pensée et imaginer le pire que vous ne voulez pas qui arrive, soit de perdre le contrôle complètement. Vous devez le visualiser.

32- Arrêter de croire que les autres sont responsables de notre état

Cela nous amène la liberté de réagir.

33- Je m'aime donc ....

Je ne ferai plus rien contre moi et je pratiquerai le «je-m'en-fou-tisme».

34- La vie est une école

C'est de comprendre que la vie est comme lorsqu'on va à l'école, avec des leçons, des devoirs et des examens. Quand nous ne réussissons pas une année, nous recommençons et quelquefois nous ne comprenons pas tout de suite. Pour la vie, c'est la même chose!

35- Ruminer

Il faut plutôt s'exprimer que de tout garder à l'intérieur de soi. Ce qui amène une personne à ruminer, c'est que celle-ci ne s'exprime pas et retourne sans cesse tout dans sa tête.

36- Échelle de guérison

Il faut être conscient que lorsque vous montez dans l'échelle de guérison, vous pouvez avoir l'impression de stagner ou de reculer, mais il n'en est rien. Pour comprendre le niveau 5 par exemple, vous devez vous arrêter à une situation avec laquelle vous avez un peu plus de difficulté.

37- Je me construis ou je me détruis

Lorsque vous êtes en présence soit de pensées négatives, soit d'une situation difficile, vous avez le choix de vous détruire ou de vous servir de cette leçon pour vous construire.

38- Enracinement

Pratiquer l'enracinement en vous visualisant souvent les deux pieds dans le sol.

39- Dialoguer avec votre âme et méditer

Apprendre à dialoguer avec votre âme, lui poser des questions et vous serez surpris des réponses. Méditer sur les moyens que je vous ai donnés.

Tous ces outils vous aideront à composer avec la peur. L'agoraphobie est un mal de vivre, la personne vit dans un monde irréel qui est le sien et d'où vient le sentiment d'irréalité. Elle se sent prise, étouffée et n'en peut plus, car le vrai moi veut s'exprimer, mais il est écrasé par le faux-moi qui s'extériorise beaucoup par des peurs, que la personne perçoit comme étant sa vraie personnalité, mais qui appartient au faux-moi.

FAUX-MOI

- Abandon
- Jugement
- Critique
- Rejet
- Échec
- Culpabilité
- Perfectionnisme
- Contrôle
- Impuissance
- Envie et jalousie
- Honte

VRAI-MOI

- Amour de soi
- Acceptation
- Pouvoir et force
- Discernement
- Contrôle de soi
- Autonomie
- Détermination
- Être
- Liberté

Nous devons aider notre vrai moi à s'extérioriser par la prise de conscience et la répétition de notre pensée et de nos gestes. Ce qui veut dire ne plus donner de pouvoir à notre mental qui se base sur les images de notre subconscient.

L'agoraphobe a peur de la mort. Finalement ce qui lui fait peur, c'est l'inconnu. Vous ne savez pas ce qui arrive, c'est la peur et la peur se corrige par la connaissance et l'information. Il existe deux grandes peurs, **la peur de mourir et la peur de souffrir**.

Pour plusieurs, la peur de mourir est inconsciente. Elle se caractérise par la peur de l'auto, de l'avion, de la noirceur, de l'agression, de l'inconnu, des maladies, des accidents, de devenir fou, de se suicider, de perdre quelqu'un, de toutes les dépendances, de ne pas être capable de prendre sa vie en mains et de vieillir.

Quand on apprend à se libérer de la peur de la mort, une grande énergie se dégage de nous pour faire place à la liberté. Ce n'est qu'ainsi qu'on peut vivre vraiment sa vie.

Qu'est-ce que la mort? C'est un principe, une force d'action, un passage à une autre situation. C'est une naissance à une autre vie. La mort est un principe que nous refusons émotionnellement et que nous acceptons intellectuellement. Beaucoup de personnes croient que c'est une fin, un arrêt et qu'il n'existe plus rien après. Ce n'est pas parce que je change d'emploi (mort d'une situation) qu'il n'y a plus rien après. Que se passe-t-il? L'âme quitte le corps et décide du prochain plan de vie. Pour se libérer de la peur de la mort, vous devez tous les jours accepter les changements et amener votre conscience à changer votre façon de penser qui vous amène la souffrance. On entend souvent des gens affirmer que la mort ne les effraie pas et qu'ils n'ont pas peur du tout. Pourtant, lorsqu'on comprend sous quelle peur elle se cache, vous pouvez découvrir que la mort vous fait vraiment peur.

L'âme est une enveloppe du divin, un habit, c'est une énergie spirituelle qui s'infiltre dans tout notre être et qui l'humanise. Elle est immortelle. Elle est comme un ballon dégonflé et quand elle entre dans un corps humain, elle commence à se gonfler. C'est un réservoir où l'on doit apprendre des concepts évolutifs.

L'esprit est la mémoire active de l'âme.

La personne agoraphobe doit apprendre chaque jour à mourir aux événements de sa vie. De cette façon, elle apprendra à vivre. La mort fait partie de la vie et c'est un processus normal d'évolution. Beaucoup de gens croient que la mort est une fin et qu'il n'existe plus rien après la vie. Mon expérience m'amène à penser que tous les agoraphobes n'ont pas peur de la mort finalement, mais bien de l'inconnu, de la perte de contrôle et de l'abandon. Ils ont peur d'être seuls lorsqu'ils vivront cette étape. C'est la raison pour laquelle l'agoraphobe se bat contre le changement, car pour lui, tout représente une mort.

Je termine ce chapitre en vous donnant un outil fort simple à pratiquer pour transcender une peur, ce qui veut dire l'intégrer et dépasser le côté rationnel.

1. Visualiser votre peur comme si elle était un noyau;
2. Mettre ce noyau dans vos mains;
3. Visualiser un laser rouge qui fait fondre le noyau;
4. Demander à la source de faire fondre le noyau;
5. Visualiser le soleil qui fait fondre le noyau;
6. Le donner à la source (univers, Dieu ou autre);
7. Visualiser qu'une pluie dorée retombe sur vous;
8. Ressentir le courage et la force.

GUIDE POUR LA DEUXIÈME ÉTAPE

- Se pratiquer à faire mourir la peur, à ne plus embarquer avec elle, ne plus l'écouter ni la croire, ne plus lui donner de nourriture et laisser les symptômes là sans vous en occuper;
- Comprendre la responsabilité et prendre la sienne; plusieurs fois par jour, remettre aux autres la leur;
- Comprendre comment se conditionne une peur;
- Travailler à intégrer les outils. Les utiliser lorsque c'est nécessaire pour prendre conscience que cela fonctionne;
- Travailler sur le vrai moi et abandonner tranquillement le faux-moi;
- Changer la perception de la mort;
- Appliquer la technique d'anticipation chaque fois que vous anticipez;
- Éduquer le subconscient par le mental, en lui montrant ce que vous ne voulez plus dans votre vie et ne plus vous laisser gérer par lui.

3e étape

Apprendre à se détendre

Vous êtes maintenant au début de la troisième étape. Cette étape comporte plusieurs éléments que nous verrons dans ce chapitre (détente, respiration, alimentation, vitamine et hypoglycémie).

> *La véritable détente, c'est l'attitude mentale.*

Apprendre à se détendre... Lorsqu'on entend ces mots, tout de suite on pense à faire de la relaxation et on se voit allongé sur un lit. Mais la détente peut être toute autre chose. La véritable détente, c'est l'attitude mentale qu'on retrouve au fond de soi dans son subconscient, dans son système nerveux sympathique, dans son psychisme et dans son âme.

On obtient la détente en faisant un ménage à l'intérieur de soi, en enlevant tout ce dont nous n'avons plus besoin. Comme résultat, il y a absence de contraction musculaire et apparaît la sérénité de l'esprit, la tranquilité de l'âme et la conscience d'être ce que l'on doit être. En résumé, c'est la liberté intérieure, sans anxiété, ni angoisse, ni pensée négative. C'est le bien-être et l'harmonie d'être ce qu'on est.

La personne atteinte d'agoraphobie ne sait pas comment se détendre. Au contraire, je dirais même qu'elle est experte dans l'art de se stresser. Elle le fait par habitude et par conditionnement, car elle ne sait pas comment faire pour se calmer.

Dans cette troisième étape, vous devez apprendre à intégrer la détente. Vous devez la pratiquer tous les jours pour changer vos anciennes habitudes.

> ### *Il faut tout déraciner*
> ### *pour atteindre la véritable détente.*

Il y a une différence entre détente, méditation et relaxation. La méditation et la relaxation ne sont que des éléments de la détente. La détente ce n'est pas uniquement de s'asseoir et de se fermer les yeux. Pour que vous compreniez bien je vous explique la détente sous forme d'allégorie. Prenons par exemple un terrain couvert de pissenlits. Vous les arrachez mais ils repoussent, car vous n'avez pas tout déraciné pour avoir un effet durable. La détente c'est la même chose, vous avez beau essayer de vous détendre, mais s'il y a plein de choses qui vous tracassent (pensées négatives, colère, etc.), cela ne sera qu'éphémère, car comme dans l'exemple du jardin, tout reviendra à la surface. Vous devez donc tout déraciner pour avoir un effet durable. Si vous êtes tendu, stressé, cela dépend toujours de votre attitude mentale et non de l'extérieur. Si vous avez des pertes d'énergie, c'est qu'il y a déséquilibre dans votre attitude mentale, vous n'êtes pas dans le bon chemin. Pourquoi voulez-vous tout contrôler? La société, l'environnement, les croyances, la culpabilité, les obligations... tout cela amène des chocs, du stress et des tensions. C'est ce que vous devez déraciner.

La détente dépend donc de votre façon de percevoir la vie et de réagir. Lorsque vous voulez amener la détente dans votre vie, c'est de ce côté que vous devez travailler. Je vous explique tous les éléments qui viennent faire obstacle à la détente.

Les obligations sont négatives et les responsabilités sont positives. L'obligation vous amène à vous soumettre, à vous sentir obligé et sans choix. Ce mot enlève beaucoup d'énergie. Faites le test en vous disant: *«je suis obligé d'aller travailler»*. Tout de suite un poids s'ajoute sur vous. Remplacez le par *«c'est ma responsabilité, car je dois subvenir à mes besoins»*. Les mots que vous utilisez ont beaucoup d'impact sur vous. Prenons par exemple le mot «je choisis». Il amène beaucoup moins de souffrance car vous choisissez, et le mot «responsable» est très valorisant, c'est le respect de soi. La cause de la perturbation de votre tranquillité d'esprit est en vous-même. C'est vous qui vous amenez des tensions inconsciemment par les mots que vous utilisez, par votre façon de réagir, par votre pensée et par votre perception. Le système nerveux est agressé par :

1. L'attitude mentale
2. La culpabilité
3. Les croyances
4. Les sentiments négatifs, les pensées et le vocabulaire
5. L'environnement
6. La télévision
7. Les lectures.

Tous ces éléments amènent stress, tensions et contractions. Vous devez donc pour atteindre la détente de l'esprit apprendre à vous détacher de tout ce qui vous nuit et ce qui n'est plus bon pour vous. Même si vous êtes attaché et habitué à réagir de cette façon, vous devez chaque jour travailler à vous en départir. Le but c'est de prendre l'habitude tous les jours. Vous devez au début vous accorder seulement quelques minutes pour que cela devienne plaisant et vous incite ainsi à vous répéter l'expérience. Que ce soit au travail, à la maison ou dans votre auto, vous prenez quelques instants pour relâcher certaines pensées et tensions. Vous serez surpris de constater des petits changements avec cette pratique. je le répète souvent mais c'est d'abord et avant tout par la répétition que le changement s'opérera en vous, alors persistez. La détente est essentielle pour le processus de guérison. Celui-ci se fera sur les 4 plans.

La guérison sur les 4 plans

C'est la guérison aux niveaux spirituel, mental, émotionnel et physique afin d'atteindre l'équilibre et l'épanouissement dans votre vie. Il est nécessaire d'intégrer ces 4 niveaux pour atteindre l'équilibre. Dans le traitement de l'agoraphobie, il est important de comprendre ce que sont les 4 niveaux d'évolution pour y travailler. D'ailleurs, les 12 étapes sont développées sur les 4 plans, parce qu'on ne peut travailler uniquement sur un plan. Il y aurait un manque d'équilibre et l'équilibre touche les 4 plans. Lorsque nous parlons de détente, vous devez comprendre que le travail doit se faire à ces 4 niveaux. Vous devez déraciner tout ce qui vient faire obstacle sur ces 4 plans.

Physique

Prendre soin de votre corps, bien vous nourrir, respecter vos heures de sommeil, faire de l'exercice, vous défaire de certaines dépendances (nourriture, alcool, drogue, etc.) et apprendre à écouter votre corps.

Mental et intellect

Changer vos croyances de base, votre philosophie de vie, vos idées, vos pensées négatives, vos critiques, votre mental, votre tendance à ruminer et travailler la programmation. Intégrer de nouvelles choses par l'apprentissage et développer l'intelligence.

Émotionnel

Comment apprendre à gérer ses émotions? Ressentir ce qui crée une émotion et ne plus être une marionnette.

Spirituel

Le plan spirituel ne veut pas dire la religion. Lorsque ce niveau a besoin de guérison, l'individu se sent vide, perdu et seul, il n'a plus le sentiment d'appartenance à l'univers et cherche à combler ce vide inconscient de plusieurs façons: par l'argent, par le pouvoir, par le succès, par la dépendance, par l'alcool, par le travail, par le sexe, etc. Le niveau spirituel est au niveau de l'âme, c'est-à-dire ce que nous sommes venus faire en tant qu'être humain. Il faut être conscient en étant à l'écoute de ce que nous faisons.

Comment déraciner ces mauvaises herbes qui créent la fatigue nerveuse?

L'origine de cette fatigue plonge ses racines tellement profondes dans l'être qu'elles semblent ne plus appartenir à la fatigue qui en découle. Ces racines proviennent de l'enfance.

Nous n'avons pas eu conscience de la formation de ces racines et encore moins de l'apprentissage nécessaire pour les déceler et les déraciner. Nous devons donc faire notre propre éducation, car il n'est jamais trop tard. Vous devez prendre vos racines de fatigue et de troubles nerveux et travailler à vous en libérer. Vous les déracinez une à une, car vous ne pouvez toutes les enlever en même temps.

La première chose à faire est d'être convaincu que cela fonctionne. Il faut comprendre que la pensée a un pouvoir sur vous et sur votre système nerveux. Il faut être capable de percevoir ces pensées qui vous empêchent d'être détendu. Pour reconnaître une pensée qui vous fatigue, vous devez être attentif. Lorsqu'une pensée se présente, qu'elle fait contracter vos muscles et vos nerfs, cette pensée n'est pas en accord avec votre système nerveux. Vous devez donc la remplacer par une pensée qui vous amène à lâcher et à vous détacher. Si votre pensée vous fait partir dans des souvenirs désagréables, votre pensée n'est pas une pensée qui est en accord avec votre âme, car le passé est derrière vous et vous n'avez aucun pouvoir sur lui, à part l'accepter. Une pensée qui vous amène à contredire les lois divines et les lois du comportement, est une pensée qui n'est pas en accord avec votre être moral.

Une pensée qui vous amène à ne rien faire, est une pensée qui n'est pas en accord avec votre tempérament. Vous devez passer à l'action, car votre tempérament a besoin d'action et vous ne devez pas attendre que les choses arrivent pour bouger. Une pensée qui fait naître en vous de l'angoisse et de l'inquiétude (anxiété) est une pensée négative qui n'est pas en accord avec votre subconscient et votre sensibilité. Vous êtes en train de donner le pouvoir à des choses qui ne sont pas réelles et qui ne vous apporteront rien. Toutes ces pensées vous amènent le contraire de la détente. Au début cela semblera difficile, mais en y travaillant régulièrement vous y arriverez.

Quelle est l'influence de notre attitude et de nos gestes sur les réactions nerveuses?

À titre d'exemples:

- Une démarche lente amène la personne à être passive;
- Un traînage de pied amène à avoir une baisse au niveau de l'énergie;

- Un sentiment de culpabilité, de critique et de ne pas être à la hauteur, nous amènent à l'autodestruction;

- Se battre contre les événements de la vie amène la personne à ne pas accepter les expériences et ainsi les répéter en vivant beaucoup de frustrations;

- Ne pas remercier pour les bienfaits reçus amène à ne pas être conscient de ce que vous recevez et à prendre tout pour acquis;

- Avoir pitié devant les drames de la vie des autres amène à prendre la responsabilité des autres et sentir un poids inutile sur vos épaules.

Lorsque je vivais ce problème, j'étais tellement tendue. J'essayais de me détendre et je n'y arrivais pas parce que mes pensées me harcelaient constamment. Je ressentais toutes mes tensions et celles-ci m'amenaient même à faire des crises de panique. À ce moment là, je pratiquais le «training» autogène qui est une sorte de relaxation, mais qui n'agit pas au niveau de la pensée. Par la suite, je me suis mise à pratiquer plusieurs fois par jour, sans être couchée, à relâcher certaines de mes pensées. Je remplaçais des mots que j'utilisais, des perceptions qui n'étaient pas tout à fait juste et je m'abandonnais à la vie en arrêtant de me battre avec elle. Le changement se fit lentement au début, mais à force de répéter, j'ai senti des améliorations très marquées.

> *Il faut plusieurs fois par jour s'arrêter,*
> *prendre conscience de notre état,*
> *relâcher certaines pensées et certaines tensions.*

Vous avez à partir de maintenant des moyens pour arriver à une détente complète du système nerveux. Il faut prendre conscience qu'il est plus facile de prévenir la fatigue du système nerveux que de la guérir. La prévention se réalise par la détente. Il faut plusieurs fois par jour s'arrêter, prendre conscience de notre état et relâcher certaines pensées et certaines tensions pour arriver à une détente.

Comment arriver à une détente, lorsque dans votre esprit vous avez un problème très angoissant qui prend toute la place? Au début, la détente ne se produit pas immédiatement.

Après quelques séances, l'habitude s'installe et peu à peu vous vous apercevez que ces quelques minutes de repos sont bénéfiques à plusieurs de vos petits malaises que vous ne réussissiez pas à guérir avec des médicaments. Ces malaises sont dûs à une excitation du système nerveux. En prenant conscience, on réalise que la détente peut être une méthode préventive à toutes sortes de troubles mineurs. On a souvent des troubles digestifs, nerveux, de l'insomnie, des maux de tête, de la lassitude, de l'irritabilité, etc., qui sont causés par une tension nerveuse. Quand vous sentez l'impatience s'emparer de vous, qu'un rien vous tombe sur les nerfs, vous rend malheureux, même prêt à réagir violemment, c'est que votre système nerveux est fatigué et le meilleur moyen de le rétablir c'est la détente.

Comment procéder pour réussir une détente complète?

Vous devez bien sûr compléter avec la détente du corps physique et la respiration. L'agoraphobie amène un débalancement de la respiration causé par l'angoisse et l'anxiété qui sont régulièrement présentes. Elle se transforme en une respiration au niveau du thorax, beaucoup plus vers le haut du corps que vers le bas au niveau du ventre, ce qui amène encore plus d'anxiété et provoque l'hyperventilation et laisse le cerveau mal oxygéné.

Principe de la respiration

La respiration contribue en outre à la régularisation de la circulation sanguine et à la distribution rythmique du sang dans tout le corps par le cœur, facilitant ainsi la régulation interne de toutes les fonctions. La respiration est l'échange que nous avons avec l'environnement atmosphérique, c'est-à-dire l'air. À tous ces bienfaits s'ajoutent la conservation de nos énergies, une conscience accrue face à l'existence et une plus grande capacité de jouir de la vie. En respirant mal, le cerveau est mal oxygéné, il y a trop de CO_2 et cela amène de l'anxiété et un mal-être. Si on prenait une personne qui ne souffre pas d'anxiété et qu'on la faisait respirer comme un agoraphobe, en quelques minutes elle ressentirait une certaine anxiété. La personne agoraphobe, avec ses peurs, débalance tout son système respiratoire. Elle doit revenir à la respiration naturelle, celle du bébé, qui est l'énergie vitale.

L'homme respire mal, car il n'exploite que le huitième de la capacité respiratoire de ses poumons. L'importance de la respiration est connue : c'est grâce à l'oxygène respiré que l'homme vit. On pourrait se passer de nourriture pendant plusieurs jours, mais pas d'oxygène. La respiration est un acte à la fois volontaire et involontaire. Finalement une bonne respiration vous aidera tant sur le plan physique que psychique, si vous l'appliquez correctement. Les techniques respiratoires ont pour but d'améliorer de beaucoup la qualité de vie et de permettre de mieux contrôler le stress et les émotions.

Le rythme de la respiration

Respiration lente

Sur le plan physique : Les battements cardiaques et la circulation ralentissent. La température du corps diminue légèrement.

Sur le plan mental : Tranquillité, paix, pensées plus claires et compréhension plus objective.

Sur le plan spirituel : Perception plus grande et vue intérieure plus profonde.

Respiration rapide

Sur le plan physique : Les diverses fonctions corporelles s'accélèrent, les battements du cœur sont plus rapides ainsi que la circulation du sang. La température du corps augmente.

Sur le plan mental : Anxiété, angoisse, dramatisation, peurs et confusion.

Sur le plan spirituel : Amène des observations et des jugements négatifs.

Profondeur de la respiration

Respiration peu profonde

Sur le plan physique : Elle amène un manque d'harmonie et de coordination dans les différentes fonctions du corps. La température du corps a tendance à changer d'une façon irrégulière.

Sur le plan mental: Une tendance à l'anxiété, à l'instabilité, à la frustration, au mécontentement et au sentiment de peur.

Sur le plan spirituel: Perception superficielle à des changements fréquents de jugement. Perte de confiance en soi. Manque de courage, pertes de mémoire et vision d'avenir noir.

Respiration plus profonde

Sur le plan physique: Harmonie dans les systèmes et les organes. Température stable.

Sur le plan mental: Profonde satisfaction, stabilité émotionnelle, plus grande confiance en soi. Attitude stable et égale.

Sur le plan spirituel: Favorise la méditation et donne une foi inébranlable, ayant une tendance à tout embrasser et à aimer.

Durée de la respiration

Respiration plus longue

Sur le plan physique: Meilleure coordination dans le métabolisme. Température stable. L'activité de tous les organes et des glandes se ralentit.

Sur le plan mental: Sentiment plus paisible et satisfait, plus d'endurance, de patience, de calme, moins d'excitation émotive et moins d'irritabilité.

Sur le plan spirituel: Perception plus objective et plus étendue ainsi qu'une compréhension plus profonde.

Respiration plus courte

Sur le plan physique: Température augmente, métabolisme irrégulier et plus rapide.

Sur le plan mental: Variation d'humeur, impatience, moins d'endurance et mauvais caractère.

Sur le plan spirituel: Dysharmonie avec l'environnement, plus de conflits, d'antagonismes et vision plus courte.

Il est très important de pratiquer la respiration lente et profonde. Pour que cela devienne naturel comme manger et boire, nous devons la pratiquer souvent. Il est important de savoir que l'absorption de grande quantité de liquide et d'aliments sucrés provoquent une respiration plus rapide. En général, manger et boire en grande quantité amènent aussi une respiration plus rapide. Ainsi pour développer l'harmonie et la paix sur les plans physique, mental, spirituel et émotionnel, on doit pratiquer la respiration pour obtenir des résultats de détente.

Cinq modes équilibrés de respiration

Il y a 5 modes de respiration qui peuvent être utilisés selon la puissance pour le développement physique, mental, spirituel et émotionnel. Ces modes de respiration seront utilisés seulement lorsque vous aurez réintégré votre respiration de base et pratiqué la gymnastique respiratoire que je vous expliquerai après ce chapitre.

1. Respiration très lente, calme et longue. RESPIRATION POUR LA MÉDITATION. Pour cette respiration, il convient d'inspirer et d'expirer par le nez très doucement. La durée de l'expiration doit être 2 à 3 fois plus longue que l'inspiration. EFFET: calmer les activités physiques, mentales et spirituelles.

2. Respiration normale, douce et calme. RESPIRATION DE L'HARMONIE. Là aussi vous respirez par le nez, mais avec plus de force. EFFET: harmonie.

3. Respiration lente, calme, mais plus forte. RESPIRATION DE LA CONFIANCE. Vous inspirez par le nez et vous expirez par la bouche entrouverte. L'expiration est 5 fois plus longue que l'inspiration. EFFET: accélérer l'activité dans toutes les fonctions.

4. Respiration lente, profonde et forte. RESPIRATION DE L'ACTION, POUR L'ACTIVITÉ PHYSIQUE. Vous inspirez et expirez avec la bouche entrouverte. L'expiration est 3 à 5 fois plus longue que l'inspiration. EFFET: soulager les

contractions musculaires, physiques et mentales, favorisant la relaxation.

5. Respiration longue, profonde et forte. RESPIRATION DE LA SPIRITUALISATION. Vous inspirez et expirez la bouche entrouverte. L'expiration est de 3 à 5 fois plus longue que l'inspiration. Quand vous inspirez, le son aigu HI s'échappe naturellement. À l'expiration, le son long et naturel FU est émis. EFFET: donner de l'énergie au métabolisme.

L'agoraphobie, comme je vous l'expliquais, amène un débalancement au niveau de la respiration. Vous devez donc réapprendre à bien respirer. Cela ne demande pas de gros efforts, car le corps a une mémoire et il se souvient de la façon dont il respirait avant que vous y apportiez des changements à cause de l'anxiété et de l'angoisse. Il est important que vous pratiquiez de 3 à 4 fois par jour les exercices respiratoires pour retrouver un certain contrôle de soi. Au début vous aurez l'impression que vous ne savez plus comment respirer et ceci est tout à fait normal, car vous êtes en train d'effectuer des changements, mais par la suite l'équilibre se réintègrera en vous. Surtout ne vous découragez pas et persistez.

Respiration normale à pratiquer

1- Laissez d'abord votre corps respirer et remarquez les parties en mouvement;

2- Commencez toujours par une expiration profonde afin d'expulser au maximum l'air résiduel. L'oxygène ne peut en effet être capté par le sang en présence de dioxyde de carbone;

3- L'inspiration et l'expiration se font toujours par le nez. La respiration se fait calmement et lentement comme la respiration du bébé. C'est elle qui est innée et votre corps s'en souvient.

4- Vous inspirez en gonflant le ventre jusqu'au début du diaphragme (au début des côtes) et vous expirez en le dégonflant. Tout cela se fait lentement et calmement sans forcer ni lever les épaules et sans respirer du thorax. L'agoraphobe a tendance à respirer du thorax et à faire beaucoup d'hyperventilation ce qui provoque l'anxiété. Une respiration ventrale amène beaucoup de calme et bien-être.

Gymnastique respiratoire

La technique respiratoire suivante donne de bons résultats dans le ralentissement du vieillissement et le contrôle du mental. C'est une respiration qui amène le contrôle de soi et le contrôle de ses émotions. Je vous suggère de la pratiquer 3 fois par jour pendant 4 minutes. C'est une gymnastique et comme n'importe quel exercice, au début on trouve cela difficile, car le diaphragme est un muscle et il doit se remettre en forme. Si vous pratiquez tous les jours pendant un an, vous serez maître de la respiration et de vos émotions. Il faut d'abord vider les poumons en procédant à une expiration profonde. On inspire ensuite lentement par le nez sur une période de 6 secondes. On doit alors retenir l'air inspiré dans les poumons durant 3 secondes, puis on procède à une expiration par la bouche sur une autre période de 6 secondes. Après quoi vous faites un moment d'arrêt sans air de 3 secondes, ce temps d'arrêt s'appelle l'apnée. Vous reprenez alors immédiatement avec un autre cycle de respiration tel que décrit. Vous pouvez pratiquer cette méthode durant 4 à 5 minutes. Un tel exercice respiratoire permet de ralentir considérablement la respiration tout en favorisant une meilleure oxygénation tissulaire. Dans cet exercice, il faut 18 secondes pour procéder à une respiration complète.

Détente du corps physique

Je poursuis maintenant avec la dernière étape de la détente: celle du corps physique.

Je vous suggère de vous allonger sur le dos, les bras le long du corps. Fermez les yeux et prenez une inspiration en expirant toutes les tensions et tout le stress accumulés dans votre corps. Commencez par détendre la tête et le cou. Le cou représente le contrôle, plus une personne veut contrôler plus son cou sera tendu. Visualisez une corde que vous tenez et que vous lâchez. Vous ne contrôlez plus, vous laissez aller, vous acceptez. Détendez vos épaules. Celles-ci représentent la charge que vous prenez sur vous et la responsabilité que vous prenez aux autres. Visualisez un sac à dos que vous enlevez et que vous ne prenez plus. Descendez maintenant au niveau des bras qui représentent la capacité à accueillir les nouvelles expériences de la vie.

Visualisez que vous faites passer l'énergie qui vient de votre cœur en acceptant les nouvelles expériences de la vie. Détendez ensuite votre dos qui représente le soutien et le support que vous vous donnez. Vous le détendez en vous faisant confiance. Détendez aussi le bassin qui représente l'insécurité et finalement les jambes et les pieds, qui représentent l'avenir l'avancement. Vous détendez toutes ces parties du corps, vous prenez 3 respirations calmes et longues (respirations normales) et vous mettez votre conscience à l'intérieur de vous. Soyez attentifs à comment vous vous sentez physiquement et mentalement, sans juger, seulement en observant. Visualisez ensuite que vous descendez un escalier de 10 marches et que plus vous descendez, plus vous êtes détendu et bien. Vous répétez mentalement «je suis calme, je suis calme». Votre subconscient l'enregistrera. Vous pouvez aussi détendre d'autres parties de votre corps.

1- pieds	13- yeux	25- glande endocrine
2- jambes	14- nez	26- circulation du sang
3- cuisses	15- bouche	27- circulation de la lymphe
4- abdomen	16- gorge	28- bras
5- lombaires	17- poumons	29- doigts
6- épine dorsale	18- bronches	30- oreilles
7- cou	19- cœur	31- peau
8- cervelet	20- estomac	32- cheveux
9- pariétaux	21- reins	33- le visage
10- occipital	22- foie	34- intestins
11- frontal	23- rate	35- organes génitaux
12- tête	24- pancréas	36- cerveau tout entier

Détente pour vaincre l'insomnie

L'insomnie est le plus souvent due à une activité trop grande du système nerveux central. Cette activité est difficile à calmer surtout lorsque ce sont des projets qui nous tiennent beaucoup à cœur qui en sont à l'origine.

Elle est aussi due à une perturbation des sentiments et de la réalité. Elle est alors occasionnée par l'inquiétude, l'angoisse, la peur et les soucis de toutes sortes. Dans tous ces cas, le système nerveux central est agité.

Comment arriver à le calmer?

Il faut, en premier lieu, détacher ou enlever tout vêtement qui pourrait vous nuire. Lorsque vous souffrez d'insomnie, absolument rien ne doit vous tomber sur les nerfs.

Lorsque vous êtes détendu, vous fermez les yeux et vous frappez légèrement du doigt la poitrine en disant: 1-2-3-4-5-6 et en recommençant lentement, de plus en plus lentement en laissant aller les mots, même en les bafouillant et en continuant à frapper la poitrine du doigt, si bien, que le doigt commence à tomber et qu'il manque des coups, pour enfin s'arrêter. Le sommeil alors est arrivé. Le nombre que l'on prononce tient la pensée sur ce nombre et l'empêche de vagabonder ici et là à travers les projets ou bien de se fixer en obsession sur un point particulier.

MOTS CLÉS

Les mots clés sont: Je suis calme
                       1-2-3-4-5-6.

Là, je fais appel à toute la personnalité. En disant «je suis», l'âme, le psychisme, le subconscient et l'intelligence se mettent immédiatement d'accord pour répondre aux mots «je suis».

Vous venez de voir tout ce qu'on doit travailler pour arriver à une détente complète du système nerveux. Je vous encourage à pratiquer chaque jour la gymnastique respiratoire, pour arriver bien sûr à diminuer votre niveau d'anxiété.

À la fin de ce chapitre, je joins un tableau qui pourra vous servir de modèle ou d'exercice complémentaire afin d'atteindre une relaxation maximale.

Mon corps n'est pas une poubelle

• *Comment bien se nourrir?*

La majorité des agoraphobes se nourrissent mal et compensent beaucoup par le sucre et le fast-food pour combler le vide qu'ils ressentent. Ils se nourrissent mal par manque de connaissances et de conscience. Ma technique est échelonnée sur 12 étapes et traite la personne sous tous ses aspects, soit sur les 4 niveaux (plans) qui amènent l'équilibre et le parfait contrôle de soi ainsi que la santé idéale. L'alimentation fait donc partie des 12 étapes. Lorsque je vivais ce problème, je m'alimentais très mal. Je mangeais 4 ou 5 tablettes de chocolat par jour, je buvais beaucoup de boisson gazeuse et j'étais une fervente du fast-food. Tout ce qui est nocif pour la santé finalement. C'était comme si je voulais compenser par la nourriture. Sauf que cela empirait beaucoup mon état de santé, mais je n'en étais pas consciente. Jusqu'au jour où j'ai dû payer pour ces excès de nourriture par la colite ulcéreuse (maladie de Crohn). Cet incident m'a permis de prendre conscience que je traitais mon corps comme s'il était une poubelle. Jamais je n'aurais pensé que ce que je mettais dans mon assiette avait un si grand impact sur ma santé. Je trouve dommage que l'être humain doive se rendre à ce stade pour prendre conscience de certaines réalités. Vous n'êtes pas obligé de vous rendre à ce stade pour comprendre que l'alimentation est importante. J'ai remarqué chez plusieurs de mes clients que plus l'agoraphobie est sévère plus la personne s'alimente mal. Donc, si vous souffrez de troubles d'agoraphobie légère, le changement dans votre alimentation ne sera pas aussi drastique que fut le mien. Cela va avec le degré de l'agoraphobie. Plus l'état de la personne est aggravé, plus elle traite son corps comme une poubelle. Par l'alimentation, vous avez une idée du degré de l'agoraphobie.

On ne peut passer à côté de l'alimentation car elle est trop importante. Si on néglige celle-ci, c'est comme si on ne s'occupe pas de l'essence qu'on met dans notre automobile. Dans ce chapitre, mon but est de vous apporter de nouvelles connaissances et de vous faire prendre conscience de l'importance d'avoir une bonne alimentation. Je veux également vous informer sur l'hypoglycémie, les vitamines et l'énergie.

Le sucre

> *Éliminez le sucre graduellement de votre vie et vous en ressentirez les effets très vite.*

> *La consommation de sucre amène de l'anxiété et de l'angoisse.*

Dans le traitement de l'agoraphobie, je mentionne à tous mes clients qu'ils doivent éliminer le sucre complètement! Le sucre raffiné (fabriqué par l'homme) est chimique et se digère très vite, d'où vient la baisse de glucose dans le sang. Le sucre sous toutes ses formes doit être consommé avec modération, car il agit au niveau du système nerveux et amène de l'anxiété et de l'angoisse.

Aussitôt que vous vivez une peur, vos glandes surrénales doivent travailler beaucoup plus fort pour produire de l'adrénaline, l'hormone qui a pour fonction d'aller chercher vos réserves de glucose dans le corps.

> *Au moment d'une peur,*
> *la personne panique davantage,*
> *car elle n'a pas l'énergie nécessaire pour y faire face.*

Que fait le glucose? Il apporte l'énergie nécessaire au cerveau et au reste du corps pour faire face au danger. Vous comprendrez qu'une personne qui vit beaucoup de peurs, finit par épuiser ses réserves de glucose. C'est la raison pour laquelle cette dernière compense par le sucre. Après son absorption, elle sent une hausse d'énergie pendant environ une demi-heure mais en réalité ce sucre lui cause plus de dommages que de bien. Le sucre fait travailler davantage les glandes surrénales, car tout sucre ou produit raffiné qui n'est pas naturel donne ainsi au pancréas un surplus de travail. Cela devient un cercle vicieux. Plus les glandes surrénales sont fatiguées et usées, moins elles produisent d'adrénaline en quantité suffisante pour faire face à un danger réel. Au moment d'une peur, la personne panique davantage, car elle n'a pas l'énergie nécessaire pour y faire face. En éliminant le sucre la personne donne un répit à son corps. Je vous encourage à éliminer graduellement le sucre de votre vie et vous en ressentirez très vite les effets. Vous sentirez un bien-être tellement grand que plus jamais vous ne voudrez consommer du sucre. C'est vrai que cela n'est pas facile, c'est comme un sevrage et vous sentirez même un manque qui vous amènera à penser qu'il vous en faut. Il est normal que vous ressentiez le goût de prendre du sucre, sauf que ce besoin n'est pas bon. Vous ne prendrez plus votre corps pour une poubelle et vous aurez une conscience plus élevée à ce niveau. Après avoir payé mes excès d'alimentation, j'ai compris et surtout pris conscience que le sucre était un poison non seulement pour les agoraphobes, mais pour tout le monde. J'ai pu comprendre le ravage du sucre à travers plusieurs cours que j'ai suivis en alimentation. Dès cette prise de conscience, j'ai arrêté complètement de consommer du sucre. J'ai eu ce qu'on appelle un sevrage, je pleurais et pour moi la vie n'avait plus de sens sans le sucre. Cet état dura une semaine mais par la suite le bien-être que j'ai ressenti n'avait pas de prix. J'ai compris que le sucre que je croyais inoffensif était finalement très destructeur pour moi. Au bout d'un mois, je me sentais tellement bien; je ne ressentais plus de sensation de crises de folie ni de hauts et de bas au niveau de mes émotions. Tout était redevenu calme. 50 % de mes symptômes ont diminué après l'arrêt de consommation de sucre.

Hypoglycémie

> *Les agoraphobes compensent beaucoup avec le sucre.*

Selon mes recherches, la plupart des personnes atteintes d'agoraphobie font de l'hypoglycémie. Vu leur manque d'amour envers elles-mêmes, elles compensent beaucoup par la consommation de sucre et cela amène une baisse de glucose d'où viennent en partie les symptômes d'agoraphobie. Cela veut dire que la première crise de panique que la personne ressent, est souvent une crise d'hypoglycémie. Lors de ma première crise, j'étais dans un centre commercial et je fus prise d'étourdissements. J'ai eu l'idée de m'en aller, je ne savais pas que ce que je venais de vivre était en fait une crise d'hypoglycémie causée par le manque d'amour et de confiance que j'avais en moi.

C'est la raison pour laquelle l'agoraphobe doit:
- éliminer le sucre;
- travailler à augmenter l'estime de soi;
- apprendre à s'aimer avec son cœur;
- enlever toutes les fausses croyances qui sont présentes au niveau du subconscient.

Le sucre sous toutes ses formes doit être consommé avec modération. Il faut savoir qu'une ingestion trop grande de sucre réduit la phagocytose des leucocytes, réduisant ainsi le potentiel immunitaire. Des études ont démontré que ce ne sont pas seulement les sucres simples comme le fructose et le glucose qui augmentent l'incidence de candidose, mais aussi l'arabiose et le galactose qu'on retrouve dans le lait.

Dans notre société industrialisée, le sucre blanc est celui que nous consommons le plus. Or, ce sucre raffiné (blanc) a une grave lacune: il ne contient plus les nutriments nécessaires à notre métabolisme. Pour digérer le sucre et l'utiliser, le corps doit donc puiser dans ses réserves de vitamine B et de chrome. Il n'est pas nécessaire d'ajouter du sucre aux aliments, car tout ce que nous absorbons se transforme en sucre. Pour que vous compreniez bien le rôle du glucose dans le sang, je vous donne un exemple. Prenons une personne qui mange beaucoup de sucre. Celle-ci a régulièrement des baisses de glucose dans le sang puisque le sucre qu'elle prend est raffiné et se digère très vite. Par contre, si elle mangeait des protéines tel que du fromage ou des noix, elle n'aurait pas de baisse de glucose, car l'aliment qu'elle prend se digère lentement.

L'hypoglycémie se définit, en termes médicaux, comme un abaissement de glucose dans le sang. Elle est l'opposé du diabète et très souvent son signe avant-coureur. Dans le diabète, il y a un manque d'insuline utilisable qui circule dans le sang alors que dans le cas de l'hypoglycémie, il y en a trop. L'excès de cette hormone régulatrice du taux de glucose sanguin, relâchée par un pancréas qui réagit avec une sensibilité à toute consommation de sucre concentré ou raffiné, abaisse à un niveau au-dessous de la normale le glucose sanguin, ce qui entraîne alors une faim dévorante, un besoin ardent de sucre et une grande variété de symptômes physiques et mentaux.

Il est indispensable de définir le rôle du glucose dans notre corps. Selon le livre *Le mal du sucre*[1], on ne peut absolument pas comprendre la tragédie de l'hypoglycémie si l'on ne saisit pas la fonction vitale de cet élément. Le glucose est le sucre que le sang véhicule à chacune des cellules de notre corps. C'est l'aliment énergétique privilégié et même exclusif de certains tissus, dont le cerveau. En effet, le cerveau ne peut utiliser aucun autre sucre que le glucose et en son absence, il cesse immédiatement

---

1.   STARENKY, J. Danielle, *Le mal du sucre*, Éditions Orion inc., 1981.

de fonctionner normalement et il se détériore rapidement. Si la carence en glucose est prolongée, les dommages sont irréversibles. Si la carence est profonde et qu'elle n'est pas corrigée d'urgence, le coma puis la mort s'en suivent. Chaque cellule de notre corps, seconde après seconde, a besoin de glucose mental qui lui est propre. Sans glucose, la cellule ne peut fonctionner ni vivre.

> **95 % des agoraphobes souffrent d'hypoglycémie.**

Peut-être pourrions-nous dire que le sucre dans le sang est pour notre corps ce que l'essence est pour la voiture. Donc, en résumé, le glucose dans le sang est très important et c'est la raison pour laquelle il faut manger des aliments qui sont lents à se transformer en glucose. Un abaissement du taux de glucose sanguin est terriblement critique. Il ébranle chaque cellule et affecte d'abord et par-dessus tout le système nerveux et le cerveau. Dans le cas des agoraphobes, 95 % souffrent d'hypoglycémie. Ainsi, une bonne alimentation est nécessaire et dès que la personne change ses habitudes alimentaires, elle voit son état s'améliorer considérablement, au moins de 50 %.

L'alcoolisme, longtemps considéré comme un vice de l'âme, est la conséquence de mauvaises habitudes alimentaires qui entraînent un épuisement des glandes surrénales et un abaissement du glucose sanguin. L'alcoolisme est un vice de l'appétit qui crée une famine cellulaire que certains individus vont satisfaire avec de l'alcool. Lorsqu'ils découvrent que ce produit a le même effet que le sucre, c'est-à-dire qu'il entraîne la disparition ou l'amélioration des symptômes (angoisse, anxiété, timidité, fatigue, confusion d'esprit, etc.), ils en consomment. Tout comme l'agoraphobe, l'alcoolique fuit dans l'alcool. Voici une liste d'aliments à consommer et d'aliments à éviter

Aliments conseillés

Pommes, poires, abricots, avocats, mûres, fraises, framboises, groseilles, cassis, melon, cerises, pamplemousses, oranges, jus de citron, pêches, ananas, courges, citrouilles, courgettes, zuchinis, tomates, concombres, poivrons, aubergines, haricots jaunes, petits pois, artichauts, rutabagas, oignons, champignons, persil, navets, radis, épinards, asperges, fèves germées, brocolis, choux de Bruxelles, choux-fleurs, carottes, céleris, choux, fenouil, échalotes, fromages blancs frais, olives, fèves soyas, noix, huiles fraîches, millet, sarrasin, tisanes.

Aliments à utiliser modérément

Bananes, mangues, bleuets, jus de raisin, orge, avoine, seigle, blé, riz brun, maïs, pois chiches, pruneaux, patates, miel non pasteurisé (parce qu'il renferme beaucoup de sucre).

Aliments à éviter

Noix rôties, épices, boissons alcoolisées (1 à 2 verres de vin en mangeant, pas plus), boissons gazeuses, sucre, caféine, thé, bonbons, fruits en conserve, légumes en conserve, soupes en conserve, caramel, gomme, chocolat, cacao, charcuterie, biscuits, craquelins, glaçage, hot-dogs, sauce soya commerciale, pâtes alimentaires, pain commercial, mélasse, gâteaux, cornichons, chips, brioches, saucisses, vinaigrettes, céréales en boîte, ketchup, relish. Tout ce qui est raffiné.

Vous avez maintenant la liste de ce que vous devez éliminer de votre alimentation mais ne vous découragez pas, car cela ne se fait pas du jour au lendemain, mais graduellement.

Ce qui suit est un questionnaire sur l'hypoglycémie. Ce questionnaire est la recherche du Dʳ Bumpus qui a procédé à des milliers de tests. Il déclare que tout total au-delà de 25 devrait vous amener à rechercher un traitement adéquat de l'hypoglycémie, surtout si vous répondez positivement et fortement à trois des questions suivantes: 16, 17, 24, 26, 27, 29, 43 et 44.

Voici comment remplir le questionnaire. Vous pouvez indiquer le degré de gravité ou la fréquence des symptômes en utilisant le chiffre 1 pour des symptômes légers, 2 pour modérés et 3 pour réguliers et sévères. À la fin du questionnaire, faites l'addition de chacune de vos réponses pour connaître le grand total.

Questionnaire sur l'hypoglycémie

Nombre de points

1. J'ai un besoin anormal de sucre :
2. J'ai des maux de tête l'après-midi :
3. Je consomme de l'alcool :
4. J'ai des allergies, une tendance à faire de l'asthme, à avoir la fièvre des foins et à faire des éruptions cutanées :
5. Je me réveille après quelques heures de sommeil :
6. Je me rends compte que je respire péniblement :
7. Je fais de mauvais rêves :
8. J'ai les gencives qui saignent :
9. J'ai la vue embrouillée :
10. J'ai des tâches brunes ou des plaques brunes sur la peau :
11. J'ai des bleus facilement :
12. J'ai des papillons dans l'estomac et des crampes :
13. Je n'arrive pas à commencer ma journée si je n'ai pas une tasse de café :
14. Je n'arrive pas à travailler sous pression :
15. Je suis constamment fatigué :
16. Je n'arrive pas à me décider facilement :
17. Je suis constamment épuisé :
18. J'ai des convulsions :
19. J'ai des rages de bonbons ou de café l'après-midi :
20. Je pleure facilement sans raison :
21. Je suis déprimé :
22. J'ai des étourdissements :
23. Je bois ... cafés par jour :
24. Je dois manger souvent sinon j'ai des crampes d'estomac ou des faiblesses :
25. Quand je mange ma fatigue semble se dissiper :
26. Je suis craintif :
27. Lorsque j'ai faim, je me mets à trembler :
28. J'ai des hallucinations :
29. Mes mains tremblent :
30. Mon cœur se met à battre vite si je saute un repas ou si je ne mange pas à temps :
31. Je suis très émotif :
32. J'ai faim entre les repas :
33. Je fais de l'insomnie :
34. Je tremble à l'intérieur de moi :
35. Je suis irritable avant les repas :
36. Je manque d'énergie :

37. Je grossis des événements insignifiants: 3
38. J'ai les bleus, je suis mélancolique et je vois tout en noir: 3
39. J'ai une mauvaise mémoire:
40. J'ai de la difficulté à avoir de l'initiative:
41. Je suis somnolent après les repas: 2
42. Je m'endors pendant la journée:
43. Je me sens faible et sans force: 0
44. Je suis inquiet, je suis anxieux et je me fais du souci   3
    constamment:
                          Total des points   38

Après avoir répondu au questionnaire, vous avez maintenant une idée des symptômes de l'hypoglycémie. Je vous conseille de prendre conscience de l'importance d'une bonne
alimentation et d'arrêter de prendre votre corps pour une poubelle. Comme je vous le mentionnais, cela ne se fait pas du jour
au lendemain, mais tranquillement vous y arriverez, surtout
quand vous en ressentirez les bienfaits. Vous comprendrez que
l'agoraphobe, en se nourrissant mal et en vivant constamment
dans l'anxiété et l'angoisse, crée un manque de vitamine du
complexe B ainsi que de calcium et de magnésium. Le calcium
et le magnésium doivent être pris avec la vitamine D, car celle-ci
sert à fixer le calcium et le magnésium. Pour ce qui du complexe B, c'est la vitamine qui nourrit le système nerveux et
quand on est agoraphobe, il est très important de le nourrir.

Aliments et énergie

La santé est dans la nature et ses lois. C'est dans les aliments vivants que l'on retrouve la santé. Tout ce que je mange devient
moi. L'eau est le premier élément vivant ainsi que le miel, le
vin, l'eau d'érable et non le sirop d'érable, les céréales entières,
l'huile pressée à froid, les fruits, les légumes, le lait non pasteurisé, les œufs et le fromage. Ne jamais cuire les aliments à feu
haut, par exemple les légumes sont plus vivants à la vapeur, et
ne pas dépasser une température de cuisson de 100 degrés centigrade (212 degrés Farenheit). La nourriture nous sert de carburant. Un aliment est vivant quand il possède encore ses
éléments vitaux. Ce qui veut dire que quand nous absorbons la
nourriture elle doit produire les vitamines, les sels et les protéines qui sont nécessaires à la vie. Donc, si notre alimentation

est composé d'aliments raffinés, notre corps ne peut produire les vitamines nécessaires, car ce sont des aliments morts que nous absorbons.

Si vous mangez de la viande, bien sûr l'animal est mort, mais les éléments qui font partie de sa chair sont vitaux. Une vitamine demeure toujours une vitamine. Si elle est dans un légume, elle est vivante lorsque nous l'absorbons. Ce qui veut dire qu'une vitamine, lorsqu'elle est absorbée par un être vivant, redevient vivante.

Par contre une personne aura beau bien s'alimenter et prendre de bonnes protéines, si elle manque d'optimisme, de joie de vivre, d'amour et de confiance, ces protéines diminueront leurs effets, car elles s'enrichient de ces attributs. Il en va de même pour les vitamines. Elles seront plus efficaces si la personne est active, prend beaucoup d'initiatives et passe à l'action. Elles auront à ce moment leur pleine efficacité. Notre état d'âme touchera tous les sucres et les gras que nous absorberons. Donc si nous vivons beaucoup de colère, de ressentiment et d'abandon, nous pouvons alors imaginer quelles réactions auront le sucre et le gras. Plus nous utilisons notre intelligence, plus les sels minéraux sont multipliés en quantité et en qualité, car les cellules nerveuses du cerveau consomment beaucoup de sels minéraux et plus le cerveau est actif plus il en consomme, et plus il en fabrique. En résumé plus vous êtes en harmonie avec vous-même et plus ce que vous absorbez se transforme en qualité. D'ailleurs, il est assez facile de reconnaître, juste par la façon dont les gens se nourrissent, comment ils pensent et se traitent. Nous ne verrons jamais une personne qui est en harmonie avec elle-même s'alimenter très mal, comme l'inverse, soit de voir quelqu'un qui s'alimente mal être en harmonie.

Énergie

Dans la nourriture que nous consommons, nous pouvons mettre la conscience, car le pouvoir de la pensée est ce que nous avons de plus puissant. Penser à ce qu'on mange, apprendre à y mettre ce qu'on veut. Par exemple, vous êtes stressé et vous êtes en train de cuisiner. Par la force de la pensée, mettez du calme et de la joie dans la nourriture; donnez des commandes à votre corps. Observez les aliments que vous mangez et pensez à toute

l'énergie qu'ils vont vous donner. Vous pouvez même magné-
tiser (influencer par la pensée) vos casseroles et vos plats. Finalement, c'est d'y mettre la conscience. Vous serez surpris de voir
les bienfaits que cela apporte.

Programmation

Je vous donne une programmation que vous pouvez faire à
tous les jours. Lorsque vous vous apprêtez à vous mettre à table
vous pouvez dire mentalement:

Je transforme ces aliments d'énergies diverses en de
meilleurs éléments nutritifs qui me donnent:

- La désintoxication de toutes mes cellules et de tout mon
  corps;
- La reconstitution de mes cellules qui sont fatiguées;
- La revitalisation de tout mon être et de tout mon corps
  physique;
- La santé parfaite, la joie, la beauté parfaite et la jeunesse;
- La joie de vivre;
- L'élimination de toutes les toxines de mon corps.

Vous pouvez mettre de la joie, du bonheur et de la santé
dans tout ce que vous voulez.

La pensée positive amène le système immunitaire à être
beaucoup plus fort. Et c'est à chaque individu de le décider. Il
s'agit de faire le choix entre la santé et la maladie. Chaque soir
avant de vous coucher, vous répétez: *j'ordonne à mes cellules* (et
non pas leur demander) *de penser à la santé parfaite et de rejeter la
maladie.* Vous ordonnez à toutes vos cellules de se guérir et de se
régénérer. Tranquillement, elles transformeront la mémoire de
l'épuisement et la faiblesse pour la santé et la force. Bien sûr
l'alimentation, les besoins du corps physique, l'action, la discipline, le changement des pensées négatives viendront dire aux
cellules que la décision de la santé vient d'être prise et qu'il n'y
a aucune contradiction. Le conditionnement de la pensée est
très puissant. La cellule doit donc accepter la santé. Mais, vous
devez faire ce choix et dans vos gestes de tous les jours, faire des
actions vers la santé. À partir de ce moment, la cellule utilise
une nouvelle mémoire et se matérialise vers la santé que vous
avez demandée.

GUIDE POUR LA TROISIÈME ÉTAPE

- Apprendre à vous détendre et à déraciner tout ce qui n'est plus bon pour vous. Remplacer les perceptions et relâcher les tensions. Détente du corps physique et de votre esprit;
- Guérison sur les 4 plans; prendre conscience que pour atteindre l'équilibre, vous devez travailler au niveau des 4 plans: spirituel, émotionnel, psychique et mental;
- Réintégrer la respiration de base et pratiquer la gymnastique respiratoire;
- Bien s'alimenter et éliminer le sucre;
- Combler les carences en vitamines et minéraux;
- Passer à l'action en regard de ce qu'on a appris et affronter ses peurs.

DÉTENTE

1. S'asseoir ou s'allonger confortablement;
2. Étirer les jambes à leur pleine élongation, contracter et relâcher les muscles en comptant: 1, 2, 3, 4, 5, 6
3. Étirer les bras de la même manière et les relâcher en comptant: 1, 2, 3, 4, 5, 6
   Compter lentement en relâchant à chaque nombre que vous dites.
4. Bomber le torse dans une grande inspiration et relâcher lentement en expirant: 1, 2, 3, 4, 5, 6
5. Bomber l'abdomen le plus possible et relâcher en comptant: 1, 2, 3, 4, 5, 6
6. Étirer de nouveau les jambes et les bras ensemble, contracter et relâcher les muscles en comptant: 1, 2, 3, 4, 5, 6
7. Bomber également le torse et l'abdomen ensemble, contracter et relâcher en comptant: 1, 2, 3, 4, 5, 6
8. Fermer la bouche et respirer profondément par le nez. Relâcher lentement en ouvrant la bouche, en faisant une bonne expiration. Répéter cette respiration trois fois.
9. Fermer les yeux et détendez-vous de 5 à 15 minutes.

Cette séance prend 20 minutes et atténue la fatigue nerveuse.

4e étape

Être positif

La quatrième étape consiste à travailler surtout au niveau des pensées, des sentiments négatifs, de la culpabilité et du pardon. Comment être positif à 100 %? Comment éliminer tous ces sentiments et ces fausses croyances?

Pour obtenir un bien-être durable, vous devez changer l'intérieur. Travailler uniquement sur le comportement sans changer l'intérieur n'amène pas de résultat durable. Tout être humain qui veut se libérer de ses états d'âme, de son mal de vivre (anxiétés et angoisses) et de ses peurs doit travailler au niveau de la pensée.

Jamais je n'aurais cru que la pensée avait un impact sur le corps physique. J'étais convaincue que la pensée et le corps étaient dissociables. Même si j'avais de la haine et de la colère en moi, dans mon esprit cela ne touchait pas du tout mon corps, que je considérais comme séparé du mental. Le jour où j'ai pris conscience qu'on ne pouvait séparer les deux et que finalement le corps et l'esprit ne font qu'un, je venais de me donner les clefs de la liberté. Je pouvais changer ma vie.

J'ai dû travailler chaque jour sur ces pensées négatives qui détruisaient mon corps. Les résultats obtenus étaient tellement encourageants que j'avais pris la décision de ne plus jamais me laisser envahir par ces pensées si dévastatrices.

On ne vient pas au monde avec un manuel d'instructions. Nos parents, nos professeurs et la société nous enseignent des croyances qui sont parfois complètement fausses et que l'on a acceptées. Ainsi, nous passons notre vie à croire à des choses qui ne sont pas vraies.

Qu'est-ce qu'une croyance?

> *On doit transformer une croyance*
> *par le savoir et par la connaissance.*

Croyance provient du mot *«croire»*. Son utilisation fait référence à une incertitude. Si je dis *«demain je crois que je vais aller magasiner»*, ce n'est pas certain que je vais y aller. Une croyance prend ses racines au niveau du plan mental. Elle est basée sur la peur et ce n'est jamais bénéfique parce qu'elle n'existe pas. Il n'y a pas de bonnes ou de mauvaises croyances: il n'y a qu'une incertitude. On doit transformer la croyance par le savoir et par la connaissance. En effet, le manque de connaissance amène la souffrance. Par exemple, prenons une personne qui souffre de rejet. Elle ne sait pas que le rejet qu'elle ressent provient d'elle-même, que c'est elle finalement qui se rejette et qui pousse les autres à ne pas être attirés vers elle. Son manque de connaissance lui amène la souffrance. Si elle le ressentait, elle pourrait ainsi remplacer le rejet par l'acceptation de soi.

Je croyais que tout ce que je ressentais et qui était négatif provenait de mon passé, de mes expériences et que je n'y pouvais rien. Je pensais que c'était la faute des autres. Ne pouvant changer mon passé, cette perception ne me donnait aucun pouvoir sur ma vie. Je ne savais pas que toutes ces croyances auxquelles je tenais étaient très négatives et m'apportaient comme résultat des symptômes d'angoisse et d'anxiété.

Pour créer une pensée négative, il faut 100 pensées et pour créer une croyance, 1000 pensées négatives. On comprend par cet énoncé que la répétition est essentielle pour amener une nouvelle pensée. Finalement, une croyance est une conclusion qu'on a tirée à la suite d'un événement ou d'une circonstance qui a eu un impact sur nous. De là l'importance d'enlever toutes les croyances et de les remplacer par le savoir, par quelque chose de vrai, de sûr et de transformer cette expérience par le positif qui est bénéfique.

> *Ce n'est pas la situation qui crée la croyance mais l'interprétation qu'on en fait.*

Les croyances viennent de nos parents, de nos amis, de nos professeurs ou de la société. Nous avons tout simplement décidé étant jeune de croire à leurs idées. Nous avons ainsi la même perception que ces personnes. Par exemple, votre mère vous dit qu'on doit s'oublier beaucoup pour ses enfants et que c'est un signe pour reconnaître une bonne mère. C'est une fausse croyance et elle vous apporte des sentiments non bénéfiques. Elle peut venir aussi de votre propre perception d'une situation que vous avez vécue étant jeune. Un autre exemple, à l'âge de 5 ans vous subissez l'inceste et vous retenez comme fausse croyance que les hommes sont tous des contrôleurs. Sur 10 personnes ayant vécu le même événement, chacune d'entre elles aurait une réaction (équation) différente. Ce n'est pas la situation qui crée la croyance, mais l'interprétation qu'on en fait.

Comment reconnaître une croyance et la remplacer

Pour identifier une croyance

Pour identifier une croyance, observez les résultats que vous obtenez dans votre vie. C'est ce que vous obtenez de vos croyances. Si votre vie est difficile ou compliquée, c'est que la croyance qui se cache derrière n'est pas bénéfique. Vous devez remonter jusqu'à la cause en vous demandant ce à quoi vous croyez et de quoi vous vous nourrissez.

Prenez quelques instants et concentrez-vous à identifier toutes vos croyances, côté affectif, familial, relations de couple, travail, social, physique, tradition, etc. Pour vous aider dans cette démarche, je vous donne une liste à titre indicatif, non limitative, d'une série de croyances que nous retrouvons souvent. Cette liste vous permettra peut-être d'identifier certaines croyances que vous nourrissez.

• Je dois faire passer tous les besoins des autres avant les miens pour être une bonne personne;

• Si je veux être une bonne mère, je dois m'oublier et tout donner;

- Pour ne pas ressentir le sentiment de trahison, je dois contrôler à tout prix;
- Si je contrôle tout, il ne m'arrivera rien d'imprévisible;
- Si je dis ce que je pense réellement, les autres ne m'aimeront pas;
- Je suis responsable, donc coupable des réactions des autres;
- Je dois fuir pour ne pas me sentir rejeté;
- Je dois me surpasser pour me sentir valorisé par les autres;
- Je dois faire les choses à la perfection pour ne pas ressentir le sentiment d'échec;
- En amour, je vais rendre l'autre indispensable à moi pour qu'il ne puisse pas m'abandonner;
- Si je suis rigide et que je ne ressens pas mes émotions, je suis une personne forte et ainsi je ne ressentirai pas l'injustice du monde dans lequel je vis;
- Aimer fait souffrir;
- L'argent ne fait pas le bonheur;
- Il faut souffrir pour être belle;
- Cela est trop beau pour être vrai;

Pour remplacer une croyance

Dès que vous avez identifié vos croyances, vous devez en prendre conscience et les remplacer par l'amour de soi, l'acceptation et la réalité.

> ***On ne doit pas se critiquer ou se blâmer.***

Vous devez accepter qu'au moment où vous avez accepté ces croyances, vous avez jugé qu'elles étaient bonnes pour vous. Vous avez agi au meilleur de votre connaissance. Vous ne devez pas vous critiquer ou vous blâmer parce qu'en agissant ainsi, vous êtes dans le négatif. Vous devez vous demander ce que cette croyance vous a apporté. Par exemple, pendant plusieurs années vous avez cru que vous étiez un bon à rien! Qu'est-ce que cela vous a apporté? À fuir devant les nouveaux défis, à vous apitoyer sur vous-mêmes et à vous protéger.

> *On remplace la croyance*
> *par une pensée en harmonie avec nous.*
> *Si elle nous amène à être bien, alors c'est la bonne,*
> *sinon il faut en trouver une autre.*

Deuxièmement, vous devez prendre conscience qu'à partir de maintenant, il est préférable de la remplacer parce que cette croyance vous amène à ne pas vous sentir bien et vous vous détruisez. Vous substituez donc cette croyance par une pensée qui est en harmonie avec vous. Si la pensée nouvelle que vous adoptez vous amène à être bien, c'est qu'elle est bonne. Sinon, il faut en trouver une autre.

Troisièmement, vous devez poser des actions en fonction de cette nouvelle croyance. Celle-ci se développera et l'ancienne va mourir graduellement, faute de nourriture. Vous devez remplacer toutes vos croyances par le savoir et par la connaissance.

Je vous donne deux exemples de croyances ainsi que la façon de les remplacer.

«Pour être aimé, je dois donner beaucoup de mon temps, de mon argent, tout finalement.»

En agissant de la sorte, vous ne serez jamais aimé pour ce que vous êtes mais plutôt pour ce que vous faites. Vous vivrez toujours dans l'attente du retour. Lorsqu'on veut être aimé, il faut tout d'abord apprendre à nous aimer nous-mêmes. Vous devez remplacer cette croyance par l'amour de soi: je m'aime et je ne fais plus rien pour être aimé. N'oubliez jamais que 100 pensées ont été nécessaires pour créer une croyance et pour l'éliminer, vous devrez répéter l'exercice au moins mille fois pour que la nouvelle croyance disparaisse.

«Je dois passer tous les besoins des autres avant les miens pour être une bonne personne.»

Lorsque nous faisons passer nos propres besoins après ceux des autres, nous vivons beaucoup de frustrations. Nous accusons alors les autres de ne pas être reconnaissants envers nous, alors que personne n'a rien demandé. Vous devez remplacer cette croyance par l'amour de soi: je me respecte et je me donne le droit de faire passer mes propres besoins avant ceux des autres et ainsi, je ne vivrai plus de frustration. Lorsque je donnerai quelque chose, je le ferai avec mon cœur.

Les croyances amènent des peurs.

Comment savoir si ce que vous pensez est une vérité ou une croyance? Les croyances amènent des peurs tandis que la certitude, la connaissance ou le savoir n'amènent aucune crainte. Il est très bénéfique de se libérer de ses croyances. Ceux qui entretiennent des croyances, et donc des peurs, vivront des drames très pénibles et auront des maladies difficiles. Vous avez tous le pouvoir de le faire et si vous le faites, vous changerez votre vie pour la santé, l'abondance et l'harmonie.

Quel est le chemin que vous prendrez? Beaucoup de personnes disent *«cela fait 40 ans que je pense comme cela, on ne peut me changer»*, c'est tout à fait faux! Il s'agit tout simplement de gens qui ne veulent pas changer. Ne vous découragez pas, car il est possible de changer. C'est vous seul qui en avez le pouvoir.

Comment être positif

Voilà qui semble tout un défi! Mais avant d'aborder la question, j'aimerais vous parler un peu de la pensée.

Pouvoir de la pensée

> *On devient ce qu'on pense de soi
> et ce qu'on pense des autres.*

Les pensées ont beaucoup d'importance dans notre vie, car on devient ce qu'on pense de soi et ce qu'on pense des autres. Tout le monde connaît le principe du fameux miroir: on dit bien souvent que ce dont on accuse les autres nous appartient! Ce que nous croyons sur les autres est vu à travers les filtres de notre intellect et c'est exactement ce que nous pensons de nous-mêmes. À mesure que nous pensons, nous créons. C'est le pouvoir de la pensée. Malheureusement, il y a beaucoup de pensées qui se promènent dans notre esprit sans que nous en soyons conscients. Par exemple, vous rencontrez une personne et elle vous parle d'un évènement qui vient de lui arriver. Vous ne savez pas pourquoi, mais après, vous ne vous sentez pas bien.

C'est qu'elle est venue réveiller en vous une peur inconsciente. C'est la raison pour laquelle il est important de devenir conscient de sa vie, de savoir ce que vous dites, ce que vous pensez et ressentez, pour vous servir de votre pouvoir et être ainsi en mesure de créer une situation dans laquelle vous serez à l'aise.

> *Pour se libérer de son passé et ainsi évoluer,*
> *on doit l'aimer et l'apprécier*
> *pour ce qu'il nous a appris.*

Une personne qui n'a pas conscience de sa vie, ne peut rien transformer, car elle ne sait même pas ce qui lui arrive. Il y a toujours dans notre entourage des gens qui pensent comme nous et ainsi, leur façon de penser peut nous aider à prendre conscience de ce qu'on pense et qui est inconscient. Que pensez-vous de vos parents et de votre conjoint? Ceci peut vous amener à prendre conscience des sentiments que vous avez à guérir. Toutes les pensées que vous avez forment une vibration autour de vous. Il est important de travailler et d'arriver à se libérer de ses pensées dites négatives par l'amour, la compassion et l'harmonie. Pour se libérer de son passé, on doit l'aimer et l'apprécier pour ce qu'il nous a appris, et non le voir comme un enfer ou une épreuve. Cette façon de voir les choses nous permet d'évoluer.

> *Regardez autour de vous et écoutez*
> *ce qui vient vous chercher.*
> *Vous aurez ainsi beaucoup de réponses sur vous.*

La souffrance n'est pas nécessaire. C'est une fausse croyance de croire que l'évolution implique la souffrance. Quand l'être humain sera assez sage pour se rendre compte qu'il peut évoluer sans souffrir, il pourra arrêter ses souffrances.

Beaucoup de personnes ont de la difficulté à accepter que les autres ne pensent pas comme elles. Ceci est un signe d'égoïsme et de non-respect de l'autre. Regardez autour de vous, écoutez ce qui vient vous chercher et vous aurez beaucoup de réponses sur vous. Ainsi vous pourrez travailler sur ce qui vous dérange et sur vos pensées négatives. Comme je vous l'expliquais, j'étais très négative et toutes les pensées que j'avais m'amenaient à me sentir mal. Vous pouvez vous imaginer le travail que j'ai dû faire pour en arriver à être positive. En transformant mes pensées, j'ai transformé ma vie et j'ai pu voir mes symptômes d'agoraphobie diminuer.

Être positif

> *Pour être en harmonie avec soi-même,*
> *il faut s'accepter tel qu'on est*
> *et accepter les autres tels qu'ils sont.*

Que veut dire exactement être positif à 100 %? C'est de ne plus mettre en soi des pensées négatives et de les nourrir. C'est de vivre en harmonie avec vous-même et avec les autres, en vous acceptant tel que vous êtes, avec vos forces, vos faiblesses, vos qualités et vos défauts. Cela ne veut pas dire qu'on ne fait plus d'efforts pour s'améliorer, bien au contraire. C'est tout simplement de refuser de nourrir des pensées négatives à votre égard ou à celui des autres. Vous devez pour cela vous accepter tel que vous êtes, ainsi qu'accepter les autres comme ils sont. **L'acceptation est la base de tout changement**. Quand on s'accepte soi-même, c'est évident qu'on accepte les autres.

Comme première étape, je vous suggère de dresser la liste de vos qualités et de vos défauts. Une fois que vous l'avez faite, lisez-la à haute voix et prenez conscience que ce qui vous paraît être un défaut peut se transformer en qualité. Tout ceci dépend de la façon dont vous le percevez. Prenez conscience de vos côtés positifs. Il vous sera plus facile de les voir chez les autres. Vous aurez moins de jugements critiques tant envers vous-même qu'envers les autres.

Penser positivement, c'est aussi voir le positif chez les autres. Ceci ne se fait pas du jour au lendemain mais un petit peu chaque jour amènera le changement.

Reconnaître une pensée négative

> *Toute pensée qui fait naître en vous de l'inquiétude,*
> *de l'angoisse, qui vous amène un malaise*
> *et un mal-être est une pensée négative.*

Pour mieux vous entraîner à penser positivement, vous devez reconnaître les pensées négatives. Toute pensée qui fait naître en vous de l'inquiétude, de l'angoisse, qui vous amène un malaise et un mal-être est une pensée négative. Au début, ne vous découragez pas si toutes les pensées que vous avez vous amènent de l'inquiétude ou un malaise, comme c'était mon cas. C'est par la répétition que vous y arriverez et par la prise de conscience face à vos pensées. Cela demande un effort, mais rien n'est inné ou acquis, tout est à intégrer. Comme l'agoraphobe vit beaucoup de malaises, il vit aussi beaucoup dans le négativisme. S'il était positif à 100 %, il ne vivrait pas de symptômes d'agoraphobie.

Être positif à 100 % est l'une des 12 lois du comportement. Les pensées négatives empoisonnent la vie. Vous devez apprendre à les transformer en pensées positives.

Ce n'est pas la pensée elle-même qui est négative, mais les émotions qu'elle provoque. Il ne faut jamais oublier que les émotions n'existent pas à l'extérieur de nous, mais plutôt en nous. Dès que vous embarquez dans l'anxiété ou l'angoisse, vous pouvez être certain que cela n'en finit plus, c'est comme une roue sans fin. L'angoisse est nourrie par vos souvenirs et l'anxiété par l'inquiétude qui résulte en malaises et maladies. Quand on n'arrête pas la roue en présence d'une pensée négative, c'est toute une série de pensées qui arrivent en même temps et la personne ne sait plus quoi faire. Toutes les situations se nourriront ainsi de pensées négatives.

> *Nous devons traiter immédiatement les émotions*
> *ou les pensées négatives.*

Selon mes recherches, une personne est négative par habitude et par conditionnement. Elle n'a pas appris à gérer ses émotions et sa perception est erronée. Vous ne devez jamais demeurer longtemps dans une émotion ou une pensée négative, vous devez la traiter immédiatement.

Sentiments négatifs et états d'âme

Nous avons vu les pensées négatives. Parlons maintenant des sentiments et des états d'âme négatifs. C'est l'étape suivante. C'est un peu plus compliqué, mais nécessaire pour apprendre à être positif à 100 %.

Tout état d'âme ou sentiment qui fait vivre en vous des pensées de **haine** et de **vengeance** est négatif. Tout sentiment de **jalousie** et d'**envie** est négatif. On est porté à croire que l'amour nécessite de la jalousie, mais il n'en est rien. La jalousie ne provient pas de l'amour, mais de vos insécurités et du désir de posséder la personne. Ceci n'a rien à voir avec l'amour, mais plutôt la peur d'être seul et de ne pas être aimé. L'envie est aussi un sentiment très négatif car elle détruit la personne qui la ressent. Il faut pouvoir être content pour autrui et non l'envier. C'est la même chose pour la haine et la vengeance, tout cela finit par se retourner contre soi.

> *On critique souvent pour se remonter*
> *ou pour se critiquer soi-même.*

Le **jugement** et la **critique** sont une autre source de négativisme, ils sont très destructifs pour la personne qui les pratique. Ils n'apportent rien et diminuent même l'estime de la personne. Passer son temps à critiquer n'est pas du tout positif. Il faut prendre conscience et chercher à savoir pourquoi on en vient toujours à juger ou à critiquer. La réponse est souvent pour se remonter ou pour se critiquer. Si vous en prenez conscience et si vous cherchez à comprendre pourquoi vous agissez ainsi, vous changerez alors votre perception du monde et votre approche deviendra positive. N'oubliez pas que c'est pas à pas que vous arriverez au but.

Comment être positif malgré le négativisme

> *Il faut chercher ce que nous avons*
> *à apprendre de la leçon.*

Comment arrive-t-on à être positif quand tout va mal? C'est justement quand tout va mal que le moment est venu pour vous de changer votre pensée. Si vous demeurez dans le négatif, cette attitude engendrera toujours plus de négatif et ainsi de suite. Vous devez plutôt chercher à savoir ce que vous avez à apprendre de cette leçon pour ne pas la revivre. Ceci est positif et vous amènera vers le changement afin de tourner la situation en succès. Quelqu'un de négatif finira par devenir beaucoup plus négatif. Ce type de personne critiquera sans cesse et trouvera toujours le moyen de mettre du négatif même dans les belles choses qui lui arrivent. Elle est incapable de voir les qualités des autres et elle devient même paranoïaque. Elles accuse tout le monde et s'imagine des choses. Ces personnes ont toujours raison et ont beau avoir de l'argent, elles ne sont pas plus heureuses pour autant. Elles sont même très malheureuses. Quand on devient en proie au négativisme, le système nerveux est affecté et l'angoisse tout comme l'anxiété mènent tranquillement à la dépression et aux problèmes psychologiques de toutes sortes comme l'agoraphobie.

Vous avez lu la description d'une personne négative. Vous pouvez constater que l'agoraphobe a un travail à faire. Dans mes années d'agoraphobie, comme je vous l'expliquais, toutes mes pensées m'amenaient de l'angoisse, des malaises et des maladies. J'étais constamment dans le négatif, mais je ne le savais pas. Je le faisais surtout par habitude et par faute d'avoir appris à penser autrement. Je vous encourage à retrousser vos manches et à travailler sur vos pensées. Je vous confirme que vous vivrez des changements radicaux. Votre vie s'en trouvera améliorée.

Avant de terminer sur le sujet, j'aimerais vous démontrer ce que fait une pensée négative au niveau du cerveau.

Les pensées négatives ou sentiments négatifs sont composés d'énergies diverses qui ne peuvent être en harmonie les unes avec les autres. L'énergie se précipitera alors sur les neurones qui les distribueront sous forme d'énergie dans les différents organes du corps.

Par le psychisme, par exemple si la personne entretient de la haine, les différentes formes d'énergie s'entrecroiseront pêle-mêle pour pénétrer en désordre dans l'organisme. Au départ, les cellules sont composées originellement d'énergies qui s'harmonisent les unes aux autres. En recevant ces formes d'énergies inharmonieuses, elles dérangent toute l'harmonie des cellules organiques. Voilà les raisons pour lesquelles les pensées négatives sont à l'origine des maladies les plus destructrices et qu'elles contribuent aussi à déprimer l'individu, à lui enlever son dynamisme, son courage et sa joie de vivre. Elles le privent de voir l'avenir sous un angle positif. Comme le psychisme est une antenne, il récolte ce qu'il sème ou autrement dit, il reçoit ce qu'il demande par sa programmation inadéquate à la constitution de son être.

La personne positive reçoit à plein courant l'énergie positive qui alimente les cellules de son organisme, les nourrit et leur conserve leur pleine jeunesse aussi longtemps qu'elles ne seront pas perturbées par de l'énergie négative qui les empoisonnera et les conduira à leur destruction. Chacune de vos pensées est un réservoir d'informations qu'on appelle *«égrégor»*. Tout être humain a plusieurs *«égrégors»* positifs ou négatifs; il est important d'enlever les négatifs. Chaque organe est sous la direction d'un groupe de neurones qui font exactement ce qui est commandé au niveau de la pensée consciente et inconsciente. Une pensée affective atteindra immédiatement le rythme du cœur car les neurones cardiaques renvoient au cœur les émotions affectives, positives ou négatives. C'est comme cela pour toutes les pensées.

Culpabilité et pardon

> *Le corps nous laisse des messages*
> *quand ce que nous pensons n'est pas vrai.*

J'aimerais que vous portiez une attention toute particulière au concept de culpabilité parce que c'est un sentiment très destructeur qui va à l'encontre de l'estime de soi. C'est un sentiment *anti-divin* qui veut dire *«contre le divin»* qui est en nous. Avec ce sentiment la personne agit contre elle-même, et l'agoraphobe vit beaucoup de sentiments de culpabilité. Cela amène beaucoup de toxines dans le corps et détruit les cellules. De là proviennent beaucoup de maladies en «ite», telles bursite, tendinite, bronchite, otite, laryngite, etc. Par ces malaises, le corps nous laisse comme message que ce que nous pensons n'est pas vrai. Quand la douleur accompagne ces malaises, c'est que la personne est en train de se punir, car inconsciemment elle s'en veut.

Dans mes années d'agoraphobie, une très grande culpabilité se cachait derrière mes peurs. Qui plus est, je me sentais coupable de vivre. Je me rappelle étant jeune que je voulais me faire petite pour ne pas déranger ma mère et que si j'avais pu m'effacer, je l'aurais fait. Ma mère était agoraphobe et à cause de ses symptômes d'anxiété et d'angoisse, je me sentais coupable de ce qu'elle vivait. Elle me répétait sans cesse que je la dérangeais. Quand on est enfant, on n'a pas le discernement d'un adulte ni le jugement et comme j'étais hypersensible, je l'ai crue. Dès ce jeune âge, je vivais déjà le mal de vivre et un sentiment de culpabilité très profond. J'étais une enfant qui s'excusait tout le temps et qui ne voulait jamais se tromper, d'où venait mon perfectionnisme. La culpabilité que je ressentais était tellement forte, que je me suis déjà donnée plusieurs coups de couteau parce que je me sentais coupable. L'amour que je me portais était tellement bas que je faisais n'importe quoi pour me détruire et pour me punir de quelque chose que je n'avais pas fait. Je voulais surtout être aimée pour étouffer cette culpabilité grandissante en moi qui me faisait croire que j'étais coupable.

Quand nous prenons conscience de l'effet de la culpabilité sur nous, cela nous motive à ne plus jamais la mettre dans notre vie. Tout le monde, un jour ou l'autre, vit ce sentiment de culpabilité à différents niveaux, tous aussi destructeurs les uns que les autres.

La culpabilité

La culpabilité vient d'une croyance irréaliste amenant la personne à croire qu'elle n'aurait pas dû poser un acte. Par exemple, je n'aurais pas dû dire à mon conjoint ce que je pensais et je me sens coupable de l'avoir dit. La culpabilité est une conscience faussée qui vient de concepts religieux, politiques, sociaux et économiques imposés et qui amènent la personne à se détruire. Nous avons tous eu une éducation et on nous a enseigné très jeune à ressentir la culpabilité pour nous faire écouter, pour qu'on soit plus docile et aussi pour démontrer à nos parents qu'ils étaient de bons parents, de bons professeurs, pour ne pas qu'à leur tour, ils ressentent de la culpabilité, c'est-à-dire le sentiment d'être de mauvais parents ou de mauvais professeurs. C'est la raison pour laquelle nous la ressentons comme vraie, comme une réalité, parce qu'on nous l'a enseignée et surtout parce qu'on y a cru.

> *Nous devons prendre conscience de la culpabilité*
> *pour nous en débarrasser.*

Le but n'est pas de mettre le blâme sur qui ce soit. C'est tout simplement de prendre conscience de la culpabilité pour s'en débarrasser et réaliser que nous ne sommes plus des enfants et que c'est notre responsabilité d'éliminer cette croyance.

> *Chaque fois que nous ressentons de l'anxiété,*
> *de l'inquiétude ou une peur,*
> *il est très important d'aller vite vérifier*
> *si nous ne sommes pas en présence de la culpabilité.*

La culpabilité est le plus grand mal, celui qui est le plus destructeur. Pour moi, c'est comme un poison qui amène la personne à se détruire tranquillement. Ce sont des reproches qu'on se fait parce qu'on a posé un geste qui va à l'encontre de nos croyances (incertitudes). On l'entretient et on se ronge. C'est une énergie destructive, en fait, c'est de l'autodestruction et de l'autopunition. À chaque fois que vous ressentez de l'anxiété, de l'inquiétude ou une peur, il est très important d'aller vite vérifier si vous n'êtes pas en présence de la culpabilité. C'est bien souvent ce qui arrive, car elle est inconsciente. La personne se sent coupable de ne pas être à la hauteur, d'avoir peur d'échouer, du sentiment de honte et du désir de tout contrôler.

J'explique souvent le noyau de la culpabilité par un exemple très simple. Prenons un homme qui bat sa femme. Après l'avoir battue, il se sent coupable et regrette de l'avoir fait. Il lui promet qu'il ne le fera plus, qu'il ne recommencera jamais. Pourtant quelques semaines plus tard, il recommence. La culpabilité ne sert à rien d'autre que détruire et n'aide pas à comprendre le pourquoi de nos réactions. Si au lieu de se sentir coupable, cet homme avait pris conscience du pourquoi de son comportement et s'était posé des questions, il aurait eu une attitude différente. Il aurait pris la décision d'aller consulter pour se faire aider et aurait accepté ses responsabilités envers sa conjointe. Cela ne veut pas dire qu'il ne le regrette pas, mais avec cette décision sa conjointe aurait pu être assurée qu'il ne recommencerait pas. Je dis souvent aux personnes qui s'excusent et qui se sentent coupables d'arriver en retard pour leur rendez-vous, de ne pas s'excuser et surtout de ne pas se sentir coupable, car ils vont recommencer. Le but, c'est de comprendre et non de se culpabiliser.

> *La culpabilité se cache derrière les peurs.*

Après plusieurs années de recherche sur le sujet, j'ai observé que la culpabilité se cachait derrière les peurs. Il est très important de s'arrêter et d'en prendre conscience pour y apporter un changement.

Pour moi, il existe deux sortes de culpabilité qu'il importe de différencier :

- Il y a la culpabilité d'avoir fait quelque chose qu'on regrette, par exemple celle de briser un objet ou encore de casser quelque chose qui ne nous appartient pas. Cet acte n'est pas fait de façon volontaire, c'est un accident.

- L'autre forme de culpabilité c'est de se sentir responsable des autres, donc coupable. Elle est reliée au mal de vivre, au mal-être et porte en elle la culpabilité de vivre, comme si la personne se sentait coupable d'exister. Dès le jeune âge, on nous a enseigné qu'on était responsable (donc coupable) de ce qui arrivait aux autres. Par exemple, la mère de famille qui casse un verre et qui dit à son enfant: «Regarde ce que tu viens de me faire faire» ou la mère anxieuse, qui par ses symptômes, a de la difficulté à s'endurer elle-même. Ainsi, elle n'arrive pas à endurer son enfant et lui fait sentir que c'est de sa faute si elle se sent comme cela. L'enfant portera en lui toute sa vie ce sentiment destructeur qu'est la culpabilité et il ne saura pas pourquoi il se sent ainsi. Il sentira un mal de vivre qui se manifestera par un vide intérieur accompagné d'angoisse et d'anxiété. Il aura beau essayer de combler ce vide par l'extérieur mais en vain. Le sentiment de culpabilité sera toujours là, car la personne le nourrit à chaque fois que se présente une situation qui est en résonance avec la culpabilité, et cela se fait inconsciemment.

Pour moi la culpabilité est comme un abcès qui grossit de jour en jour, qui amène des douleurs considérables et qui un jour éclatera par une maladie mortelle. Pour s'en libérer, chaque

être humain est prêt aux pires soumissions et sacrifices matériels et physiques. Dans cet état psychologique et émotionnel,
l'être humain ne fait pas confiance à son jugement. Ce qu'il
cherche finalement, c'est quelqu'un qui, selon lui, serait supérieur et qui en claquant des doigts serait capable d'étouffer
cette douleur. Pour enlever cette culpabilité en moi, j'endurais
des choses impossibles. Je me soumettais aux gens même si
dans mon intérieur je ne le voulais pas. Je faisais tout cela pour
me faire dire que j'étais une bonne petite fille. Si j'avais osé
m'affirmer, je me serais sentie énormément coupable.

La culpabilité, étant basée sur des concepts erronés, vient
donc d'un mensonge intellectuel et d'une peur non fondée où
rien n'est réel. Un mensonge qui est répété 100 fois demeure un
mensonge et un mensonge répété 1000 fois devient une
croyance. D'où vient la croyance de la culpabilité, qui a été répétée des centaines et des centaines de fois. Il ne faut pas oublier que la culpabilité n'est que de l'émotion, donc du vent.
D'ailleurs, les personnes qui se suicident vivent beaucoup de
culpabilité et c'est ce qu'elles veulent faire mourir, car elles ne
sont plus capables de vivre avec ce profond malaise qui en plus
est totalement faux. Vous pensez sûrement qu'il doit y avoir des
gens qui sont coupables. Oui, mais il y a une différence entre
être coupable et se sentir coupable. Être coupable, c'est poser
un acte volontaire avec toute la conscience en sachant que vous
faites du tort à quelqu'un. Vous voyez qu'il est très rare que
quelqu'un agisse de la sorte. Se sentir coupable est au niveau
du senti, la personne le ressent comme si c'était de sa faute,
mais ce n'est pas le cas, cela se situe plus au niveau de la responsabilité, se sentir responsable du bonheur et du malheur
des autres, et l'agoraphobe est expert dans l'art de se sentir coupable.

Comment se défaire de la culpabilité

> *La culpabilité n'est pas causée par nos actes*
> *mais par les idées qu'on nourrit.*

Vous devez prendre conscience que la culpabilité n'est pas
causée par vos actes, mais bien par les idées que vous nourrissez
à propos de ces actes. Il est très facile de le prouver. Certaines

personnes posent des actes et ne ressentent aucune culpabilité, alors que d'autres posent les mêmes actes et se sentent très coupables. Ces personnes ne pensent pas de la même façon, car elles n'ont pas les mêmes croyances. C'est ce que je vous expliquais au chapitre précédent. Si nous prenons l'exemple de deux personnes qui font garder leurs enfants, une se sent très coupable et l'autre pas du tout. Ce n'est pas l'action ou la situation, mais bien la perception qui amène l'émotion de la culpabilité. Pour qu'un énoncé soit vrai, il doit être vrai pour tout le monde, donc dans cet exemple, il y a une personne qui ressent de la culpabilité et l'autre pas du tout. Qui a raison? Ce n'est pas important car il importe plutôt de se sentir bien. Donc, celle qui ne ressent pas de culpabilité est sur le bon chemin et l'autre se sentira rongée par l'anxiété et l'angoisse, et tout cela ne lui apportera rien d'autre que l'autodestruction. Cela ne fera pas d'elle une meilleure mère.

Qu'est-ce qui amène la culpabilité? C'est toujours la même chose: «je n'aurais pas dû», «je ne devrais pas», «je n'ai ou n'avais pas le droit», ou à l'inverse «tu n'aurais pas dû», «tu ne devrais pas». Seul le pronom change. Finalement ce que la personne éprouve, c'est de la colère envers elle et ce ne sont pas les autres qu'elle blâme, mais bien elle-même.

La rancune qu'on entretient envers soi et les autres est reliée à la culpabilité. D'ailleurs, on entretient la rancune à cause de la culpabilité et quand nous sommes en sa présence, nous sommes dans l'incapacité d'analyser et de comprendre, c'est la raison pour laquelle nous devons l'arrêter dès qu'elle surgit. La rancune vient de la non-expression des émotions. La personne qui vit des frustrations et qui les refoule, le fera aussi par la rancune, au lieu de l'exprimer.

Je vous donne maintenant quelques exercices, pour vous aider à prendre conscience de la culpabilité et pour vous aider à l'éliminer.

S'exercer:

Demandez-vous intérieurement dix fois au cours de la journée:

Est-ce que je suis bien dans ce que je fais présentement? Est-ce que cela est utile pour moi?

Agir:

1. Identifiez cinq choses que vous faites et dont vous vous sentez coupable et cinq autres vous vous empêcher de faire uniquement ou surtout pour que ne pas vous sentir coupable et/ou déprimé.

2. Dès aujourd'hui, commencez à agir de façon contraire à ce que vous avez fait jusqu'à maintenant, comme de dire ce que vous pensez, de dire non, etc.

3. Repensez aux choses que vous vous empêcher de faire.

4. Travaillez vigoureusement à changer l'idée: «je ne dois pas le faire» en «j'ai le droit de le faire, mais je n'y vois pas d'avantage».

Ensuite dès que vous êtes en présence de la culpabilité, prenez-en conscience, acceptez-la, accepter votre leçon et votre responsabilité, pour pouvoir arrêter de vous sentir coupable, comme dans l'exemple du conjoint qui bat sa femme. Au lieu de vous sentir coupable, posez-vous la question: «Qu'est ce que j'ai à comprendre et à apprendre de cette situation?»

> _**La culpabilité amène un état dépressif**_
> _**et un manque d'énergie.**_

Voyons maintenant à quelles actions positives vous pouvez vous livrer pour vaincre le sentiment de culpabilité et de dépression. La culpabilité amène un état dépressif et un manque d'énergie. Comme un rongeur, elle gruge l'énergie jusqu'à ce que la personne devienne malade. Vous devez prendre conscience de ce sentiment négatif et le remplacer par le mot «EXPÉRIENCE». Nous sommes tous responsables de ce que nous vivons et non coupables. Il y a une très grande différence entre la responsabilité et la culpabilité. Nous sommes tous libres de faire ce que nous voulons. L'idée c'est d'accepter les conséquences qui viennent avec nos choix. Quand on remplace «culpabilité» par «expérience», cela fait toute une différence. Pourrait-on dire que l'enfant qui apprend à marcher et qui tombe se trompe? Bien sûr que non! Donc, c'est la même chose pour nous, car c'est par l'expérience que nous apprenons et c'est par l'erreur que nous intégrons: pas d'expérience, pas d'évolution.

Posez-vous la question: «Est-ce que je le fais intentionnellement?» Si la réponse est négative, alors la culpabilité n'a pas sa raison d'être!

Faites la liste de toutes les choses que vous vous interdisez et prenez conscience de ce qui vous motive à ne pas les faire. Pour se libérer de la culpabilité, à chaque fois que la culpabilité se présente, on peut se dire que c'est un sentiment anti-divin et qu'il appartient aux personnes qui sont de bas niveau d'évolution et qui se détruisent avec ce concept. De toute façon, cela ne donne rien. Je vous encourage à pratiquer chaque fois que la culpabilité se présente, de vous pardonner d'avoir cru à cette croyance et de vous dire mentalement que plus jamais vous ne prendrez sur vous ce poison qu'est la culpabilité.

Le pardon

On ne peut jamais parler de culpabilité sans parler de pardon. Qu'est-ce que le pardon? C'est de «par donner», «de redonner» à la personne sa liberté ainsi que la vôtre, d'aller remettre de l'amour et de la compréhension, pour que cela ne nous affecte plus. L'absence de pardon est dû à un manque de compréhension et d'acceptation. Ce manque de compréhension apporte du stress, de la tension, de la révolte intérieure, de l'anxiété et des maladies qui peuvent nous amener à la mort dans certains cas.

> *Nous n'avons pas à nous excuser*
> *ou à demander pardon,*
> *car tout est expérience et sert à notre évolution.*

Ce que je vais vous affirmer peut vous surprendre mais le mot «pardonner» ne devrait pas exister et devrait être enlevé du dictionnaire. Pourquoi? Il signifie qu'on est coupable. Quand on demande à quelqu'un de nous pardonner, par le fait même on vient de lui confirmer qu'il est supérieur à nous et qu'on est coupable. Quand on comprend que tout est expérience et que cela sert à notre évolution, on n'a pas à s'excuser ou à demander pardon.

> *La culpabilité n'amène pas la compréhension*
> *nécessaire pour ne plus recommencer.*

La meilleure façon d'agir est d'en prendre conscience et de se responsabiliser, tout en acceptant les conséquences. Si la personne se sent coupable, elle ne change absolument rien à la situation et en plus elle n'a pas compris, car lorsqu'on prend la culpabilité et qu'on s'excuse, ceci ne veut pas dire que la personne ne recommencera pas. La culpabilité étant un élément destructeur et ne servant à rien d'autre que détruire la personne qui la ressent, n'amènera pas la compréhension nécessaire pour ne plus recommencer. La personne répétera plusieurs fois la même expérience par manque de compréhension et surtout parce qu'elle se sent coupable.

> *Le seul moment où l'on doit s'excuser,*
> *c'est lorsque consciemment nous prenons plaisir*
> *à nuire aux autres.*

Le seul moment où l'on doit s'excuser, c'est lorsque consciemment nous prenons plaisir à nuire aux autres, tout en sachant que cela leur amènera des problèmes. À ce moment la personne est dite coupable, mais cette situation n'est vécue que très rarement.

Le mot «pardon» devrait être remplacé par «compréhension et acceptation». C'est ce qui nous libère, beaucoup plus que le pardon. L'idéal si je ne veux pas souffrir c'est de ne jamais demander le pardon. Ne permettez jamais à un autre être humain d'être votre juge, en dehors des lois sociales.

Le seul pardon c'est pour nous, et on le fait immédiatement après s'être senti coupable. Pour y arriver, il faut s'entraîner dès que la situation s'y prête. Lorsqu'on a été blessé par quelqu'un, la meilleure façon de refermer la plaie est la communication et la compréhension. Ce qui nous empêche de nous pardonner ou de comprendre l'autre, c'est notre orgueil, notre vanité, notre incompréhension, notre ignorance, nos émotions et notre manque d'ouverture d'esprit. Ensuite la rancune s'installe, la situation se dégrade et se détériore jusqu'à ce qu'elle soit complètement finie. Quand on se sert de la compréhension, on se déculpabilise, car elle apporte la libération, une paix intérieure, un dégagement, une sérénité et un bien-être digne d'une personne évoluée.

Technique du pardon

> **C'est pour soi qu'on pardonne et non pour l'autre.**

Je vous explique une technique du pardon qui m'a beaucoup aidée. Je devrais plutôt l'appeler la technique de compréhension et d'acceptation. Cela signifie tout simplement de **remettre à l'autre ce qui lui appartient**, laisser partir de vieilles idées, des sentiments ou des conditions et donner quelque chose de mieux pour les remplacer. Le processus de remettre crée un vide et trace le chemin à de nouvelles choses. Cela amène la personne à se libérer donc c'est pour soi-même qu'on fait le pardon.

> *En pardonnant, même mentalement,*
> *à d'autres personnes,*
> *elles n'ont plus la même façon d'agir à notre égard.*

Asseyez-vous pendant quelques minutes à chaque jour et mentalement détachez-vous des personnes contre qui vous êtes en colère ou frustré. Comprenez et pardonnez-vous de vous être senti coupable. Inconsciemment, ces personnes n'auront plus la même façon d'agir envers vous. Le but c'est de remettre en vous l'harmonie. Faites l'exercice suivant. Quelle est la chose la plus difficile à pardonner et quelle est la personne à qui c'est plus difficile de pardonner et pourquoi? Ensuite, demandez-vous ce qui vous en empêche et remplacez cette négativité par «donner de la compréhension à un sentiment d'abandon et de la compassion pour un sentiment de trahison ou d'injustice». Remplacez-le tout simplement par de la compréhension, c'est vous qui serez libre. Beaucoup de personnes me disent que pour elles il est impossible de pardonner à quelqu'un qui leur a fait du mal, mais vous devez aller beaucoup plus loin que cela et comprendre le pourquoi de la personne qui a agit comme ça, ainsi vous vous libérez d'un poids énorme.

Libération

De qui ou de quoi êtes-vous prisonnier ou soumis?

Sur les plans affectif, psychologique, social, politique, culturel, religieux et économique:

- Ne jamais accepter aucune souffrance psychologique de l'intérieur ni de l'extérieur.

- Ne jamais être soumis à qui que ce soit par peur, la remplacer par l'affirmation.

- Ne jamais adhérer à des groupements qui suggèrent d'adopter des philosophies avec lesquelles vous n'êtes pas en accord ou qui font naître un malaise en vous, comme par exemple des sectes ou des associations qui ont pour but de vous amener à penser la même chose qu'elles.

- Ne jamais accepter qu'on vous fasse des reproches, car ils apportent la culpabilité.

- Pour vous libérer, vous devez utiliser le raisonnement, la logique, la réflexion, en arrêtant de croire et de chercher à savoir.

- Prendre conscience que l'être humain conte en moyenne 28 mensonges par jour.

- Si vous vous sentez affecté par un mot ou une remarque de quelqu'un, c'est un signe de faiblesse.

- Ne pas dire toujours la vérité, c'est d'être capable d'analyser que la personne n'est pas assez forte pour accepter la vérité.

GUIDE POUR LA QUATRIÈME ÉTAPE

- Travailler sur les pensées négatives tous les jours, les remplacer par une pensée positive qui est plus en harmonie avec vous.

- Travailler à enlever toutes les croyances. Il n'y a pas de bonnes ou de mauvaises croyances. Une croyance n'existe pas en soi et pour exister, elle devrait être vraie pour tout le monde.

- Savoir reconnaître les pensées et les sentiments négatifs. En prendre conscience et les travailler tous les jours pour atteindre le but qui est de ne plus en avoir. Dès que vous ne vous sentez pas bien vous êtes en présence de pensées et de sentiments négatifs.

- Travailler sur la culpabilité, la remplacer par l'expérience et la compréhension. Avec la compréhension vous venez d'apprendre la leçon et ainsi à ne plus la reproduire dans votre vie. Elle devient à ce moment là une expérience.

- Technique du pardon. Libérez-vous à l'égard de toutes les personnes avec auxquelles vous êtes attaché.

- *In vivo*, pratiquer toujours les situations anxiogènes. Passer à l'action face à ses peurs.

5ᵉ étape

Gérer ses émotions

> *L'agoraphobe ne veut pas vivre d'émotions*
> *et les symptômes apparaissent puisqu'il*
> *ne sait pas comment les gérer.*

À la cinquième étape, vous devez apprendre à gérer vos émotions, les clefs, les carences affectives, développer l'autonomie affective et travailler sur les critères d'une personne émotive.

Comment gérer ses émotions et comment les contrôler? Dans les chapitres précédents, j'ai mentionné que l'agoraphobe ne savait pas comment gérer ses émotions, d'où découlent en partie ses symptômes et son mal de vivre. La personne aura beau affronter ses peurs par l'action, mais si elle ne sait pas comment réagir devant l'émotion, elle continuera de les étouffer et ne saura pas pourquoi elle est en présence de symptômes. Ce que veut l'agoraphobe, c'est ne plus vivre d'émotions. Un agoraphobe a toujours l'air d'une personne forte et qui contrôle très bien sa vie, ce qui est faux. Apprendre à gérer ses émotions ce n'est pas uniquement un apprentissage pour les agoraphobes, mais pour tous ceux qui désirent vivre une vie stable et équilibrée dans laquelle ils se sentent bien.

Pendant plusieurs années, j'ai étouffé mes émotions puisque tout ce que je ressentais, je le niais par peur de perdre le contrôle. J'étais convaincue que je gardais le contrôle en agissant ainsi. Apprendre à gérer mes émotions a été pour moi aussi bénéfique que d'apprendre à écrire. Tout comme moi au début, vous aurez certaines difficultés, c'est normal. Cela fait partie d'un nouvel apprentissage, mais ça deviendra de plus en plus facile.

Qu'est-ce qu'une émotion?

Une émotion est une réaction à une information. C'est la façon dont nous réagissons à une information. Ce n'est pas l'émotion qui est négative mais la réaction et c'est l'intelligence qui doit décider de la réaction. Par exemple, je suis peiné, en colère, content ou heureux. Seul l'être humain a le pouvoir de réagir par son intelligence.

> *Quand on perd le contrôle de nos émotions,*
> *c'est le subconscient qui fonctionne.*

On ne peut vivre sans avoir d'émotions. On les retrouve dans tous les actes de notre vie à cause de notre potentiel émotionnel qui est une force de motivation. Plus notre motivation est grande, plus notre émotion est forte. Par exemple, si je suis motivée par l'idée d'avoir absolument un conjoint dans ma vie, mon émotion va être forte quand je serai en présence d'un refus ou d'une acceptation. Seul l'être humain a un potentiel émotionnel. Quand on perd le contrôle de nos émotions, cela veut dire que notre cerveau ne fonctionne plus et c'est le subconscient qui fonctionne. Nous n'avons plus alors le titre d'un être humain équilibré et normal. La personne l'a perdu temporairement jusqu'à ce qu'elle sorte de l'émotion. C'est la raison pour laquelle nous ne devons jamais prendre de décisions sous le coup de l'émotion.

D'où proviennent les émotions?

> *Nous devons vivre notre émotion,*
> *car elle se manifeste pour nous faire comprendre*
> *des choses et pour nous faire grandir,*
> *mais il ne faut pas persister à demeurer*
> *dans celle-ci.*

Les émotions ont pour origine les sentiments. La différence entre un sentiment et une émotion est que le sentiment demeure toujours et l'émotion elle, monte et descend avant de repartir. C'est en partie à cause de sentiments négatifs que nous vivons des émotions avec lesquelles nous ne sommes pas bien. Lorsque nous sommes contrariés ou comblés dans nos désirs, nous sommes en présence d'une émotion. Une émotion provient de sentiments que nous portons en nous. Prenons le cas d'une personne qui porte en elle le sentiment d'abandon. Dès qu'elle sera dans une situation qui lui fait ressentir ce sentiment, elle réagira par une réaction négative (émotion). Si la personne utilise son intelligence pour ressentir, comprendre et remplacer cette réaction, elle vient à ce moment-là de gérer son émotion et changer son sentiment qui ne lui amènera plus à vivre d'émotions de ce genre. L'émotion se manifeste par le canal du système nerveux. Elle provoque des réactions qu'on peut voir sur l'expression du visage et par des gestes qui en démontrent l'intensité. Une émotion n'est ni bonne ni mauvaise, car c'est une réaction. L'émotion est là tout simplement pour nous faire comprendre des choses et son but est de nous dire que nous ne pensons pas correctement et que nous ne sommes pas dans le bon chemin. Si nous persistons à demeurer dans l'émotion, cela devient autodestructeur. L'émotion est là pour nous faire grandir et pour nous faire comprendre. Donc, on doit la vivre et non l'étouffer.

Pourquoi est-il si difficile de les contrôler? Nous avons une façon de penser qui a été apprise et répétée à cause de notre éducation. Toute petite j'ai appris que lorsque je faisais confiance à quelqu'un, j'étais déçue. Donc, j'ai tiré la conclusion que je ne devais faire confiance à personne. Cela m'amenait à vivre beaucoup d'émotions. Je faisais beaucoup d'efforts et j'affrontais mes peurs, mais si je vivais une émotion désagréable, j'avais beaucoup de difficulté à retourner à l'endroit où je l'avais vécue. C'est à ce moment, que j'ai compris que la cause provenait des émotions non traitées.

Lorsqu'on souffre d'agoraphobie, les émotions prennent une grande place, c'est la raison pour laquelle il est important d'apprendre à les gérer. Vous aurez beau affronter vos peurs, mais dès qu'une émotion sera vécue, la peur redeviendra aussi forte qu'avant.

Quels effets ont les émotions sur notre santé?

Dans notre cerveau, nous avons deux petites particules qu'on appelle «thalamus» et «hypothalamus». Quand une information entre par l'un de nos cinq sens (l'ouïe, l'odorat, le goût, le toucher et la vue), elle n'arrête pas au cerveau. Elle s'en va directement au cœur parce que le cœur pompe le sang. Le cœur doit fournir suffisamment de sang à l'ensemble du corps. Comme l'intelligence définit les besoins, lorsque nous sommes en présence d'une émotion, le cœur réagit. Les émotions sont intimement liées à la région du thalamus (cerveau inférieur de l'inconscient) et de l'hypothalamus (chef d'orchestre des organes), qui les reçoivent du psychisme (antenne) et qui les renvoient au cerveau supérieur pour les analyser afin d'en juger l'importance. Si ce dernier est affaibli, le thalamus les déverse dans le système nerveux inconscient, le sympatique, qui à son tour communique ces émotions à tous les organes du corps. C'est la raison pour laquelle nous avons des réactions physiques plus ou moins fortes selon la quantité qui n'a pas été absorbée et raisonnée par le cerveau supérieur.

Les émotions, lorsqu'elles ne se libèrent pas extérieurement, peuvent être nocives si le cerveau n'en a pas pris conscience. Tout ce qui entre doit ressortir, c'est une loi. Lorsqu'une personne vit une émotion et n'en prend pas conscience, elle peut se retrouver avec des petits malaises, et par la suite, si elle n'en prend toujours pas conscience, elle se retrouve avec des maladies. Cette situation peut même engendrer une maladie grave. Durant mon enfance, j'avais toujours de petits malaises et vers l'adolescence, je me suis retrouvée avec des maladies, surtout celles se terminant en «ite». Mon entourage me disait qu'il n'avait jamais vu quelqu'un comme moi qui était malade tout le temps, avec toujours de nouveaux symptômes. J'ai développé finalement une maladie chronique qui était la colite ulcéreuse.

L'émotion heureuse est le complément d'un sentiment affectif, manifestée par le désir de le voir combler, s'il ne l'est pas encore, ou de le voir durer, s'il est déjà là. À ce moment, le cerveau peut laisser toute liberté à l'émotion puisqu'elle répond aux besoins de l'être.

Lorsqu'une émotion est analysée et comprise, elle ne trouble pas l'harmonie physiologique. Elle ne se grave pas dans l'inconscient sous forme de refoulements ou de complexes. Une émotion (réaction) raisonnée même lorsqu'elle est négative n'empoisonne pas l'organisme et n'empêche pas les différentes énergies d'y circuler. De là l'importance d'apprendre à contrôler ses émotions. Une personne qui a beaucoup de difficulté à gérer ses émotions et à les comprendre, vivra beaucoup de malaises tant physiques que psychologiques.

Je vous donne le portrait type d'une personne hyper-émotive. Les caractéristiques suivantes rejoignent beaucoup de personnes souffrant d'agoraphobie:

1. La personne est inconstante, elle n'est jamais pareille et elle manque beaucoup de stabilité;

2. Elle change souvent d'idée et n'est jamais certaine d'elle;

3. Elle est joyeuse, heureuse, enthousiaste, de bonne humeur et 20 minutes plus tard, sans raison apparente, elle est tout le contraire: maussade, irritable, agressive, chagrinée et découragée;

4. Elle est d'une grande nervosité intérieure et extérieure qui lui amène une sorte de fébrilité;

5. Elle se décourage facilement et se laisse abattre;

6. Elle est très susceptible et parfois les autres ne savent pas comment la prendre;

7. Elle est très excitable, impulsive et même impressionnante. C'est un peu comme une machine sur laquelle on aurait qu'à peser sur un bouton pour tout déclencher;

8. Elle dramatise et amplifie les événements. Parfois même, elle s'isole;

9. Le jugement et la critique sont très forts chez-elle;

10. Elle prend beaucoup la responsabilité des autres et ne prend pas la sienne. Elle se sent touchée et très ennuyée par la souffrance des autres;

11. Elle est très influençable, minute par minute, elle adore les coups de foudre et les relations passionnées;

12. La personne émotive a tendance à se confier à n'importe qui.

Évidemment, il n'est pas nécessaire de posséder toutes ces caractéristiques pour être considéré comme une personne émotive. Plus le nombre est grand, plus la personne est émotive.

L'émotivité n'est pas un défaut. Au contraire, elle fait percevoir à la personne des choses qu'une autre plus rigide et plus froide, ne verrait même pas. C'est une sensibilité qui doit être contrôlée, gérée et disciplinée pour que la personne puisse en tirer des avantages. Sinon, cela devient autodestructeur.

Vous comprenez maintenant ce qu'est une personne très émotive et si vous vous reconnaissez, ne vous découragez pas, car c'est au fond une belle qualité, mais tout simplement souvent mal gérée.

Comment gérer une émotion?

Tout d'abord, «contrôler ses émotions» ne veut pas dire «ne plus en avoir». L'être humain, à cause de son potentiel émotionnel et de son corps sous l'emprise de ses sens, vivra toujours des émotions. On doit les vivre. On doit les intérioriser et non les exprimer à n'importe qui et les transcender. La seule façon c'est d'utiliser notre imagination, notre intelligence et notre compréhension.

Comment les contrôle-t-on? «Contrôler» signifie «avoir un pouvoir dessus» et de décider avec notre intelligence et notre côté rationnel. «Contrôler» veut aussi dire vivre dans un état de bien-être et d'harmonie. Prenons l'exemple d'une personne qui exerce la fonction de contrôleur. Elle doit contrôler les éléments selon des prévisions, donc elle doit prévoir, utiliser son intelligence et sa compréhension. Contrôler ses émotions c'est un peu la même chose. Nous perdons le contrôle parce que nous sommes sous l'emprise de nos sens. Par exemple, nous avons le goût de manger un morceau de gâteau et notre intelligence nous dit «non» à cause du trop grand taux de sucre qu'il contient et nous décidons quand même de le manger. Que s'est-il passé? C'est l'emprise des sens et l'émotion qui nous font perdre le contrôle de notre intelligence. C'est vrai que ce n'est pas facile de contrôler nos émotions. Nous avons appris à réagir comme ça et on le fait par habitude.

Dans le domaine des émotions, il y a l'envie, la jalousie, la vengeance, etc. Tous ces états avec lesquels nous ne sommes pas bien sont gérés par les émotions. À chaque fois que vous faites un geste inconsidéré et que vous le regrettez ensuite, c'est une émotion qui a pris la place de l'intelligence. Par exemple, vous allez magasiner et vous achetez un objet qui vous tente. Par la suite, vous le regrettez à cause de l'emprise des sens.

Lorsque vous êtes en présence d'une émotion, vous devez la ressentir, l'intérioriser et vous demander quelle est votre porte de sortie, ce que vous ressentez et quel sentiment est présent. Vous devez réfléchir, être conscient et l'accepter. Le mot «réfléchir» ne veut pas dire de l'amplifier, de le grossir ou de continuer dans le négatif. C'est tout simplement de comprendre la douleur. Si vous dites à votre pensée de s'en aller, ça ne fonctionne pas, car vous devez la remplacer. Cela se corrige par l'addition de nouvelles connaissances. N'oubliez pas que la vérité a 360 degrés. Si vous avez toujours la même façon de penser et la même manière de réagir, vous ne connaissez alors qu'un degré sur les 360 possibles. Si cela fait 20 ans que vous vous sentez abandonné, ressentez-le et ensuite allez comprendre que c'est vous qui vous abandonnez et remplacez-le par *«je ne me laisse plus tomber, je m'accueille»*. Vous faites cela aussi pour l'autre personne qui est venue réveiller en vous cette émotion. Il est important de prendre conscience que ce que vous ressentez vous appartient et de comprendre aussi que l'autre ne fait jamais cela dans le but de vous faire mal. Ainsi, pour changer, on doit aller chercher de la connaissance. Il existe beaucoup de personnes qui s'entêtent à vouloir changer, mais ce qu'elles ne savent pas c'est que la souffrance vient de l'entêtement et du refus de lâcher prise.

Dans les émotions, il y a le monde de la fabulation, de la dramatisation et de l'imagination, c'est-à-dire la possibilité de faire des associations d'idées. Lorsqu'on entend dire mon imagination m'a joué des tours, c'est que la personne a fabulé sur des choses qui ne sont pas arrivées. Par exemple, une femme imagine que son conjoint a eu un accident, elle est tellement convaincue qu'elle peut même appeler dans les hôpitaux pour vérifier s'il est là. C'est de la fabulation. L'imagination c'est se servir d'une image et la mettre en action pour des choses que l'on s'apprête a faire, ou qu'on a déjà fait. La dramatisation, c'est prendre un événement et le grossir pour en faire un drame. Quand on commence à souffrir avec nos émotions, ce qu'on fait de notre pensée est inutile, il y a alors beaucoup de fabulation, de dramatisation et de pensées négatives. On laisse ainsi le subconscient diriger notre vie.

Il est important de faire la différence entre le stress et l'émotion. Le stress est une stimulation nerveuse, sans aucune raison intellectuelle et émotionnelle, il n'y a pas d'émotion dans le stress. C'est essentiellement le système nerveux qui est sous pression, mais cela n'est pas dû à la quantité de travail à faire. Par exemple, quand nous vivons une situation au travail et qu'on a l'impression d'avoir une certaine pression de notre employeur, nous disons souvent que nous sommes stressés. Mais c'est inexact. La personne ne vit pas du stress, mais elle a de la difficulté à travailler sous pression, parce qu'elle a probablement peur de ne pas être à la hauteur, ou de vivre un échec. Quelle est l'utilité de cette distinction entre «travailler stressé» et «travailler sous pression»? Le mot «stressé» est relié au côté physiologique, puisqu'il n'y a pas d'émotion et nous l'employons mal en le reliant au côté psychologique. Tandis que de travailler sous pression est relié à une émotion, donc on peut travailler sur notre pensée pour transformer cette émotion qui apporte du négatif.

> **L'équilibre n'est pas une ligne droite.**

Donc, pour gérer une émotion, vous devez y faire face. Trouvez le plus rapidement possible une pensée avec laquelle vous vous sentez mieux. Vous devez la ressentir et vous demander: «Comment je me sens?» «Quel sentiment est présent?» Le but c'est l'équilibre et ce dernier n'est pas une ligne droite. Parfois, un petit peu à droite, parfois un petit peu à gauche. Quelqu'un qui est équilibré peut se permettre des écarts sans tomber. Il aura beaucoup d'émotions, mais saura les gérer. Plus la personne est capable de contrôler ses émotions, plus elle vit intensément. Je vous donne des outils qui peuvent vous aider lorsque vous ne savez pas par quoi remplacer les croyances et les sentiments qui vous amènent à vivre des émotions désagréables.

- Lorsque vous ressentez le ressentiment: remplacez-le par la compréhension;
- Lorsque vous ressentez la colère et la frustration: remplacez-les par la compréhension et l'amour, redonnez à la situation et à la personne sa liberté;

- Lorsque vous ressentez la peur: remplacez-la par «c'est une illusion» et allez chercher de la connaissance. Faites confiance à la vie;
- Lorsque vous ressentez la dépression: remplacez-la par le pardon et par la valorisation de vous-même;
- Lorsque vous ressentez l'apitoiement sur soi: remplacez-le par la responsabilité, «je prends ma responsabilité»;
- Lorsque vous ressentez la jalousie: remplacez-la par la joie pour l'autre et la confiance en vous;
- Lorsque vous ressentez le désespoir: remplacez-le par l'espoir;
- Lorsque vous ressentez le rejet: remplacez-le par l'acceptation et l'accueil de vous-même, car c'est vous qui vous rejetez;
- Lorsque vous ressentez l'abandon: prenez conscience que c'est vous qui vous vous abandonnez et remplacez-le par «je ne m'abandonne plus»;
- Lorsque vous ressentez la trahison ou l'injustice: remplacez-les par l'acceptation de les voir comme une expérience et par la compréhension;
- Lorsque vous ressentez l'humiliation: remplacez-la par la prise de conscience que c'est vous qui avez honte de vous;

Pour moi, une personne qui ne gère pas ses émotions, c'est comme une marionnette. Celle-ci donne beaucoup de cordes aux situations et aux personnes dans sa vie. De cette façon, la personne perd le contrôle et se laisse diriger par ses émotions et ses contrôleurs, ceux qui tiennent les cordes. Par exemple, quelqu'un qui réagit à tout ce qu'on lui dit donne des cordes aux situations et aux personnes. S'il était capable de contrôler ses émotions, il ne donnerait pas de corde et serait ainsi libre et maître de ses émotions. Donner de la corde, c'est donner du pouvoir aux autres.

Comment gérer une émotion de peur?

> *Nous devons affronter notre peur sans nous battre contre elle et sans tenter de ne pas y penser en croyant qu'elle va disparaître.*

Quand nous sommes en présence de la peur, avec des symptômes d'agoraphobie, on ne doit jamais se battre ni essayer de ne pas y penser. On doit plutôt:

- L'affronter, bien respirer et surtout ne pas s'occuper des pensées dramatiques qui surviennent. On doit les laisser là;

- Se poser comme question «Comment je me sens?» et «Qu'est-ce que je crois?»;

- Ensuite, on accueille les sentiments qui montent, car ils sont là pour être guéris et compris;

- Tout en demeurant dans la situation, on peut visualiser le but qu'on veut atteindre et ensuite remplacer la pensée par une autre.

N'oubliez pas qu'on ne doit jamais s'occuper des symptômes en présence d'une peur, car ils sont déjà là et on n'y peut rien pour le moment.

J'aimerais attirer votre attention sur un point très important. L'agoraphobe qui se retrouve en public ressent beaucoup de symptômes, car il a donné tellement de pouvoir aux autres (les cordes de la marionnette) et aux situations que lorsqu'il sort à l'extérieur, il se sent sans pouvoir. S'il apprend à gérer ses émotions et à les traiter dès qu'il ne se sent pas bien, qu'il arrête de mettre ce qu'il ressent sur les autres, sa perception changera et ainsi il n'aura plus l'impression de se sentir envahi ou de ne pas être à la hauteur. **Il ne faut pas oublier que tout ce qu'on ressent nous appartient**, c'est à nous de le régler et cela ne donne absolument rien de le reporter sur les autres (comme attendre qu'un autre change).

Clefs

Je vous donne maintenant les clefs qui peuvent vous aider à traiter vos émotions et qui seront très utiles en leur présence.

1. Est-ce que je suis bien comme cela? Si non, pourquoi j'y reste? Pourquoi je m'entête à y demeurer? Je dois alors trouver une autre pensée avec laquelle je suis bien;

2. N'oubliez pas de pratiquer la technique de respiration qui vous aidera à devenir maître de vos émotions.

3. Acceptez qu'il y a un bon nombre de choses sur lesquelles vous n'avez pas de pouvoir. Est-ce que j'ai du pouvoir sur cette chose? Si je n'ai pas de pouvoir, pourquoi je me

torturerais? Au contraire, je dois changer mon attitude mentale. Je peux me répéter souvent «**Je laisse aller, je ne contrôle plus, je ne me bats plus**». On peut même visualiser des cordes qu'on lâche;

4. Lorsque je suis en présence d'une émotion et que mon cœur débat, je ne me sens pas bien; je suis triste ou en colère;

5. Je ne peux assumer, prendre et régler l'émotion de quelqu'un d'autre. De plus, il n'y a aucun avantage à le faire et souffrir pour l'autre. Vous ne devez pas entrer dans l'émotion de l'autre, mais lui laisser cette responsabilité;

6. Si votre échelle de valeur vous fait souffrir, changez-la, elle n'est pas bonne.

7. Apprendre à rire de soi est excellent et amène à dédramatiser la situation;

8. Une forte réaction devant une situation ou une personne, est un signe de faiblesse;

9. Pratiquez-vous à penser de façon différente;

10. J'utilise mon intelligence et ma compréhension pour me défaire de certaines émotions avec lesquelles je ne suis pas bien;

11. La passion dans une relation affective est une émotion non contrôlée, c'est une dépendance affective et cela est très destructeur;

12. «Il n'y a rien ni personne sur cette terre qui justifie que je me fasse souffrir». Programmez cette phrase plusieurs fois par jour;

13. Quand vous avez des idées obsessionnelles, les arrêter immédiatement. Arrêtez de les nourrir en utilisant la technique d'anticipation;

14. Arrêtez d'écouter ou de lire des choses qui vous font de la peine et qui viennent vous chercher émotionnellement. Par exemple, des films dramatiques ou de la musique qui vous font pleurer;

15. Prenez conscience que vous êtes responsable de vos émotions, de vos réactions, bonnes ou mauvaises, grosses ou petites;

16. Tout être humain aura toujours des émotions;

17. Personne ne travaillera à votre place pour vous amener à gérer vos émotions;

18. Attention, faites bien la différence entre contrôler et gérer et non étouffer et éliminer sinon cela devient autodestructeur. Bien gérée, l'émotion vous donne l'équilibre;

19. Lorsque vous avez une manifestation physique à la suite d'une pensée, dites-vous que tout cela se fait par la prise de conscience. C'est ce qui amène une personne à avancer. Pas de prise de conscience, pas de changement.

20. Définissez la différence entre l'émotion et le sentiment;

21. Vous devez devenir maître de vous et ne pas laisser les émotions vous dominer;

22. Prendre l'habitude d'écrire aide à faire sortir les émotions;

23. N'oubliez pas que la vérité a 360 degrés;

24. Ne soyez plus une marionnette, coupez les cordes une à une;

25. Ne dépendez plus des autres pour votre bonheur;

26. Développez une joie de vivre dans chaque instant de votre vie;

27. L'émotion est reliée à la sensibilité. C'est une belle qualité d'être sensible. La clef pour ne pas souffrir, c'est gérer les émotions et la notion de responsabilité;

28. «Il ne faut jamais perdre de vue que même si l'intellect humain est trop étroit pour croire à l'existence de certaines réalités, cette étroitesse n'empêche pas pour autant ces réalités d'exister» (Jean Choisel);

29. «La manière de voir les choses dépend de la culture, de la logique, des croyances, de l'effort, de la philosophie, de la vie, du sens de la vérité, de la reconnaissance et de la conscience morale. Enfin, de toute la personnalité propre à chacun» (Réjean Déziel);

30. Vivre une émotion veut dire l'intérioriser, la ressentir et non l'exprimer à tout le monde. La terre entière n'a pas besoin de savoir ni de connaître la façon dont vous réagissez;

31. La culpabilité est un sentiment anti-divin qui est autodestructeur;

32. «Les fausses pensées sont toujours à la base de toutes les maladies. Le corps par lui-même n'est pas responsable de son état. Il est soumis à la pensée. Il est le véhicule par lequel s'expriment les émotions et tous nos déséquilibres qui sont causés par des pensées erronées» (Madeleine Dubois);

33. «La souffrance est une étroitesse du champ de la conscience. La souffrance est un manque d'intelligence. Nous souffrons toujours parce que nous ne savons pas comment penser. Dès que nous apprenons à nous décloisonner mentalement, à laisser tomber les vieux moules, les fausses croyances et les préjugés, dès que nous arrivons à vivre comme des êtres responsables de notre vie à part entière, nous ne souffrons plus» (Madeleine Dubois).

Toutes ces clefs peuvent vous aider à contrôler vos émotions. Bien sûr cela se fait graduellement, mais l'important c'est d'y travailler pour arriver à votre but qui est de contrôler vos émotions. Les émotions sont humaines. Elles sont le langage de l'âme. On doit les laisser s'exprimer, mais en les disciplinant afin de leur donner plus de finesse et plus de valeur, elles seront alors moins bruyantes et plus profondes.

DÉTENTE POUR CALMER UNE ÉMOTION TROP VIVE

1) S'asseoir CONFORTABLEMENT;
2) Laisser tomber les bras de chaque côté du corps;
3) Respirer longuement par le nez et expirer lentement par la bouche, six fois;
4) Puis, lentement, dire «Je suis calme»;

Pendant ce temps, votre système nerveux se détendra, vous aurez une vison plus juste, et lorsque vous serez complètement détendu, l'émotion sera comprise et elle ne retombera pas sous forme de frustrations sur le subconscient. Un système nerveux calme est plus disposé à réfléchir que lorsqu'il est agité. Il est important de ne jamais prendre de décisions sur le coup de l'émotion.

La dépendance affective

Il y a beaucoup de personnes qui réagissent très fortement lorsqu'elles entendent parler de dépendance affective. Elles ne veulent pas en entendre parler ou soutiennent tout simplement qu'elles n'ont pas ce problème. Mais avant de décider si oui ou non vous êtes une personne dépendante affective, il est très important d'en comprendre la définition. Ensuite, vous pourrez décider si oui ou non vous vous classez parmi celles-ci.

Pour avoir vécu pendant plusieurs années l'agoraphobie et travaillé auprès de personnes aux prises avec ce problème, mes recherches sur cette problématique m'ont amenée à la conclusion suivante: l'agoraphobie étant un mal de vivre, la personne ne s'aime pas et recherche à combler ce vide par l'amour des autres et par le fait même, elle devient dépendante affective. Elle dépend des autres pour être heureuse. J'ai même rencontré différentes personnes qui vivaient plusieurs relations en même temps, par peur de se retrouver seules. Pour combler leur très grand manque d'amour, elles ont plusieurs personnes dans leur vie pour être certaines qu'elles ne ressentiront jamais l'état de manque. Comme la carence affective fait partie des critères chez l'agoraphobe, il est très important de comprendre et d'intégrer cette étape.

Comme ma technique comporte 12 étapes et qu'elles sont toutes aussi importantes les unes que les autres, je vous conseille d'y prêter une attention particulière et d'y travailler pour arriver à être libre et maître de vous. D'ailleurs, le but de chaque être humain est d'atteindre cet équilibre. Donc, cette étape ne touche pas seulement les personnes atteintes d'agoraphobie, mais toutes celles qui vivent un vide et qui ont des difficultés aux niveaux relationnel et/ou affectif.

Qu'est-ce que la dépendance affective?

La dépendance affective vient du mot «dépendre». La personne qui la vit dépend des autres pour être heureuse et pour être bien. Si elle n'a pas cette nourriture qui vient de l'autre, elle se sent vide à l'intérieur et pour combler celui-ci, elle est prête à faire n'importe quoi. Par exemple, la soumission, se manquer de respect, oublier qui elle est, ses goûts, etc.

La dépendance affective prend ses racines dès le jeune âge et se nourrit d'événements vécus tout au long de l'enfance et de l'adolescence. Rendue à l'âge adulte, la personne se rend compte qu'elle a un besoin d'être aimée qui est très puissant et même si elle n'en est pas tout à fait consciente, elle fera tout pour le combler.

Comment la dépendance affective se développe-t-elle?

À l'âge de 2 ans, l'enfant a un besoin et non un caprice d'être aimé. Si ce besoin n'a pas été comblé, ou s'il a été interprété comme un état de manque ou d'abandon, il cherchera toute sa vie à combler ce dernier. La dépendance affective veut dire finalement dépendre du lien maternel et de ce qu'il apporte.

> *Le dépendant affectif, qu'il en soit conscient ou non,*
> *vit continuellement dans l'angoisse*
> *d'être abandonné, trahi ou laissé.*

Très jeune, l'enfant a vécu une séparation qui a peut-être duré seulement quelques instants, peut-être plus, peut-être moins, mais qui a été enregistrée comme étant un abandon. C'est cette séparation-là qui lui fait vivre ses peurs. La personne, consciemment ou non, a peur de perdre ceux qu'elle aime, car cela représente une mort en soi, une fin.

J'ai imaginé une allégorie représentant très bien la dépendance affective. Je l'ai appelée le panier de pommes. La personne se sent vide, un vide qui est très douloureux et qui est comme un panier dans lequel il n'y a rien. Pour remplir son panier, elle va donc aller voler des pommes dans les autres paniers. Pour cela, elle donnera beaucoup de son temps, de son argent, elle fera tout et sera continuellement dans l'attente. Mais ce que veut la personne ce sont des pommes pour remplir son panier. Elle vivra toujours dans l'attente d'avoir des pommes, car ce qu'elle donne ne vient pas du cœur. Elle est souvent très déçue et très pauvre dans sa réserve de pommes, jusqu'au jour où n'en pouvant plus d'être toujours vide, elle changera de fournisseur (personne qui peut l'aimer) pour aller se remplir de nouveau. Il peut arriver une situation où la personne rencontre un très grand fournisseur en pommes, et celle-ci sera convaincue que plus jamais elle ne sentira son panier vide, mais malheureusement son panier redevient vide. Elle mettra toujours la faute sur les fournisseurs prétextant qu'elle n'a pas trouvé le bon. Vous comprenez par cette allégorie que la personne ne pourra jamais être remplie, car c'est elle-même qui doit remplir son panier avec l'amour de soi, au lieu d'aller chercher à l'extérieur ce qui amènera toujours une pénurie et un vide à combler.

Si la personne prend la responsabilité de remplir son panier, c'est sûr qu'elle ressentira quelque fois le vide, mais si elle persiste, elle réussira à le remplir et sera ensuite capable de donner des pommes sans voir sa réserve diminuer. Son panier ne sera plus jamais vide et elle n'aura plus jamais besoin de fournisseur.

> *Toute personne qui comble sa vie de l'extérieur*
> *plutôt que de l'intérieur sera insatisfaite*
> *et passera sa vie à jouer le rôle de la victime*
> *ou même celui du sauveteur.*

Quand on se nourrit de l'extérieur, c'est-à-dire si on croit que l'autre peut ou doit nous apporter le bonheur, nous lui donnons le pouvoir de nous rendre heureux, mais en donnant ce pouvoir, nous donnons aussi à l'autre celui de nous rendre malheureux. Par exemple, lorsque nous avons des attentes à l'égard de l'autre, comme de prendre soin de nous, de se préoccuper de nous, d'aller toujours au devant de nos besoins, si l'autre ne le fait pas, il nous rend malheureux. Nous devons prendre notre responsabilité de prendre soin de nous, de nous combler et ainsi, si l'autre personne nous porte de l'attention, si elle se préoccupe de nous, cela sera perçu alors comme un supplément. Voilà toute une différence dans la perception! On appelle cela de l'autonomie affective.

Toute personne qui comble sa vie de l'extérieur plutôt que de l'intérieur sera insatisfaite et passera sa vie à jouer le rôle de la victime ou même celui du sauveteur.

Comment reconnaît-on une personne dépendante affective?

> *La personne fera tout pour être indispensable à l'autre.*

Plusieurs réactions peuvent être observées: pleurs, perte d'appétit, agressivité, jalousie, possessivité, personne souvent sur ses gardes, prenant tout sur elle pour ne pas déplaire à l'autre, pour ne pas la faire fâcher ou la décevoir. La personne fera tout pour être indispensable à l'autre, cherchant à deviner ses propres désirs pour les combler, et subtilement, la personne dépendante affective tentera de rendre celle qu'elle aime dépendante d'elle pour être certaine qu'elle ne la quittera pas. C'est ainsi qu'elle en prendra beaucoup sur elle, elle fera tout (le ménage, les cadeaux, etc.) et elle prendra les responsabilités à la place de l'autre. Elle peut la valoriser à l'extrême pour qu'elle sente qu'elle a une très grande valeur à ses yeux. Elle peut décider à sa place, elle peut vouloir l'aider à la moindre occasion pour qu'elle puisse croire qu'elle ne pourrait plus se passer d'elle. Elle est très affectée par les humeurs changeantes ou l'indécision de la personne qu'elle aime concernant leur relation affective. Si la personne veut s'en aller, mettre un terme à la relation, elle fera tout pour la faire changer d'idée et la suppliera de rester avec elle, s'accordant tous les blâmes et faisant plein de promesses.

Elle mettra beaucoup d'énergie à la reconquérir en lui accordant tout ce qu'elle désire, jusqu'à ce qu'elle sente qu'elle l'a récupérée. Ensuite, ses anciens modes de réaction, qui sont finalement un mécanisme de survie, reprendront le dessus dès qu'elle sentira la menace passée.

Mais si la personne s'en va quand même, elle pourra se mettre à faire la victime et pourra même menacer de se suicider. Par la suite, elle sombrera dans une profonde dépression, n'ayant plus le goût de vivre. Certains arrivent au suicide et d'autres combleront par le travail, le bénévolat, enfants, etc., pourvu qu'ils sentent que les autres ont besoin d'eux.

Pour bien comprendre la dépendance affective, John Bowbly, auteur de «La séparation, angoisse et colère», s'est intéressé aux nourrissons et aux jeunes enfants temporairement séparés de leur mère. Il a observé chez tous les bébés un processus de séparation en trois phases, soit: l'anxiété, le désespoir et le détachement. Comme le bébé, le dépendant affectif vivra ces trois stades. Son cœur est fermé pour se protéger à nouveau. Finalement la personne n'aime pas. Il arrive aussi qu'elle rencontre une personne comme elle, qui l'accapare par son désir de vouloir la contrôler. Ainsi, elle réalise que les rôles sont inversés. Plusieurs personnes pensent que la dépendance affective veut dire ne pas être autonome, mais il est important de préciser qu'une personne dépendante l'est seulement au niveau affectif. Cela ne veut pas dire qu'elle n'est pas responsable ou autonome, au contraire. J'ai vu plusieurs personnes que j'ai traitées me faire la remarque «bien voyons donc, je ne suis pas dépendante affective, je travaille, je suis capable de demeurer seule et je fais toutes mes choses».

Comme le dit si bien John Bradshaw dans son livre «Retrouver l'enfant en soi», la dépendance est un symptôme de l'enfant intérieur blessé, indiquant que durant son jeune âge, les besoins de la personne concernée sont demeurés inassouvis et que par conséquent, il lui est impossible de savoir qui elle est. D'où l'importance de savoir qui je suis et d'apprendre à m'aimer. Le dépendant affectif est comme un enfant qui n'a pas grandi, qui est demeuré à l'âge de 2 ou 3 ans. Pour avoir une bonne idée si vous êtes dépendant affectif, voici un questionnaire qui doit être rempli avec honnêteté.

	oui	non

1- Est-ce que vous viviez dans une famille disfonctionnelle où il y avait   ☐ ☐
  - De la violence physique ou psychologique   ☐ ☐
  - Beaucoup de culpabilisation et d'accusations?   ☒ ☐
  - De la colère, des crises de larmes et de nerfs?   ☒ ☐
  - Du rejet et de la trahison   ☐ ☐

2- Avez-vous vécu la peur d'être rejeté et abandonné? La peur de vous faire avoir et que la personne vous quitte?   ☒ ☐

3- Avez-vous tendance à en faire trop pour la personne que vous aimez, allant parfois jusqu'à tenter de deviner ce qu'elle désire pour mieux y répondre ou à vous oublier pour elle?   ☐ ☒

4- Cherchez-vous à être indispensable à la personne que vous aimez? Il peut s'agir autant de votre conjoint, de vos enfants, de vos amis que d'un confident.   ☒ ☐

5- Sentez-vous le besoin démesuré d'être apprécié, valorisé ou encouragé?   ☒ ☐

6- Cherchez-vous à plaire à tout le monde et à être gentil?   ☐ ☐

7- Avez-vous peur de déplaire aux autres et de ce qu'ils peuvent penser?   ☒ ☐

8- Avez-vous peur de la solitude et de vous retrouver seul?   ☒ ☐

9- Avez-vous tendance à envahir et à vous accrocher à la personne que vous aimez?   ☒ ☐

10- Êtes-vous du genre agressif lorsque vous êtes blessé?   ☐ ☐

11- Reprochez-vous souvent ce que vous croyez être vos défauts et vos limites?   ☐ ☐

12- Ressentez-vous souvent un vide dans votre vie, qui vient sous forme de tristesse?   ☒ ☐

13- Est-ce qu'il vous arrive de vous sentir seul dans une foule?   ☒ ☐

14- Éprouvez-vous le sentiment de honte, d'humiliation et de culpabilité: ☒ ☐
  - si vous vous choquez contre quelqu'un?   ☒ ☐
  - si vous vous mettez à pleurer?   ☒ ☐

15- Avez-vous déjà eu ou vivez-vous présentement avec une personne ayant un problème de dépendance?   ☐ ☒

16- Cherchez-vous autant que possible à éviter les conflits?   ☒ ☐

17- Avez-vous déjà pensé au suicide suite à une rupture amoureuse, ou suite à une relation dans laquelle vous vous étiez beaucoup investi?   ☐ ☒

18- Ressentez-vous un besoin excessif de toucher les autres ou d'être serré dans les bras de quelqu'un?   ☒ ☐

19- Êtes-vous porté à vous mettre tout sur le dos dans une
relation amoureuse?   ☒ ☐

20- Est-ce que vous croyez qu'il faudrait être parfait pour
qu'on vous aime et vous apprécie vraiment?   ☒ ☐

21- Vous arrive-t-il d'être obsédé, de ne penser qu'à la
personne que vous aimez et d'en parler continuellement?   ☒ ☐

22- Avez-vous tendance à prendre la responsabilité de celui ou
celle que vous aimez en le protégeant, en faisant des
choses à sa place et en essayant de trouver des solutions
pour lui?   ☒ ☐

23- Avez-vous tendance à vous sous-estimer?   ☒ ☐

24- Avez-vous tendance à passer trop facilement l'éponge sur
des attitudes ou des comportements qui vous blessent et
d'accepter l'inacceptable de la part de celui ou celle que
vous aimez?   ☐ ☒

25- Pensez à vos relations affectives à venir jusqu'à
maintenant et posez-vous la question suivante: Est-ce que
vous avez été avec des personnes vivant des problèmes et
que vous avez voulu les aider?   ☒ ☐

26- Vous arrive-t-il de ne pas savoir qui vous êtes vraiment, et
ce que vous voulez?   ☒ ☐

Comme je l'expliquais, les sentiments de rejet, d'abandon et le désintérêt des êtres de qui nous dépendons et qui ont marqué notre enfance forment la carence affective. Par exemple, un enfant de 2 ans qui a une mère vivant beaucoup de problèmes. Elle n'est pas présente mentalement pour son enfant, mais l'enfant a un besoin à combler et s'il ne l'est pas, il ne peut y avoir de sevrage et le besoin demeure. L'enfant enregistrera une équation au niveau du subconscient. Tout enfant est dépendant de ses parents et le rôle du parent est d'aider son enfant à acquérir son autonomie sur tous les plans: physique, matériel, affectif et relationnel. Pour y arriver l'enfant a besoin d'être materné, accueilli, protégé, reconnu et guidé. Je vous explique en détail les besoins de l'enfant pour que vous compreniez bien ce que vous devez vous donner à vous-même pour vous amener à vous libérer de la dépendance affective. C'est votre responsabilité maintenant de remplir ces besoins, car vous ne pouvez retourner en arrière. Lorsque je parle de l'enfant, vous devez comprendre que je parle soit d'un enfant, ou de votre enfant intérieur qui est blessé.

Materner

C'est donner de l'affection, de la tendresse et de l'amour.

Accueillir

C'est écouter votre enfant, afin de lui permettre de partager avec vous ses inquiétudes, ses peurs et ses difficultés. C'est aussi lui permettre de faire ses propres expériences, même s'il fait des erreurs. C'est lui donner le droit de se choquer, de vivre ses émotions sans le juger. Par exemple, si votre enfant vous dit qu'il ne veut plus aller à l'école et que vous lui faites un cours sur l'importance d'y aller, ce n'est pas de l'accueil. Il serait plus juste de lui poser les questions suivantes: Qu'est-ce que tu n'aimes pas à l'école? Comment te sens-tu? Qu'est-ce qui te cause de la peine? L'enfant se sentira ainsi accueilli et aimé. C'est la même chose pour vous.

Protéger

C'est apporter un support et être présent quand l'enfant en aura besoin. Si par contre le parent met la responsabilité sur l'enfant et lui fait vivre de la violence physique ou verbale, ce dernier se sentira insécure.

Reconnaître

C'est aimer son enfant pour ce qu'il est avec ses forces et ses faiblesses. C'est le féliciter souvent. C'est l'encourager dans ses difficultés et l'aider à s'accepter tel qu'il est. Un enfant qui n'a pas été reconnu a beaucoup de difficulté à croire en lui-même.

Guider

C'est aider l'enfant à se respecter et à respecter les autres, en lui donnant des règles de conduite et en lui fixant certaines limites. Un enfant qui grandit dans un milieu très sévère aura beaucoup de difficulté à exprimer ses besoins ou à demander des choses. Il deviendra perfectionniste, obéissant à l'extrême et très discipliné. Cette personne deviendra rigide, contrôlante, raisonnable et si elle a le sentiment d'avoir beaucoup, elle se sentira coupable et se privera ailleurs. Elle se repliera sur elle-même, aura des infections à répétition et sera sujette à avoir des migraines et des maux de tête. Si par contre le parent donne tout à son enfant, c'est une forme d'indifférence qui se traduit par «tiens, prends-le puis laisse-moi tranquille» et l'enfant vivra le sentiment d'abandon, car le parent ne prend pas sa responsabilité.

Donc, si l'enfant n'est pas materné, accueilli, protégé, reconnu et guidé, il portera en lui une profonde carence affective. Vous venez de voir comment on devient dépendant affectif et par le fait même de comprendre aussi les besoins qui doivent être comblés.

Comment se libérer?

Première étape: la prise de conscience

Pour prendre conscience de la dépendance affective, c'est beaucoup plus facile pour la personne qui s'accroche, qui supplie et qui supporte tout de la reconnaître que pour celle qui se coupe de ses sentiments, qui joue à l'indépendante, qui se dit ne rien ressentir et qui se protège beaucoup en ne vivant pas de relation amoureuse. Victime ou sauveteur, ce sont les deux côtés de la médaille. Lorsqu'on aide une personne, on oublie ses problèmes et en jouant au sauveteur, on voit seulement la victime chez l'autre et on oublie la victime en nous. Finalement il s'agit de prendre conscience de cette dépendance.

Lorsque vous vous retrouvez avec une personne dépendante affective, vous pouvez vous faire croire que vous n'êtes pas comme ça. Mais attention, il n'y a pas de hasard! Si vous êtes avec cette personne, et il y a de grandes chances que vous le soyez, vous devez aussi prendre conscience des comportements que vous adoptez lorsque vous êtes amoureux et cela va vous aider à y voir clair. Le but n'est pas de se jeter le blâme, mais tout simplement d'en prendre conscience.

Deuxième étape: l'acceptation

> *Un dépendant affectif n'est pas une personne en mesure d'aimer, mais en attente d'être aimée.*

Il faut admettre la dépendance qu'on porte en soi comme une carence affective, parce qu'on a pas été maternés, accueillis, etc.

Vous avez dû agir en adulte alors que vous étiez un enfant. Ceci est le début du processus de guérison. N'oubliez pas qu'un dépendant affectif n'est pas une personne en mesure d'aimer, c'est une personne en attente d'être aimée.

Troisième étape: l'action

Vous êtes maintenant rendu à l'action, une étape très importante et libératrice. Maintenant que vous savez quels ont été vos manques, c'est maintenant à vous d'y remédier et de combler ces manques en devenant votre propre père votre propre mère de votre enfant intérieur. Il y a un enfant en vous qui n'a pas grandi et pour cela il a besoin de vous en tant qu'adulte pour grandir et ainsi être capable de se libérer de sa carence affective. Comment faire pour passer à l'action? Tranquillement, vous devez écrire toutes les choses que vous faites par soumission ou par peur de perdre la personne que vous aimez. Par exemple, vous êtes possessif, jaloux et vous posez beaucoup de questions à votre partenaire lors de ses sorties ou lorsque vous avez des doutes. Vous devez arrêter ce questionnement qui ne sert à rien et vous devez vous attendre à vivre un certain sevrage qui sera ressenti comme un vide profond qui fait mal, mais dites-vous que c'est le début de la guérison. Toutes les choses que vous faites, soit par inquiétude ou pour être aimé, vous devez les arrêter une à une. Attendez-vous à ressentir un vide, c'est tout à fait normal et si vous résistez à vos tentations, vous venez de faire diminuer la dépendance affective en vous et par la suite cela sera plus facile jusqu'à ce qu'il n'y en ait plus du tout.

Je vous donne mon exemple. Dès que j'ai eu l'âge d'avoir des relations avec les garçons, j'ai commencé ce que je peux appeler «mon enfer émotif». J'étais très jalouse et très possessive. Je faisais tout pour être aimé allant même jusqu'à m'oublier. Je rencontrais toujours le même type d'hommes que moi j'appelle «les hommes à maman», des irresponsables dont je devais bien sûr m'occuper. Cela m'amenait le sentiment qu'ils ne pouvaient pas se passer de moi. Donc, je faisais tout et je payais tout. Je voyais à leurs moindres désirs. Je vivais beaucoup dans l'attente et j'étais toujours déçue. Le premier homme de ma vie fit faillite, le deuxième également et le troisième aussi. Je me suis retrouvée avec une facture comme lorsqu'on achète des biens, mais moi c'était de l'amour que j'avais voulu acheter. Je pris conscience que ce que je recherchais, je ne pouvais le trouver chez une autre personne, car c'était à moi de me le donner, d'où mon sentiment de me sentir vide. Ce vide venait me dire qu'il me manquait une partie de moi que je ne me donnais pas. Je fis donc mon sevrage et décidai de répondre moi-même à mes besoins. Je ressentis le vide encore plus fort mais je persistai à ne plus retourner dans des relations qui ne m'amenaient nulle part. Quand ma blessure fut guérie, j'ai pu enfin vivre une relation saine et équilibrée. D'ailleurs je n'ai plus jamais attiré des «hommes à maman». Maintenant, j'ai un homme très responsable avec lequel je vis une relation merveilleuse.

Avant de terminer sur le sujet, j'aimerais vous parler des trois personnes qui existent à l'intérieur de nous et qui nous amènent à comprendre l'équilibre de l'être humain.

*   **Il y a un homme**. C'est notre côté rationnel, notre logique et il représente la façon d'aborder les problèmes de manière concrète. C'est l'action et la direction. Ce côté se situe à l'hémisphère gauche de notre cerveau et s'appelle aussi YANG.

*   **Il y a une femme**. C'est notre sensibilité, notre réceptivité, notre douceur, la capacité à exprimer notre tendresse et notre vulnérabilité. C'est elle qui accueille. Elle représente la beauté, le charme et l'intuition. C'est l'hémisphère droit de notre cerveau et s'appelle aussi YIN.

*   **Il y a un enfant**. L'enfant en nous c'est notre dépendance, notre spontanéité, notre curiosité, notre ouverture, notre capacité à s'émerveiller et la simplicité. C'est celui qui recherche des plaisirs, qui aime rire, jouer et apprendre. Il vit dans le moment présent et ne se préoccupe pas du passé ni de l'avenir. Il correspond à notre DIVINITÉ.

Pour qu'il y ait l'équilibre, vous devez, si vous êtes une femme, avoir un rapport de 60-40, 60 % féminin et 40 % masculin; pour l'homme c'est l'inverse, 60 % masculin et 40 % féminin. Comme vous pouvez le constater, il y a des personnes qui ont 90 % masculin et 10 % féminin. Ces personnes ne peuvent être équilibrées et cela amène différents problèmes.

Pourquoi des personnes nient-elles en elles l'homme, la femme ou l'enfant? Par exemple, une jeune fille ayant été blessée par sa mère et rejetant son côté féminin en développant plus son côté masculin sera qualifiée de «*super woman*». À l'inverse, un garçon qui a été blessé par son père développera beaucoup son côté féminin et rejettera son côté masculin pour ne pas ressembler à son père. C'est ce qu'on appelle les hommes roses. Ces hommes sont doux, tendres et accueillants. Pour cela, il est important de reconnaître l'homme et la femme en nous, pour accueillir notre enfant intérieur.

Comment pouvons-nous réconcilier l'homme et la femme en nous?

Notre éducation nous a enseigné des stéréotypes comme celui où l'homme ne devrait jamais pleurer ou encore que la femme devrait s'occuper des enfants. Mais si l'homme prend conscience qu'il a nié sa partie masculine au profit de sa partie féminine, il pourra graduellement donner la place à l'homme en s'autorisant à vivre sa colère, en prenant des risques et cela sans renoncer à sa partie féminine. Il est normal que pour un certain temps la personne puisse osciller entre les deux extrêmes pour ensuite atteindre l'équilibre.

Pour la femme dont la partie féminine a été longtemps niée, elle devra arrêter de prendre toutes les responsabilités et apprendre à accepter et à recevoir. Elle apprendra à écouter ses sentiments en s'autorisant à les vivre et à être vulnérable. Elle laissera tomber son masque, retrouvera sa douceur, sa tendresse et laissera parler son cœur. C'est ainsi qu'elle pourra laisser vivre sa partie féminine sans nier sa partie masculine. En réconciliant les deux, cela vous donne beaucoup plus de chances de vivre une meilleure harmonie dans vos relations de couple. C'est la raison pour laquelle vos relations déterminent exactement comment l'homme ou la femme réagit en vous. Les relations sont comme des miroirs qu'on voudrait parfois casser, ou fuir pour ne plus les voir. C'est la raison pour laquelle il est si difficile de vivre en couple, car l'autre nous renvoie constamment le reflet de nous-même.

Dans n'importe quelle dépendance, il faut s'attendre à vivre un sevrage. Mais ce besoin de l'autre qu'on ressent ne veut pas dire que c'est bon. Si on prend une personne qui arrête de fumer, ce n'est pas parce qu'elle a le goût de fumer que c'est bon. Elle doit passer l'étape du sevrage et ensuite n'aura plus besoin de cigarettes. Le sevrage de la dépendance affective, c'est la même chose. La personne doit s'attendre à vivre un vide, car c'est ce vide qu'elle ne veut pas ressentir depuis longtemps et qui lui fait si mal. Par contre si elle va jusqu'au bout, elle sera libérée et enfin maître dans ses relations affectives. Je vous encourage donc à faire le sevrage et à persister jusqu'à ce que cela ne fasse plus mal. Par la suite, la personne doit déterminer ses besoins, apprendre qui elle est et guérir ses blessures du passé. Maintenant, juste avant de terminer, j'aimerais vous donner quelques trucs pour développer votre autonomie affective. Ce sont des phrases que vous pouvez répéter souvent.

1. Je me choisis, je réponds à mes besoins et je prends soin de moi;

2. Je décide de m'aimer et de m'accepter;

3. Je reconnais ma valeur et celle des autres;

4. Je n'ai rien à faire pour être aimé, simplement m'aimer et être moi-même;

5. Je me respecte, je respecte les autres et je ne fais plus rien contre moi-même;

6. Je me permets de ne plus demeurer dans une relation lorsque je ne suis plus bien;

7. Je mets mes limites;

8. Je ne donne plus de pouvoir au sentiment de culpabilité;

9. Je me fais plus d'amis;

10. Je laisse la liberté aux autres;

11. J'élimine la victime ainsi que le sauveteur en moi et je prends ma responsabilité;

12. Je prends le temps pour mieux profiter de la vie et faire des choses agréables.

En résumé, on devrait voir l'autre personne dans notre vie affective comme un complément. Il ne faut jamais oublier que nous sommes venus au monde seul et que nous allons mourir seul. Donc, c'est à nous de nous donner un équilibre.

GUIDE POUR LA CINQUIÈME ÉTAPE

- Le but de la 5e étape est d'apprendre à gérer ses émotions et développer son autonomie affective.
- Comprendre les critères d'une personne émotive.
- Travailler sur les clefs et les intégrer dans la vie de tous les jours pour être capable de gérer vos émotions. Plus vous apprendrez à les gérer, moins vous serez en réaction. Dès que vous êtes en leurs présences, utilisez vos outils et prenez le temps de ressentir et de vous poser des questions. N'oubliez jamais que la vérité a 360 degrés.
- Pratiquer la respiration, elle aide beaucoup à gérer les émotions.
- Prendre conscience des carences affectives et compléter le questionnaire.
- Travailler à développer l'autonomie affective.
- Réconcilier l'homme et la femme à l'intérieur de soi.
- *In vivo*, pratiquer ce que vous avez appris et affronter vos peurs.

Se découvrir

L'agoraphobe ne sait pas qui il est. Il croit être ses émotions, ses croyances et ses peurs. Si on lui demande de se décrire, tout ce qu'il dira sur lui provient de peurs, d'émotions et de croyances.

Quand je vivais ce problème, je pensais que j'étais venue au monde comme cela et que je n'étais pas chanceuse. Je croyais surtout que jamais je ne m'en sortirais, croyant être ce que je vivais. Je ne savais pas que ma vraie personnalité était enfouie quelque part à l'intérieur de moi et que toutes ces peurs et croyances l'écrasaient. Un jour, j'ai décidé de me prendre en mains et d'avoir la joie de vivre en permanence dans ma vie.

Notre personnalité est tout simplement le résultat de toutes nos croyances mentales et cela n'est pas au niveau de l'être. Lorsqu'on prend contact avec soi, on prend contact avec son individualité. Cette étape nous amène à nous libérer des chaînes avec lesquelles nous étions attachés et ainsi à apprendre qui nous sommes.

Les étapes que je vous enseigne, s'intègrent une à une pour vous permettre de découvrir la vraie personne que vous êtes et enfin goûter à la liberté d'être. À peu près toute personne qui est consciente ou non se pose quatre questions:

Qui sommes-nous?

Les composantes de l'être humain sont:

Le corps physique: C'est l'enveloppe de l'âme.

Le subconscient: C'est comme une enregistreuse de toutes nos expériences. Sans subconscient, nous recommencerions chaque jour des choses que nous avons apprises comme écrire, lire, marcher, etc.

L'intelligence: C'est le système nerveux et son siège central, appelé «cerveau», est composé de neurones. C'est par lui qu'on apprend.

L'âme: C'est l'énergie spirituelle qui s'infiltre en tout notre être et l'harmonise. Elle se situe au niveau du front.

Où sommes-nous?

Évidemment sur la terre, dans le cosmos où il y a plusieurs planètes.

Pourquoi sommes-nous ici?

Nous sommes ici pour que notre âme évolue par l'apprentissage et ensuite par l'intégration. L'apprentissage se fait par l'expérience et par la leçon que nous tirons de chaque expérience. Nous sommes donc ici pour apprendre.

Où allons-nous?

Nous allons vers la réalisation complète du plan évolutif de notre âme. Le but de chaque être humain est d'apprendre des choses qu'il n'a pas intégrées au niveau de l'âme, car celle-ci a besoin de cette évolution. Chaque être humain a ce même but, même inconscient.

Pour apprendre qui nous sommes, nous devons apprendre à nous définir. Pour apprendre à nous connaître, il y a plusieurs façons. Nous devons toujours passer par le questionnement afin de découvrir qui nous sommes et prendre contact avec nous. Ne pas savoir qui nous sommes, nous amène à croire à des choses qui ne sont pas bonnes pour nous. Un bon moyen pour nous connaître est de regarder les malaises et les maladies que nous ressentons.

Lorsque nous sommes en présence de symptômes, notre corps veut nous parler. Il nous dit que ce qu'on pense ou qu'on croit n'est pas bénéfique pour nous. Par ma propre expérience, je peux vous assurer que tout ceci ne vient pas d'une croyance, mais d'une certitude, car l'être humain fonctionne de cette façon. On le voit beaucoup plus compliqué qu'il ne l'est en réalité. À titre d'exemple, dans mon enfance, j'ai eu beaucoup de maladies et de malaises et chaque problème de santé que j'avais correspondait à une forme-pensée (ce que je vis est le reflet de ce que je crois). Donc, lorsque je dis que nous pouvons apprendre à nous connaître par les maladies, c'est d'aller voir à quoi ce symptôme est relié. Également, quand j'étais jeune, j'avais beaucoup de difficulté avec mes oreilles. Je ne voulais plus entendre mes parents se chicaner et inconsciemment, je prenais ce qu'ils vivaient sans comprendre que tout ceci ne m'appartenait pas. Avec mes pensées, je bloquais l'énergie au niveau de mes oreilles. Chaque symptôme est relié à quelque chose. D'ailleurs, je vous explique dans un chapitre distinct ce qu'est le langage du corps.

> *Ce qui vient nous chercher chez une autre personne, nous appartient: c'est le fameux miroir.*

Une autre façon d'apprendre à se connaître est *«le fameux miroir»*. C'est se regarder à travers les autres personnes. Nous entendons souvent parler de personnes qui affirment: «elle est mon miroir!», mais bien souvent la personne ne sait même pas quoi faire avec cette constatation.

Pour apprendre à se connaître à travers d'autres personnes, on doit prendre conscience de ce qui vient nous chercher. Par exemple, vous avez une amie qui vous énerve lorsqu'elle vous raconte ses problèmes. Vous devez vous demander ce qui vous appartient dans cela. Peut-être à un certain moment dans votre vie, vous avez jugé que raconter ses problèmes était digne de faiblesse et lorsque quelqu'un vous les raconte, cela vient chercher en vous la croyance que vous avez adoptée. C'est la raison pour laquelle cela vous choque et vous fruste. Vous pouvez en prendre conscience et ainsi changer la croyance qui n'est pas bonne. Lorsque vous serez en présence de personnes qui racontent leurs problèmes, cela ne vous touchera plus.

Dès qu'on prend conscience de certaines choses sur nous, il ne faut pas se blâmer, au contraire! Cela devrait toujours être un grand bonheur et un cadeau, pour vous permettre de mieux vous connaître.

Dès que vous critiquez ou jugez quelqu'un, c'est que vous avez dans votre personnalité l'objet de la critique ou du jugement. Vous ne l'avez peut-être pas au même niveau que la personne. Mais ce qui est important de comprendre, c'est que si cela crée en vous de la frustration ou de la colère, c'est qu'il y a quelque chose à travailler en vous.

Je vous donne un truc pour en prendre conscience. Par exemple, si je critique une personne qui ne s'occupe pas de son enfant comme moi je le ferais, c'est que je suis en présence d'une pensée (croyance) que j'ai prise et qui n'est pas bonne. Donc, à chaque fois que je me retrouverai devant une personne qui agira d'une façon contraire à celle que je crois bonne ou si je viens pour agir contre la pensée que j'ai adoptée, je vivrai une dualité et je me sentirai coupable. Pourquoi? Parce que je crois que pour être une bonne mère, on doit faire les choses d'une certaine façons. Alors, quand je suis en présence d'une personne qui me fait travailler un aspect de moi, je dois en profiter pour changer la croyance qui n'est pas vraie, donc pas bonne.

Une autre façon aussi d'apprendre à se connaître, c'est lorsque nous nous racontons des mensonges en disant que tout est réglé et que tout va très bien. En agissant ainsi, la personne ne voit pas clair à l'intérieur d'elle et ne sait pas qui elle est.

> *L'agoraphobe croit que le monde extérieur*
> *a du pouvoir sur lui.*

Lorsque nous sommes en présence de peurs et d'émotions négatives, nous sommes en train de dire que le monde extérieur a du pouvoir sur nous. Nous avons alors l'impression qu'on nous prend notre pouvoir et cela est très douloureux au niveau de l'être. Personne n'a de pouvoir sur nous, à part celui qu'on donne bien sûr. L'agoraphobe qui ne sait pas comment gérer ses émotions croit que le monde extérieur a du pouvoir sur lui. C'est la raison pour laquelle il se sent si démuni et sans force, car il donne son pouvoir à l'extérieur. Par cette prise de conscience, il peut le reprendre en acceptant de ressentir et de gérer ses émotions qui sont bien à lui.

Ensuite, le moyen le plus efficace pour apprendre à nous définir, c'est en nous questionnant. Les questions qui suivent ont pour but de vous permettre d'aller chercher à l'intérieur de vous certaines réponses pour apprendre à vous connaître.

La clé, c'est de sortir de soi le pourquoi? Vous pouvez répondre à une question par oui ou non, mais ce n'est pas le oui ou le non qui est important, c'est le pourquoi du oui ou du non. Écrivez plutôt tout ce qui vous passe par la tête et une fois que vous avez écrit le pourquoi, si la réponse que vous donnez est satisfaisante et gratifiante, vous pouvez vous dire que ce dossier-là est déjà réglé et compris. Mais par contre, si votre réponse vous fait souffrir et vous sentez que ce n'est pas réglé, vous pouvez l'encercler et à la suite de votre réponse vous inscrivez ce que vous pourriez faire pour améliorer la situation qui vous fait souffrir. C'est par le pourquoi que vous allez apprendre à vous connaître et vous définir.

Il n'y a pas de bonnes ou de mauvaises réponses. Nous sommes entourés, depuis que nous sommes au monde, de concepts, de conseils, de directives, d'ordres et de lois qui ne sont pas toujours bons ou positifs, mais auxquels nous croyons. Il est important d'enlever toutes ces croyances pour nous permettre d'être, car il n'y a aucune croyance qui est bonne et vraie.

Les croyances proviennent de l'éducation, de concepts et de personnes qui veulent avoir le dessus sur nous, en utilisant la culpabilité pour que nous soyons soumis. Ces personnes ont décidé dans leur tête qu'elles avait raison et que tout le monde devrait penser comme elles. On les appelle les scientifiques, les religieux, les politiciens, toutes celles qui prétendent et qui disent «ça c'est la vérité», «ça c'est correct». Même si à l'intérieur de nous, nous savons que ce n'est pas correct, nous nous sentons forcés à agir et à penser comme elles. Mais tous ces gens sont des prétentieux, car ils prétendent.

Malheureusement, il y a beaucoup de problèmes psychologiques qui sont causés par les croyances religieuses. Ces croyances ont été établies par des personnes qui ont décidé que les êtres humains devraient se comporter de telle façon. Vous vous souvenez sans doute du prêtre qui visitait les maisons et qui recommandait à la mère de famille de ne pas arrêter d'enfanter parce qu'elle n'aurait pas l'absolution, et cela même si la personne était rendue à bout de souffle ou malade. Pour moi, toutes les religions sont des sectes. Je n'ai absolument rien contre les religions, et je respecte très bien ceux qui y participent. Si vous y ressentez des bienfaits, c'est ce qui importe. Mon but n'est pas d'entrer dans les débats religieux, je veux tout simplement vous faire part des chaînes auxquelles nous sommes attachés, et ainsi vous aider à changer vos croyances et à découvrir qui vous êtes vraiment. Une secte, tout comme une religion, est dirigée par une personne qui dicte une façon de penser. Il y a des règles et des commandements. Toutes les religions sont des sectes. La Bible n'est pas LE livre de Dieu, c'est un livre des hommes, avec les commandements instaurés par des hommes et qui amènent la personne à souffrir. Dieu est censé être amour et non punisseur, alors s'Il est amour, lorsque nous nous sentons coupable nous allons contre Lui. Vous devez réviser vos valeurs et changez votre perception erronée qui vous amène tout comme moi à souffrir de ces valeurs qu'on nous a inculquées.

En résumé, pour apprendre à nous connaître, nous devons nous comparer à un oignon avec de nombreux rangs de pelures. Un jour ou l'autre, vous devrez enlever une à une ces pelures pour savoir qui vous êtes. Chaque fois que vous enlevez une pelure, ça fait pleurer. C'est normal qu'à certaines questions auxquelles vous allez répondre, vous aurez des réactions profondes. C'est ce qu'on appelle un processus de guérison et il est nécessaire pour apprendre qui on est.

Il y a beaucoup de personnes qui affirment avoir tourné la page sur leur passé. Malheureusement, ces gens vivent leur passé chaque jour, car ils sont constamment en réaction avec des situations, sans savoir qu'ils sont en résonance avec leur passé. Apprendre qui on est, c'est le plus magnifique cadeau que nous puissions nous offrir. Si une personne ne sait pas qui elle est, elle se sent mêlée, ne sait pas où elle s'en va, change d'idée constamment et finalement ne vivra jamais sa vie à elle.

Le travail que vous allez faire pour apprendre à vous connaître et à vous définir, est un instrument dont vous pourrez bénéficier tout au long de votre vie. À la fin, vous serez capable de vous définir et reconnaître les choses que vous devez améliorer.

On ne doit plus vivre avec aucun concept, qu'ils soient religieux, politiques, sociaux, scientifiques ou autres, ne correspondant plus à notre être véritable. On doit se débarrasser de toutes ces croyances qui nous font si mal et qui dirigent notre vie. On doit avoir ses propres opinions et bâtir son échelle de valeurs. Vous n'êtes pas ce que vous devriez être. Vous êtes un modèle que quelqu'un d'autre a voulu faire de vous. Pour découvrir qui vous êtes, vous devez vous définir, en prenant conscience que ce que vous avez appris par des autorités depuis votre enfance et avec laquelle vous n'êtes pas bien, doit être jeté à la poubelle. Comme lorsqu'on jette quelque chose qui n'est plus bon et la remplace. C'est vous qui décidez de vos croyances, de les garder ou de les changer. Vous devez définir votre nouvelle personnalité, car nous sommes tous des êtres uniques.

Si vous répétez quelque chose qu'on vous a enseigné, sans jamais vous poser des questions, vous n'êtes alors qu'une photocopie. Et une photocopie n'est jamais l'original. Ce n'est pas parce qu'il y a 500 personnes qui s'en vont toutes dans la même direction qu'on doit y aller. On doit plutôt adopter sa propre idée et aller dans l'autre direction s'il le faut.

Je vous encourage à faire cet exercice à votre rythme et, j'en suis convaincue, vous découvrirez les trésors qui sont en vous. Pour cela, j'ai annexé une série de questions de base, qui vous amènera à découvrir quelle est votre vraie personnalité.

SE DÉFINIR

À l'enfance:

1. Comment étiez-vous enfant?
2. Qu'est ce que vos parents disaient de vous?
3. Avez-vous senti le rejet, l'abandon, l'humiliation, l'injustice et la trahison?
4. Avez-vous eu une enfance heureuse?
5. Comment décririez-vous vos parents?
6. Avez-vous eu plusieurs maladies?
7. Quelles étaient vos croyances?
8. Étiez-vous le premier d'une famille, si oui comment avez-vous vécu cela?
9. Trouvez-vous que vous répétez des choses que l'un de vos parents faisait?
10. Avez-vous de la rancune envers l'un de vos parents et pourquoi?

À l'adolescence:

1. Quand vous étiez adolescent, qui était votre idole? Pourquoi?
2. À l'école secondaire, aviez-vous beaucoup d'amis? Définissez-les.
3. Est-ce que vous aimiez pratiquez des sports, des activités sociales ou autres?
4. Étiez-vous une personne renfermée, souffrant de solitude?
5. Est-ce que vous vous acceptiez physiquement? Aviez-vous des choses que vous n'aimiez pas?
6. Étiez-vous seul sans amis ou chef de gang?
7. Est-ce qu'on disait de vous que vous étiez une belle personne ou le contraire?

8. Étiez-vous du genre têtu ou soumis?

9. Décrivez votre relation avec vos parents.

10. Que représentait pour vous la religion et quelle était votre réaction?

11. Étiez-vous satisfait de vos résultats scolaires?

12. Aviez-vous de la difficulté avec l'autorité?

13. Quand vous étiez adolescent, qu'est-ce qui vous redonnait de la valeur?

14. Si on vous avait posé la question «quelle perception aviez-vous de vous lorsque vous étiez adolescent», quelle aurait été votre réponse?

Aujourd'hui:

1. Aujourd'hui avez-vous une idole? Pourquoi?

2. Avez-vous beaucoup d'amis? Définissez-les.

3. Quelles sont vos responsabilités dans la société?

4. Êtes-vous satisfait de votre vie? Quelles sont vos responsabilités?

5. Préférez-vous être seul ou en groupe?

6. Êtes-vous du genre à plier facilement, ou du genre têtu qui ne lâche pas facilement ses idées?

7. Comment percevez-vous les jeunes et quelles sont vos relations avec eux?

8. Respectez-vous leurs façons de penser, leurs expériences et leurs goûts?

9. Considérez-vous avoir une belle apparence ou pas du tout?

10. Êtes-vous satisfait de vos connaissances intellectuelles, ou en demandez-vous plus?

11. Vers quel domaine êtes-vous le plus attiré au niveau intellectuel?

12. Mettez-vous plus l'accent sur votre vie sociale ou sur votre vie intérieure?

13. Portez-vous encore des croyances de votre religion?

14. Avez-vous de la difficulté à accepter de nouvelles façons de penser?

15. Est-ce que vous faites de l'activité physique?
16. Êtes-vous satisfait de votre forme physique?
17. Est-ce que vous avez de la difficulté à vous accepter sur tous les plans?

Plan professionnel:

1. Est-ce que vous avez réalisé tout ce dont vous rêviez lorsque vous étiez adolescent?
2. Est-ce que vous aimez le travail que vous faites? Si oui, pourquoi? Si non, pourquoi?
3. Ressentez-vous du plaisir dans votre travail? Pourquoi?
4. Si vous aviez une baguette magique qui vous donnait le pouvoir de changer des choses, que changeriez-vous?
5. Êtes-vous influençable et avez-vous de l'influence sur les autres?
6. Sentez-vous qu'on vous aime?
7. Est-ce que vous vous sentez bien dans le milieu où vous vivez? Pourquoi?
8. Vous sentez-vous important dans votre entourage?
9. Si vous aviez beaucoup d'argent, qu'en feriez-vous?

Relations avec la nature:

1. Est-ce que vous aimez les arbres, les fleurs, les jardins, les gazons, etc?
2. Aimez-vous les animaux?
3. Est-ce que la température vous affecte? Est-ce qu'elle influence votre humeur?
4. Est-ce que vous êtes sensibilisé face à l'écologie?
5. Comment vous alimentez-vous?
6. Êtes-vous près de la nature?
7. Préférez-vous vivre à la campagne ou à la ville?
8. Ressentez-vous l'énergie lorsque vous allez en forêt?

Sexualité

1. Avez-vous de la difficulté à accepter le sexe opposé?
2. Est-ce que vous vous acceptez en tant que femme ou qu'homme?

3. Changeriez-vous de sexe? Pourquoi?

4. Aimez-vous toucher les autres?

5. Aimez-vous être touché?

6. Êtes-vous capable d'embrasser quelqu'un facilement? Si oui, pourquoi? Si non, pourquoi?

7. Quand vous serrez quelqu'un sur votre cœur, ressentez-vous une gêne ou vous êtes très bien?

8. Énumérez les raisons pour lesquelles vous avez ou non des relations sexuelles?

9. Aimez-vous les relations sexuelles?

10. Si vous êtes fidèle, l'êtes-vous par amour, par culture, à cause de la religion, par peur de faire de la peine, par peur de l'engagement ou par peur des m.t.s.?

11. Aimez-vous votre corps?

12. Aimez-vous votre sexe?

GUIDE POUR LA SIXIÈME ÉTAPE

- Compléter le questionnaire le plus honnêtement possible afin de faire des découvertes sur soi.
- Apprendre à reconnaître les croyances et opinions qu'on nous a inculquées et s'en libérer.
- Ne pas craindre de se poser les questions fondamentales et existentielles: qui suis-je? D'où viens-je? Où vais-je?

Développer l'amour et l'estime de soi

La septième étape est axée uniquement sur l'amour de soi et l'estime que nous nous portons. Vous apprendrez comment l'augmenter et à vous aimer.

Enfant, pour la plupart d'entre nous, on nous a enseigné à «paraître» plutôt qu'à «être». On vivait selon les traditions familiales, religieuses et sociales, toujours en fonction de ce que les autres allaient dire ou penser. Nos parents ont été élevés de cette façon (à paraître). Les gens avaient peur de dévoiler leurs sentiments, donc ils exprimaient le contraire. Ils étouffaient leurs émotions et ainsi les refoulaient. Pour eux, c'était un signe de faiblesse et ils ne devaient rien laisser paraître. Ils ont appris étant jeune, par exemple, qu'un petit garçon ne pleure pas et qu'une petite fille qui pleure, ce n'est pas beau. En refoulant ainsi leurs émotions, comment pouvaient-ils être eux-mêmes? Comment pouvaient-ils s'aimer? Nous n'avons donc pas appris à être nous-mêmes ni à nous aimer.

Qu'est-ce que l'amour de soi?

L'estime de soi c'est l'évaluation qu'on a de soi-même, l'image qu'on projette. Si nous avons une estime de soi assez grande, nous aurons une personnalité qui nous permettra d'être. Si par contre nous avons une estime de soi très faible, notre personnalité nous amènera à vivre constamment dans la peur et dans le sentiment de vide.

L'estime de soi provient de nos pensées et de nos sentiments. Donc, plus nous pensons mal, plus nous avons une estime de soi très peu élevée. Remarquez quelqu'un de très
positif. Il va avoir confiance en lui et son estime de lui-même en
sera grandement élevée.

> *L'agoraphobie vient d'un très grand manque*
> *d'amour envers soi et d'une culpabilité maladive.*

Nous entendons souvent certaines personnes dire «je n'ai pas
beaucoup d'estime de moi ou je ne m'aime pas beaucoup». Je
me répète encore, mais l'agoraphobie est un mal de vivre.
L'agoraphobie vient d'un très grand manque d'amour envers
soi et d'une culpabilité maladive. Donc, l'agoraphobe doit apprendre à s'aimer et à augmenter son estime personnelle.

Pourquoi avons-nous si peu d'estime de soi?

C'est notre éducation et la petite voix intérieure (subconscient)
qui nous disent, par exemple, en amour: «ça ne marchera pas»,
au travail pour un projet qui nous tient à cœur: «ce n'est pas
pour toi» et au point de vue de la santé: «tu vas tomber malade», etc. En résumé, cela provient de notre bagage enregistré
au niveau du subconscient. Si je vous demandais de vous pré-
senter, que diriez-vous? C'est cela l'estime de soi, c'est l'image
qu'on a de nous-mêmes et comment on se perçoit.

Tout d'abord, très peu de gens s'aiment et par le fait même
ils ne savent pas comment aimer les autres. Pour la plupart
d'entre nous, s'aimer veut dire être égoïste alors qu'aimer les
autres, c'est s'oublier pour eux. Ce sont des concepts appris et
faux. Ils viennent de notre éducation religieuse et familiale.
Nous avons appris à nous oublier pour les autres et à passer en
deuxième. Nous avons également appris que s'occuper de soi
était égoïste.

Qu'est-ce que l'égoïsme? C'est de penser à soi au détri-
ment des autres et de nuire à l'harmonie des autres pour notre
propre satisfaction. Qu'est-ce que l'égocentrisme? C'est ramener tout à soi. La personne critique souvent parce que les
choses ne se passent comme elle le souhaite. Par exemple, «tu

ne me parles pas», «tu n'as jamais de temps pour moi», «tu me laisses toujours toute seule», «tu ne m'aimes pas», etc.

Comment apprendre à s'aimer?

C'est penser à soi sans oublier les autres et penser aux autres sans s'oublier.

Pour apprendre à nous aimer, nous devons agir comme si nous faisions la cour à quelqu'un, mais envers soi. Par exemple, le fait de s'acheter des fleurs, de s'écrire des mots d'amour, de fêter son anniversaire, etc. Pensez au début d'une relation lorsque vous aimez quelqu'un, vous lui portez attention et vous voulez pour la personne les meilleures choses. Vous n'irez pas la critiquer ou la juger, au contraire vous allez l'accueillir. Donc, quand on veut apprendre à s'aimer, on fait la même chose, mais envers soi. Prendre soin de soi est de la générosité et on ne peut donner aux autres ce qu'on a pas. Apprendre à s'aimer est essentiel et aimer veut dire avoir confiance en soi, se donner la première place et se respecter.

Prendre conscience

Vous devez définir ce qu'est pour vous s'aimer et aimer, en prendre conscience et élaborer le sujet. Si votre façon de vous aimer ou d'aimer vous fait souffrir, vous devez la changer. Pour pouvoir nous aimer et nous apprécier, il faut nous accepter tel que nous sommes et nous poser des questions pour nous définir. Si nous ne savons pas qui nous sommes, nous ne pouvons pas nous respecter Si nous nous pilons dessus, ce n'est pas une façon de nous aimer, c'est plutôt le contraire. Par exemple, plusieurs personnes vous demandent des services, ça ne vous tente pas, mais vous le faites quand même. Ceci est un manque de respect à votre égard. Quand on veut apprendre à s'aimer, il y a beaucoup de choses qu'on doit changer.

Il y a une affirmation qui m'a beaucoup aidée à augmenter l'estime de moi. Avant de faire des choses, je me disais «si je m'aime...». Par exemple:

• Quelqu'un m'accuse de quelque chose, si je m'aime, est-ce que je vais me détruire avec la culpabilité? Non et bien je ne la prends pas (culpabilité).

- Si je m'aime, vais-je accepter ou refuser?
- Si je m'aime, est-ce que je vais passer la journée du samedi à travailler ou aller magasiner?

Arrêter de se juger et de se critiquer

> *Nous devons arrêter de nous juger, de nous critiquer, de nous mettre de la pression, de nous manquer de respect et de passer en dernier.*

Ce sont tous des exemples pour vous faire prendre conscience que lorsqu'on s'aime, on ne prend plus des choses pour se détruire et pour faire plaisir aux autres, comme nous l'avons si bien appris. Ceci implique que nous devons arrêter de nous juger, de nous critiquer, de nous mettre de la pression, de nous manquer de respect et de passer en dernier. Sinon, un profond vide s'installe en nous et cette sensation de vide vient nous faire prendre conscience qu'on ne se donne absolument rien, surtout pas de l'amour. Beaucoup de personnes pensent que s'aimer, c'est se gâter. C'est faux, car se gâter, c'est poser des gestes envers soi qui sont autodestructeurs, c'est une compensation.

Pensez au mot «gâter», cela veut dire «pourri», c'est donc se détruire. Par exemple, «je mérite bien cela, je vais me gâter en mangeant une boîte de chocolats». On doit plutôt se faire plaisir sans perdre aucune occasion de le faire, si cela n'est pas autodestructeur. Si ça l'est, on ne s'aime pas. Comment fait-on pour savoir si c'est autodestructeur? Par la connaissance et en n'étant pas sous l'emprise des sens. Quand une occasion se présente et que vous perdez le contrôle de votre intelligence, même si vous savez que ce n'est pas bon, c'est fort possiblement autodestructeur.

La fierté

S'aimer, c'est réviser la façon de penser qui nous fait souffrir et qui nous amène à vivre des émotions négatives. C'est être fier de soi, car la fierté n'est que le résultat de ses propres actions. On ne doit jamais être humble envers soi-même, on doit enlever l'humilité et accepter en toute simplicité le résultat de nos actions. Par exemple, vous savez que vous êtes bon dans une discipline et quelqu'un vous le dit. Vous répondez «bien non, ce n'est rien». Alors à ce moment, vous êtes en train d'affirmer que l'autre est menteur et que vous, vous n'êtes rien. Lorsque l'on s'aime, on ne répond pas de cette manière. On répond plutôt «merci tu as raison, je suis d'accord avec toi» et par le fait même, vous venez d'affirmer que l'autre dit vrai. La fierté, c'est s'aimer et s'apprécier. Il y a une différence entre la fierté et la vantardise. La vantardise, c'est se vanter pour se prouver qu'on est quelqu'un. Par exemple, quelqu'un qui passe son temps à dire qu'il fait beaucoup d'argent, qu'il vient de s'acheter un bateau, qu'il travaille pour une personne connue, etc.

C'est évident que nous n'avons pas appris à être fier de nous, mais par la pratique nous pouvons arriver à changer beaucoup de choses, pour arriver à s'aimer et à être fier de nous-mêmes.

Le respect

La première base de l'être humain est le respect. Sans cela, nous nous retrouvons au niveau animal. Pour s'aimer, on doit se respecter, c'est la base. Dans 95 % des couples, le respect n'existe même pas. C'est la raison pour laquelle beaucoup de couples ne fonctionnent pas. Comme se respecter c'est s'aimer, alors comment penser que quelqu'un d'autre peut nous aimer si nous ne nous respectons pas nous-mêmes? Si nous ne respectons pas nos besoins en nous faisant croire que les besoins de l'autre sont les nôtres et qu'ils sont plus importants?

Je pourrais dire que j'ai passé toute mon enfance et le début de l'âge adulte à penser aux autres avant moi. Je le faisais par éducation, pour être aimée et aussi pour être quelqu'un de bien. C'est tout le contraire qui se produisait, car je devenais très frustrée et je vivais toujours dans l'attente de recevoir. Je ne comblais pas mes besoins, car je comblais ceux des autres. Lorsque j'ai compris le sens du mot aimer, j'ai compris d'où venait mon très grand vide. Je me fis donc une promesse, celle de ne plus jamais passer les autres avant moi. Le changement fut extraordinaire, car pour la première fois j'ai senti l'amour en moi. Enfin je me donnais ce droit.

S'aimer veut dire:

1. Se respecter (sans respect il n'y a pas d'amour); se poser la question avant de dire oui ou de faire des choses contre soi;

2. Arrêter de se détruire (avec les sentiments négatifs);

3. Arrêter d'être soumis (avec la culpabilité et les autres);

4. Se respecter en tant qu'homme et que femme;

5. Se définir: qui je suis?

6. Ne jamais demeurer dans un milieu qui ne nous respecte pas, pas même le mariage;

7. Être fier de soi; se trouver au moins 5 compliments à la fin de la journée;

8. Ne plus rien faire contre soi-même;

9. Prendre soin de soi sur les 4 plans (spirituel, physique, émotionnel, psychique); prêter attention à son alimentation; apprendre à gérer ses émotions; traiter ses pensées; intégrer les leçons, les expériences;

10. Ne pas attendre le bonheur des autres: se le donner soi-même. Être gentil avec soi comme si vous traitiez quelqu'un de précieux, encouragez-vous;

11. Arrêter de se critiquer, car la critique ne change rien et elle amène des changements négatifs; remplacer par des compliments, que ce soit pour les autres ou pour vous;

12. Pratiquer la visualisation et la méditation qui sont des outils merveilleux pour augmenter l'estime de soi;

13. S'affirmer, prendre sa place et ne pas avoir peur des réactions des autres;

S'affirmer veut dire:

S'affirmer c'est avoir la force morale de dire ce qu'on pense sans se préoccuper de la réaction des autres. Nous pouvons nous affirmer quand nous avons réfléchi et pensé. C'est avoir notre propre opinion dont les autres font ce qu'ils en veulent. Pour apprendre à s'aimer, on doit franchir plusieurs concepts et plusieurs croyances, mais cela en vaut la peine car il s'agit de nous-mêmes. Nous ne l'avons pas appris, mais il n'est jamais trop tard. Une personne qui ne s'affirme pas par peur de la réaction de l'autre, ne prend pas sa place et se sent toujours envahie. Au début, lorsqu'on commence à s'affirmer, la peur est présente, car elle est là pour vous empêcher de le faire, mais vous devez passer par-dessus et décider de prendre votre place.

Je vous explique une programmation que vous pouvez répéter plusieurs fois par jour, pour vous aider à apprendre à vous aimer. Lorsque vous la répétez, vous devez la ressentir à l'intérieur de vous.

* JE SUIS AMOUR ET J'EXPRIME L'AMOUR;
* JE SUIS BEAUTÉ ET J'EMBELLIS L'UNIVERS;
* JE SUIS LUMIÈRE ET J'ILLUMINE LA TERRE;
* JE SUIS VÉRITÉ ET JE PARTICIPE À L'HARMONIE.

Visualisation

Je termine ce chapitre avec deux visualisations qui vous aideront dans votre travail.

Premier exercice

1. Vous vous allongez et prenez une respiration, en vidant bien sûr vos poumons avant de commencer la respiration.

2. Vous détendez toutes les parties de votre corps et aussi tous vos muscles.

3. Vous visualisez que vous descendez un escalier de 10 marches et plus vous descendez cet escalier, plus vous vous sentez détendu et bien.

4. Par la suite, vous descendez votre conscience à l'intérieur de vous et observez comment vous vous sentez physiquement et mentalement, observez seulement. Ne changez rien.

5. Maintenant vous imaginez descendre au niveau de votre cœur, vous visualisez ouvrir beaucoup de petites fenêtres et en ouvrant celles-ci, plein de lumière et de soleil apparaissent.

6. Vous le ressentez dans tout votre corps et sentez l'amour et la force qui sont en vous.

7. Vous prenez conscience de cette grande force, vous acceptez la personne que vous êtes et de vous aimer sans
   plus jamais vous laissez tomber.

8. Vous prenez quelques instants pour faire cette prise de
   conscience.

9. À votre rythme, vous remontez les marches pour ensuite
   ouvrir vos yeux.

Cet exercice peut se faire autant de fois que vous le voulez.
Le but de cette visualisation est de prendre conscience de la
force intérieure qui nous habite.

Deuxième exercice: arbre, qui suis-je?

1. Toujours en position de détente, imaginez des arbres devant vous, choisissez-en un.

2. Examinez attentivement votre arbre, il est grand ou petit?
   (pause)

3. A-t-il plusieurs branches ou seulement quelques-unes?
   (pause)

4. À quoi ressemblent les feuilles? Sont-elles grandes, petites, longues, minces, pointues? (pause)

5. Le tronc, est-il lisse ou bien rugueux, gros ou mince?
   (pause)

6. De quelle couleur est le tronc? Brun foncé, brun pâle ou
   blanc? (pause)

7. Maintenant, projetez-vous dans votre arbre. (pause)

8. Notez ce que vous ressentez à ce moment.

9. Donnez un nom à votre arbre.

10. Tout à coup, le vent commence à souffler dans votre
    feuillage et dans vos branchages; quelle impression cela
    vous fait-il? (pause)

11. Maintenant, imaginez que vous écoutez avec les oreilles
    d'un arbre, qu'entendez-vous? (pause)

12. Regardez autour de vous avec les yeux d'un arbre, que
    voyez-vous? (pause)

13. Maintenant vous cessez d'être l'arbre en prenant une profonde inspiration, en expirant vous redevenez l'être humain que vous êtes. (pause)

14. Remarquez-vous des changements, dans vos sensations et vos sentiments, en passant de l'arbre à l'être humain? (pause)

15. Maintenant soyez pleinement vous-même et jetez un dernier regard à votre arbre, remerciez-le d'avoir coopéré avec vous dans cette expérience. (pause)

16. Éloignez-vous lentement de votre arbre et continuez à marcher jusqu'à ce que vous arriviez dans le présent. (pause)

17. Quelle sorte d'arbre avez-vous choisi? Comment était-il?

18. Comment vous sentiez-vous en tant qu'arbre?

19. Qu'est-ce que vous avez aimé le plus ou le moins?

20. En quoi l'arbre est-il comme vous: grand, petit, profondément enraciné, s'élevant vers le ciel, facile à escalader, agréable, utile, vivant, etc.?

GUIDE POUR LA SEPTIÈME ÉTAPE

- Comprendre ce qu'est l'estime de soi pour pouvoir l'augmenter et la travailler,
- Apprendre à s'aimer, chaque jour faire des choses pour soi et se respecter.
- Faire les exercices suggérés.
- *In vivo*, passer à l'action et pratiquer les situations anxiogènes.

Guérir les blessures du passé

«La personne en proie à une détresse dit des choses qui ne sont pas pertinentes, fait des choses qui se révèlent stériles, est incapable d'affronter une situation quelconque et endure de terribles émotions et qui n'ont rien à voir avec le présent.»

Harvey Jackins

Tout enfant a un besoin d'être aimé inconditionnellement. Dans la huitième étape, nous verrons comment retrouver l'enfant en soi et guérir nos blessures du passé, qui nous amènent à être en réaction, à vivre des émotions négatives et à changer la perception de notre enfance.

Le travail de l'enfant intérieur (retour vers le passé) a pour but de nous rendre davantage conscient de notre côté spirituel, de nos relations affectives, sexuelles, amoureuses, etc. C'est par l'enfant intérieur que vous arriverez à faire ces prises de conscience. Chaque partenaire dans notre vie est en contact avec l'enfant intérieur de l'autre, et même le partenaire (inconscient) a pour but de mettre en résonance votre enfant intérieur. C'est ce qui nous amène à trouver les relations de couples difficiles et même bien souvent à vouloir y mettre fin. On dit que le passé doit demeurer le passé. Je suis d'accord, sauf que lorsque nous sommes constamment en réactions, que nous vivons des émotions, des sentiments de vide, de peur, tout ceci nous vient du passé et nuit à notre présent. Pour que le passé soit véritablement derrière nous, nous devons le régler et ensuite le classer parmi les éléments du passé.

Je vous avais mentionné au début qu'il y avait beaucoup de travail à faire pour se sortir de l'agoraphobie. Mais on ne peut bâtir quelque chose sans qu'il y ait une base solide. Si la base est instable, nous devons aller la solidifier avec de la connaissance et guérir nos blessures. Ceci va nous permettre de changer nos croyances et nos perceptions.

Nous avons tous été un «nous» avant de devenir un «je» et nous avions des besoins narcissiques normaux qui étaient de se sentir aimé et d'avoir de l'importance. Lorsque ceux-ci n'étaient pas comblés, notre «je suis» s'en trouvait affecté. L'enfant intérieur qui a subi des carences affectives (narcissiques) contamine plus tard l'adulte par un grand besoin d'amour, d'attention et d'affection. Il cherchera toujours à satisfaire ce besoin qui n'a pas été comblé et sera incapable de se bâtir une estime de soi. En l'absence d'une vie intérieure saine, nous allons chercher des gratifications à l'extérieur, d'où viennent les dépendances. Lorsque l'enfant se sent victime, qu'il a vécu de la violence et des abus sexuels, cela est tellement terrifiant pour lui qu'il ne peut pas conserver son propre moi. Pour survivre à la douleur, il perd son identité et il s'identifie à l'agresseur, à l'abuseur, au parent très contrôlant et finalement à la personne qu'il redoute.

La peur de perdre le contrôle

Par mon expérience d'agoraphobe et de thérapeute, j'ai remarqué que tous les agoraphobes souffraient de la peur de perdre le contrôle. Pendant plusieurs années, je me suis posée la question suivante: Pourquoi est-ce que j'avais si peur de perdre le contrôle? Cette peur m'amenait à vouloir tout contrôler. Par exemple, dès que je me retrouvais face à l'inconnu, c'est-à-dire face à quelque chose que je n'avais jamais fait (une nouvelle route à prendre, un déménagement), c'est alors que j'intervenais avec le contrôle en ne voulant pas me plier à la situation. Je devais toujours aller vérifier avant, me rendre à l'endroit plusieurs fois pour me rassurer et avoir l'impression que je contrôlais. Je croyais toujours inconsciemment que j'étais en présence d'un danger. Le contrôle se présente aussi sous forme de résistance et de lutte, pour ne pas accepter les situations qui arrivent. Lorsque je demande aux personnes que je traite si elles contrôlent, la plupart d'entre elles me répondent par la négation, et elles en sont convaincues. Elles ne sont pas conscientes de leur tendance à contrôler parce que c'est une forme de protection. Alors pourquoi contrôle-t-on?

> *L'agoraphobie essaie de tout prévoir,*
> *anticipe les événements et*
> *est soumis au perfectionnisme.*

J'ai vérifié auprès de mes clients et j'ai noté que tous avaient des parents qui n'étaient pas dignes de confiance, des parents qui ne disaient pas toujours la vérité, des parents alcooliques, dépressifs, etc. Ainsi, l'enfant développait une profonde méfiance et percevait le monde comme un endroit dangereux, hostile et imprévisible. Ceci les a amenés à demeurer sur leurs gardes et ainsi à vouloir contrôler les situations. Inconsciemment, c'est comme s'ils se disaient: «Si je contrôle, personne ne pourra me prendre au dépourvu». C'est la raison pour laquelle l'agoraphobe essaie de tout prévoir, d'anticiper les événements et qu'il est soumis au perfectionnisme. L'agoraphobe doit toujours être à la hauteur des événements pour ne pas ressentir le sentiment d'échec ou d'incapacité. Vu qu'il ne peut compter sur les autres, il développera un contrôle qui frise la folie et il aura beaucoup de difficulté à faire confiance. **L'enfant doit s'enraciner dans la confiance**, car cela est une étape très importante.

Dès que nous apprenons à avoir confiance aux autres, nous apprenons à avoir confiance en nous, confiance en nos forces, nos perceptions, nos émotions, nos désirs, etc. Lorsqu'on comprend la raison pour laquelle on agit ainsi, c'est comme si en même temps on avait la solution. Je répète souvent à mes clients de visualiser une corde (contrôle) qu'ils tiennent et de la laisser aller. On doit alors changer notre perception face au contrôle.

Devenir conscient

> *L'âme crée ses propres conditions pour nous
> amener à être conscient de ce que nous sommes,
> c'est le KARMA.*

> *Tout ce qui nous arrive dans notre vie sert
> à nous apprendre à devenir conscient.*

Dans les chapitres précédents, j'ai beaucoup parlé des croyances et des pensées négatives. Ce chapitre, «Guérir les blessures du passé», vous amènera à prendre conscience que toutes ces pensées et ces croyances proviennent de l'enfant. Lorsque nous sommes enfants, nous n'agissons pas avec notre mental, mais beaucoup plus avec les émotions et le senti. Cela veut dire que nous gobons beaucoup de choses sans nous demander si c'est bon ou non, car enfant, nous utilisons beaucoup le plexus qui nous aide à capter les émotions. Entre 0 et 5 ans, 50 % de notre éducation est faite. Entre 5 et 12 ans, 40 % s'ajoute et il nous reste seulement un 10 % que nous allons chercher plus tard. Quel que soit l'âge, ce que nous vivons vient de notre enfance.

Tout ce qui nous arrive dans notre vie sert à nous apprendre à devenir conscient. L'âme crée ses propres conditions pour nous amener à être conscient de ce que nous sommes. C'est ce qu'on appelle aussi le KARMA ou la loi de cause à effet, le retour des choses. Nous projetons ce que nous n'avons pas accepté entre 0 et 12 ans. Par la suite, nous attirons une personne du même genre que celle que nous n'avons pas acceptée.

Bien sûr ce n'est pas évident lorsqu'on souffre, ça demande de la force morale. Notre première mission est de nous réaliser en tant qu'âme, de devenir conscient que nous sommes une âme et souvent cela passe par le petit enfant intérieur. L'agoraphobie prend ses racines dans l'enfance. On ne devient pas agoraphobe du jour au lendemain. C'est la raison pour laquelle on doit reprendre contact avec notre enfant intérieur pour guérir nos blessures.

Freud a été le premier à comprendre que nos névroses et nos troubles de personnalité sont causés par des conflits non résolus au cours de l'enfance et qui se répètent durant toute notre vie. Il nommait ce besoin de répéter certaines expériences passées «la compulsion de répétition».

> *C'est notre enfant qui a organisé nos expériences*
> *pour justement guérir les blessures du passé.*

La grande thérapeute Alice Miller l'appelle «la logique de l'absurdité» et nous pouvons la saisir lorsque nous comprenons comment nos racines profondes agissent sur notre perception de la vie. Pour mieux la comprendre, imaginez que vous portez des verres fumés. Si vos lentilles sont vertes, le monde vous semble vert et si elles sont brunes, la vie vous semble brune. Si nous désirons transformer notre vie, nous devons modifier la perception de nos expériences pour ainsi changer nos lunettes. Pour changer une veille émotion, on doit changer la perception car c'est notre enfant qui a organisé nos expériences pour justement guérir les blessures du passé.

La croyance magique

John Bradshaw, dans son livre «Retrouver l'enfant en soi», parle de «croyance magique». Il explique que les enfants sont imprégnés d'une certaine magie qui consiste à croire que certains mots, gestes ou comportements ont le pouvoir de transformer la réalité. Je me rappelle que ma mère m'avait dit, dans mon jeune âge, que son grand-père était mort d'avoir mangé des bananes avant de se coucher. Vous imaginez bien sûr que je n'ai jamais mangé de bananes avant de me coucher. Je croyais que c'était vrai et le pire c'est que même plus tard à l'âge adulte, j'avais peur de manger des bananes. Tout ceci pour expliquer que si vos parents étaient perturbés et qu'ils vous disaient que vous étiez directement responsables des sentiments de quelqu'un d'autre, songez à la portée de cette affirmation. On vous a ainsi inculqué un mode de pensée magique.

Sentiment de vide intérieur

La dépendance et la compulsion viennent de l'enfant intérieur blessé. On cherche alors à combler un vide ou à compenser un abandon (qui représente une mort) par l'alcool ou par la relation affective. Ce vide que beaucoup de personnes ressentent, et ne savent pas comment remplir, vient de l'enfance où l'enfant a été obligé d'adopter un faux-moi et de laisser son vrai moi derrière lui. Cet abandon du vrai moi crée inévitablement un vide intérieur. Lorsqu'une personne perd ainsi son moi authentique, elle n'est plus en contact avec ses vrais sentiments, ses besoins et ses désirs. Ce qu'elle ressent, ce sont les sentiments et les exigences du faux-moi (qui lui ont été inculqués) qui la conduiront à être tout le contraire de sa véritable essence. Vivre un faux-moi c'est comme porter un masque sans jamais montrer qui nous sommes.

Le fait de se sentir vide, comme la plupart des agoraphobes, amène une forme de dépression chronique, puisqu'on ressent constamment la perte du vrai moi. Elle peut se traduire par la vie qui nous semble irréelle, comme si nous ne faisions pas partie du monde. Beaucoup d'agoraphobes ressentent ce sentiment d'irréalité. Je me suis longuement attardée sur ce sentiment qui me faisait peur. Je ne comprenais pas pourquoi j'avais cette sensation, je croyais que j'étais en train de devenir folle. Aujourd'hui, je le comprends très bien. En guérissant les blessures de mon enfant et en reprenant contact avec mon vrai moi, j'ai pu éliminer ce sentiment si terrifiant qu'était le sentiment d'irréalité ainsi que le vide en moi qui se traduisait par la perte de mon identité. Le sentiment de vide provient d'un espace où il n'y a pas d'éléments de la personne, uniquement du faux. Donc il est normal de se sentir vide. Il doit y avoir du vrai à l'intérieur de nous.

Il est important de comprendre qu'un enfant ne pense pas comme un adulte. Pour lui, la pensée se manifeste par la polarité du tout ou du rien. Par exemple, ma mère me critique donc elle ne m'aime pas; si mon père m'abandonne, tous les hommes vont m'abandonner aussi. Il n'y a pas d'entre-deux. Les enfants ne sont pas logiques. Ils n'utilisent presque pas leur mental (intellect). S'ils se sentent coupables, ils se disent que la réalité doit être comme cela. Lorsque j'étais enfant, je ressentais beaucoup les problèmes de mes parents et je croyais que la vie était ainsi. Pendant plusieurs années il y avait toujours une forme d'image mémoire qui me revenait souvent. Je me voyais à l'extérieur avec mes parents. Il faisait beau, il y avait beaucoup de monde et je me sentais envahie, écrasée, très angoissée. À ce moment-là, j'avais déjà le sentiment d'irréalité.

J'avais peur et la vie me terrifiait. Mais ce que je ressentais finalement, c'était les problèmes de mes parents. Puisque je n'avais pas confiance en eux, je me sentais seule et abandonnée et je voulais mourir pour ne plus ressentir ce sentiment. À ce moment-là, je n'avais que 7 ans. Quand j'ai compris la raison de ce sentiment, je venais de trouver la clé de ma guérison, car j'étais allée à la racine de mon mal de vivre.

La honte au cœur de l'enfant

Le sentiment de ne pas être à la hauteur est pire que le sentiment de culpabilité. La culpabilité provient de la croyance qu'on a fait quelque chose de mal ou du sentiment d'être responsable des autres. Donc, on peut la changer en modifiant sa croyance, tandis que le sentiment de honte toxique donne le sentiment que quelque chose cloche en soi-même et qu'on n'y peut rien. On se sent insuffisant et cette honte est au cœur de l'enfant blessé. Afin de guérir nos émotions intoxiquées par la honte, nous devons sortir de notre cachette et faire confiance à la vie, se faire confiance et faire confiance aux autres.

Comment retrouver et guérir l'enfant intérieur blessé

Pour retrouver l'enfant en soi, nous devons repasser tous les stades de notre développement et terminer le travail qui est demeuré inachevé. Vous devez vous donner cette éducation. On doit redonner l'amour à une situation où vous avez interprété un manque d'amour. Il y a très peu de parents qui n'aiment pas leurs enfants. On doit faire attention, car on peut être porté à penser que tout est réglé et compris, mais cela est fait avec la tête et non avec le cœur. Pour entrer en contact avec nos anciennes blessures, nous devons laisser tomber nos défenses et éprouver de nouveau les toutes premières émotions refoulées. C'est cette voie qui amène une transformation et une guérison.

La première souffrance est tissée de conflits non résolus, dont l'énergie est demeurée à l'intérieur du corps et qui se traduit plus tard par des malaises et des maladies. Je dirais même que c'est le premier mensonge qu'on se fait et auquel on continue de croire plus tard. L'enfant est en résonance avec l'enfant intérieur des parents. Par exemple, si l'enfant vit de la diarrhée, il faut aller voir ce que les parents rejettent. Attention, ce n'est pas la faute des parents. Les parents et les enfants ont les mêmes conflits. Si je guéris ma blessure, je n'aurai plus la même énergie, donc mon enfant ne ressentira plus la même chose. Pour en revenir aux blessures, elles empêchent la personne d'être vraiment elle-même et libre. L'agoraphobe ne veut pas ressentir les peurs qui se cachent derrière et c'est ce qui amène ses symptômes. Ces peurs sont la peur de l'abandon (dépendance), du rejet (fuite), de l'humiliation (sentiment de ne pas être à la hauteur), de la trahison (contrôle), de l'injustice (culpabilité). Ce sont ces blessures que vous devez guérir pour vous libérer de l'agoraphobie. On parle de blessures non guéries lorsque qu'il y a eu une non-acceptation de l'expérience et de soi. Il n'y a pas pardon face à la personne ni face à soi-même. L'expérience ne peut être comprise ni intégrée de cette façon.

Les vraies peurs qui se cachent derrière les symptômes

Le rejet

Le rejet est une blessure profonde qui se situe au niveau de l'être. Elle se ressent sous une impression qu'a la personne de ne pas avoir de place et de ne pas avoir le droit d'exister. La personne se sent régulièrement rejetée, comme si on ne voulait pas ou plus d'elle, qu'elle n'était plus bonne. Ce sentiment amène la panique et la fuite lorsqu'il est ressenti. Pour avoir vécu moi-même cette blessure, lorsque je ressentais le rejet, je voulais m'effacer, me faire très petite, ce qui expliquait mon corps très mince. Je me sentais régulièrement rejetée et j'étais convaincue que je n'avais pas de place. Cela m'amenait à vivre beaucoup de panique et à fuir la réalité. Ce sentiment est une blessure qu'on doit guérir, pour arrêter de fuir et d'avoir des symptômes, et aussi pour entretenir des relations.

L'abandon

L'abandon est différent du rejet. Cette blessure se situe au niveau de l'avoir et du faire. La personne se sent toute seule et elle redoute beaucoup la solitude. Même s'il y a beaucoup de gens pour s'occuper d'elle, elle n'en a jamais assez, donc elle deviendra très dépendante et exigeante. C'est aussi une personne qui dramatise énormément, qui se sent victime et qui vit souvent des hauts et des bas, car elle est très émotive. Elle a une très grande peur des changements et de la mort. Chez l'agoraphobe, on retrouve ces deux peurs.

L'humiliation

L'humiliation c'est se sentir rabaissé, sentir la honte, avoir le sentiment de ne pas être à la hauteur, être incapable. Qu'est-ce que les autres vont dire ou penser? Ainsi la personne en fera beaucoup pour les autres, en se passant en dernier, en s'oubliant et en n'ayant plus de temps pour elle. Elle se placera toujours dans des situations où les autres prendront beaucoup de son temps et de son énergie. Elle critique beaucoup les autres, mais déteste se faire critiquer, surtout si elle le ressent comme de l'humiliation. Elle se punira lorsqu'elle ressentira qu'elle n'est pas une bonne personne.

La trahison

La trahison est un sentiment qui vient nous faire croire qu'une personne ou que la vie nous a été infidèle et a manqué à son engagement envers nous. Il n'y a plus de confiance. La personne sera portée à ressentir tout ce qui lui arrivera comme étant de la trahison. Pour ne pas ressentir ce sentiment, la personne contrôlera tout et sera portée à tout prévoir pour ne pas perdre le contrôle. C'est une personne qui paraît extrêmement forte, solide et sûr d'elle, comme si rien ne pouvait lui arriver. Ce qui lui fait le plus peur, c'est de se faire renier et de perdre la raison à cause de son grand contrôle.

L'injustice

L'injustice sera ressentie comme un manque de respect. La personne ne se sent pas appréciée à sa juste valeur, elle n'a pas ce qu'elle mérite. Pour ne pas ressentir ce sentiment, elle bloquera son plexus. La peur de se tromper est très forte et cette personne sera très exigeante et rigide envers elle-même, ce qui l'amènera à vivre beaucoup d'épuisement physique et mental. Elle est coupée de sa capacité de ressentir. La culpabilité étant très forte, elle sera portée à se justifier constamment pour avoir raison et donner l'impression qu'on peut lui faire confiance.

Vous venez de voir les vraies peurs qui se cachent derrière les symptômes d'agoraphobie. Pour guérir ces blessures, vous devez en prendre conscience, ne pas vous juger et tout simplement l'accepter. Il est aussi important de prendre conscience que ce n'est pas la blessure qui amène la souffrance, mais la réaction face à cette blessure. Les symptômes de l'agoraphobie sont là pour ne pas ressentir ces peurs. Par contre ces blessures ne sont pas causées par les parents ou d'autres personnes. Ce sont des blessures que vous portez en vous, je dirais même dès la naissance.

Lorsque vous ressentez le rejet, c'est un signe que vous vous rejetez, c'est la même chose pour l'abandon, l'humiliation, la trahison, et l'injustice. Chaque fois que vous les ressentez, vous nourrissez encore votre blessure. C'est vous qui les ressentez, donc cela provient de vous, les autres ne font que peser sur le bouton qui déclenche ces blessures au plus profond de vous.

Lettres

La deuxième étape pour guérir ses blessures consiste à écrire des lettres qui doivent être lues à voix haute et saccadée (décortiquée). Vous devez les lire lentement, car ainsi la technique agit au niveau du cœur; si vous les lisez rapidement, ça agit au niveau du mental. Vous les lisez jusqu'à ce qu'il n'y ait plus d'émotions. Ensuite, vous faites la méditation en état de détente.

Reprenez contact avec le nourrisson

Lettre

Vous allez écrire une lettre de la part de votre nouveau-né. Vous allez l'écrire de la main dont vous ne vous servez jamais pour écrire. Si vous êtes droitier, vous l'écrivez de la main gauche et si vous êtes gaucher, vous l'écrivez de la main droite. Donc, vous allez imaginer que c'est le nouveau-né en vous qui vous écrit. Qu'a-t-il le goût de vous dire?

« Chère Nathalie,

Vite, viens me prendre dans tes bras pour que je sente que je ne suis pas seule.

Petite Nathalie. »

Méditation

Vous vous allongez et vous fermez les yeux. Vous décroisez vos bras, vos jambes et vous prenez une inspiration tout en expirant les tensions et le stress accumulés. Vous commencez par détendre les muscles du cou, les yeux, les paupières, la mâchoire, les épaules, les bras, le dos, le bassin, les jambes et les pieds. Vous reprenez 3 respirations calmes et lentes et vous prenez conscience de votre corps et de votre état d'être. Vous visualisez que vous descendez 10 marches et qu'au pied des marches vous vous retrouvez dans votre enfance. Imaginez ou rappelez-vous la maison où vivait votre famille, lorsque vous êtes né. Imaginez la chambre où vous dormiez, visualisez-vous dans un petit lit. Écoutez les sons, vos pleurs, vos rires et prenez ce petit bébé dans vos bras et serrez-le contre vous. Imaginez maintenant votre moi d'adulte qui serre ce petit bébé vous dire cette affirmation:

«Tu es le bienvenu dans ce monde, je t'attendais.
Je suis si heureux que tu sois là.
Je t'aime exactement tel que tu es.
Je ne te quitterai plus jamais.
Je suis si heureux que tu sois un garçon ou une fille.»

Maintenant vous allez ressentir et éprouver les sentiments qui montent en vous, vous allez les accueillir et les laisser s'exprimer. Par la suite, vous allez reprendre contact avec votre moi adulte et tranquillement revenir dans le temps présent.

Reprenez contact avec le bambin
Lettre

Vous allez écrire une lettre, cette fois-ci dictée de votre bambin intérieur.

«Chère Nathalie,

Je n'en peux plus de cette souffrance et de ce sentiment de vide, viens me chercher et sors-moi de là.

Petite Nathalie»

Méditation

Imaginez que vous sortez de cette maison, que vous voyez un petit bambin qui s'amuse dans un carré de sable, remarquez quelle est la couleur de ses yeux, de ses cheveux, comment il est habillé, parlez-lui, dites-lui ce que vous avez envie de lui dire. Comment vous sentez-vous d'être ce petit enfant? Maintenant, imaginez votre moi adulte prendre le petit enfant et l'asseoir sur ses genoux. Prenez conscience que vous venez de retrouver votre moi enfant et savourez ce sentiment de retour et la certitude que plus jamais vous ne le quitterez.

Reprenez contact avec l'enfant d'âge préscolaire

Lettres

Pour cette étape, vous devez écrire trois lettres. La première sera de votre moi d'adulte à votre jeune enfant intérieur blessé. Vous lui faites part de votre désir d'être avec lui et de le guider, de lui donner de l'attention, etc. La deuxième viendra de votre jeune enfant et sera adressée à vos parents, avec 2 paragraphes, un pour votre père et l'autre pour votre mère.

Petite Nathalie,

Je sais que je t'ai laissée tomber, mais à partir d'aujourd'hui je serai toujours auprès de toi, je comprends ta souffrance, mais vois-tu lorsqu'on est un enfant, on n'a pas la faculté de comprendre ni d'analyser. Par contre tu avais le droit, et c'est normal, d'avoir ressenti de la colère et de la haine.

Grande Nathalie»

«Chers maman et papa,

Papa, j'aurais tellement aimé que tu me parles et que tu prennes du temps pour moi, que tu me félicites, etc.

Maman, j'avais tellement besoin d'une mère qui me complimentes, qui me rassures, etc.»

Et la troisième lettre sera la réponse de votre grand moi.

Reprenez contact avec l'enfant d'âge scolaire
Lettre

Écrire une lettre à votre enfant d'âge scolaire.

«Petite Nathalie,

Arrête de vouloir performer, c'est normal de sentir l'inconnu et c'est de cette façon que tu apprends.

Petite Nathalie»

Méditation

Visualisez-vous dans la maison familiale. Rappelez-vous votre tout premier jour d'école. Aviez-vous peur d'y aller? Quels étaient vos sentiments? Rappelez-vous ensuite votre deuxième année, votre troisième année, etc. Écoutez la voix de votre grand moi vous rassurer, vous dire des choses chaleureuses, ensuite revenez dans le temps présent.

Reprenez contact avec l'adolescent
Lettre

Pour guérir votre adolescent, vous devez rassembler tous vos enfants intérieurs, écrire une longue lettre et faire la méditation. C'est votre adolescent qui écrit la lettre.

« Grande Nathalie,

Je me trouvais tellement maigre, pas belle, et surtout je ne m'aimais pas. Je faisais rire de moi car j'étais grande et mon nom Jean amenait beaucoup de farces ridicules.

*J'avais en moi un grand besoin d'amour, je me sentais re-
jetée, abandonnée, toute seule et j'avais peur de la vie
d'adulte.*

Nathalie»

Méditation

- Fermez les yeux et concentrez-vous sur votre respiration.
  Détendez toutes les parties de votre corps.

- Inspirez en comptant jusqu'à 4, retenez votre souffle pendant quatre temps et expirez en comptant jusqu'à 8. Répétez cela plusieurs fois. Inspirez en comptant jusqu'à 4,
  retenez votre souffle pendant quatre temps et expirez en
  comptant jusqu'à 16. Respirez en comptant jusqu'à 4, retenez votre souffle pendant quatre temps et expirez en
  comptant jusqu'à 32. Faites cela trois fois.

- Reprenez maintenant votre respiration normale. Concentrez-vous sur le chiffre 3 pendant que vous expirez.
  Voyez-le, tracez-le avec vos doigts ou entendez mentalement le mot trois. Faites la même chose avec le chiffre 2 et
  ensuite avec le chiffre 1.

- Maintenant vous voyez le chiffre 1 se transformer en une
  porte. Vous l'ouvrez et vous vous engagez dans un long
  corridor avec des portes des deux côtés. Vous ouvrez une
  porte et il y a un escalier de 10 marches, vous descendez
  l'escalier et au pied de l'escalier il y a un banc, vous vous
  assoyez et en face de vous il y a un ascenseur. Dans cet ascenseur un de vos parents est là, peut-être votre mère ou
  votre père. Vous l'invitez à s'asseoir à vos côtés. En face de
  vous, il y a un grand écran. Vous et votre parent le regardez
  comme si un film y était projeté, vous revoyez toutes les
  étapes de votre enfance avec ce parent. Revoyez votre
  maison, là où vous avez habité, voyez-vous bébé, enfant,
  adolescent, comment vous étiez. Laissez monter en vous
  les sentiments, ne les retenez pas et exprimez-les à votre
  parent. Dites-lui au fur et à mesure ce que vous ressentez,
  et écoutez sa réponse, ce qu'il a à vous dire. Faites cela jusqu'à ce qu'il n'y ait plus de scène sur l'écran. Prenez par la
  suite ce parent dans vos bras et ressentez la paix. Par la

suite, vous visualisez qu'entre lui et vous il y a un cordon qui vous relie, coupez ce cordon et redonnez la liberté à votre parent, cela ne veut pas dire de couper les liens, au contraire vous vous détachez de tout ce qui est négatif. Ensuite laissez partir votre parent dans l'ascenseur.

- Maintenant vous allez voir votre autre parent qui descend dans l'ascenseur. Vous faites le même processus avec ce parent. Vous pouvez le faire avec d'autres personnes qui vont ont marqué aussi. Le but est de guérir vos blessures du passé. Je vous suggère de lire ce texte et de l'enregistrer sur cassette pour que vous soyez plus concentré. J'ai remarqué que plusieurs personnes avaient besoin de le faire plusieurs fois avant d'arriver à ressentir le détachement et la paix. Donc vous le faites autant de fois que vous en avez de besoin.

- Vous remontez les 10 marches et tranquillement vous revenez dans le temps présent.

Vous venez de vous faire un magnifique cadeau. Votre vie s'en trouvera changée et pour le mieux. Vous venez de remettre tout à sa place et de vous donner la liberté d'être, en unifiant tous les stades de l'enfant intérieur. Si nous ne réglons pas les blessures de l'enfant intérieur, nous passons notre vie à nous chercher et à être en réaction avec nos situations du passé. J'ai passé une partie de ma vie à vivre chaque jour le passé, je ne savais pas que j'étais toujours en réaction. J'en voulais énormément à mes parents de l'enfance que j'avais vécue. Lorsque je fis ce travail, je pris conscience de beaucoup de choses dont la plus importante fut qu'il n'y avait pas de coupable, nous étions tous responsables de notre vie et si j'avais à apprendre à vivre, à m'aimer, je ne pouvais pas avoir de parents mieux que les miens. Je dis souvent dans mes ateliers, que pour apprendre par exemple à se défaire de la jalousie on doit vivre avec un conjoint qui est macho. Donc mes parents étaient parfaits pour ma leçon. Prenez votre temps avant de compléter cette étape, car elle demande beaucoup d'intégration et de lâcher prise.

Vous pourrez vérifier la guérison de vos blessures lorsque pour le sentiment de rejet vous serez capable de prendre votre place, de vous affirmer, de ne plus avoir peur de faire des paniques, de fuir et de vous rejeter. Pour l'abandon, vous serez sur le chemin de la guérison lorsque vous serez bien seul, que vous ne chercherez plus l'attention, que vous ne dramatiserez plus, que vous ne vous laisserez plus tomber et que vous ne serez plus dépendant. L'humiliation sera guérie lorsque que vous prendrez le temps de vérifier vos besoins avant de dire oui ou non, sans vous sentir abaissé, que vous en prendrez moins sur vos épaules et que vous serez capable de demander des services aux autres. La trahison sera résolue lorsque vous serez capable d'accepter que vos plans sont changés, que les choses ne se passent pas comme vous les aviez prévues et que cela ne viendra pas vous chercher d'émotions. Si vous acceptez ne plus être le centre d'intérêt pour les autres, d'être fier de vous même si personne ne le reconnaît, alors vous serez sur le bon chemin. Le sentiment de trahison sera guéri lorsque le sentiment de culpabilité ne viendra plus vous troubler, que vous arrêterez d'être soumis au perfectionnisme, d'être capable de faire des erreurs sans ressentir de la frustration ni de colère, de vivre les émotions et de vous permettre de pleurer. Surtout vous ne vivrez plus de symptôme d'agoraphobie.

GUIDE POUR LA HUITIÈME ÉTAPE

- Le but de la huitième étape est de vous amener à guérir les blessures du passé et à vous libérer de tout ce qui amène les symptômes de l'agoraphobie.

- Prenez conscience du contrôle que vous utilisez dans votre vie et de quelle façon vous contrôlez. Faites une liste de tout ce que vous faites pour contrôler. Travaillez ensuite à ne plus contrôler, utilisez les outils, la prise de conscience et relisez plusieurs fois le texte.

- Prenez contact avec votre enfant intérieur. Écrivez les lettres et faites les exercices de méditation.

- Guérissez les blessures du passé, trouvez les sentiments qui sont en vous et qui vous font mal. Travaillez-les un à la fois pour ne pas vous décourager.

- *In vivo*, passez à l'action de ce que vous avez appris et pratiquez toujours les situations anxiogènes.

Comprendre le langage du corps

Au cours de la neuvième étape, vous apprendrez le fonctionnement de votre corps et de votre cerveau, par les malaises et les maladies. Vous apprendrez à utiliser votre énergie pour vous autoguérir. Cette étape vous amènera à prendre la responsabilité de votre vie et à obtenir le contrôle de soi, par la connaissance du langage du corps.

Qu'est-ce que le langage du corps ?

Le langage du corps a pour but d'apprendre à nous connaître par la pensée et les croyances qui ne sont pas en harmonie avec notre être. Nous apprenons aussi à comprendre le fonctionnement du corps et ses réactions.

Lorsque nous sommes en présence de symptômes dans notre corps, c'est comme si par le malaise celui-ci venait nous parler. Il vient nous dire que la perception (pensée) que nous avons n'est pas bénéfique pour nous et n'est pas bonne, donc pas vraie.

> *Le corps humain n'est jamais malade.*
> *Ce sont les pensées qui installent la maladie*
> *et les malaises dans notre corps.*

Le corps humain n'est jamais malade. Ce qui amène la maladie, ce sont les pensées qui habitent le cerveau. Plus nous devenons conscients de notre façon d'agir et de penser, plus nous réalisons le lien qui existe entre la maladie et la pensée.

Pendant les années où j'étais agoraphobe, je vivais régulièrement des malaises et des maladies. Je crois que pas une seule
partie de mon corps n'a pas été touchée. J'allais voir le médecin
pour avoir un diagnostic et une médication, mais dès que la
médication ne faisait plus effet, le malaise ou la maladie se pro-
pageait à un autre endroit suite à mon manque de compréhension et ma réaction par rapport à la maladie. Je vivais toujours
dans le combat d'une maladie à l'autre. Un jour, j'ai pris conscience que ma pensée avait un lien direct avec mes malaises.
La personne qui contrôle mon cerveau, c'est moi! Donc si je
veux que mon corps soit en santé, je dois tout d'abord retrouver
cette santé au niveau de ma pensée.

> *Quand nous élevons notre conscience*
> *pour aller comprendre ce qui est le plus près de nous,*
> *notre corps, nous nous donnons un pouvoir*
> *pour toute notre vie.*

Quand j'étais toute petite et que je voyais des gens souffrir, je
me disais qu'ils n'étaient pas chanceux et que c'était injuste.
Aujourd'hui, je comprends que ces gens avaient des pensées
négatives et des émotions mal gérées. Quand nous élevons
notre conscience pour aller comprendre ce qui est le plus près
de nous, notre corps, nous nous donnons un pouvoir pour toute
notre vie. Ce pouvoir est donné à tout le monde. Je vous suggère de lire le livre de Claude Martel, «Le dictionnaire des malaises et des maladies», ainsi que celui de Claudia Rainville, «La
métamédecine, guérison à votre portée». Ce sont des livres
qu'on conserve toute sa vie comme référence pour nous mettre
sur la piste de la pensée qui n'est pas en harmonie.

Le corps humain

Le corps humain est une merveille et on se doit de connaître
son fonctionnement qui est très simple. Tout d'abord, nous
sommes constitués de cellules qui sont les plus petites parties
de matière autonome. La cellule ne meurt jamais, elle se régé-
nère continuellement tous les 28 jours pour la peau, tous les
60 jours pour le foie, tous les 120 jours pour les os et tous les 2 à
4 jours pour l'intestin.

Plusieurs cellules forment le tissu, plusieurs tissus forment un organe (foie, rein), plusieurs organes forment un système et tout le système donne l'organisme au complet. Nous avons les systèmes digestif, respiratoire, circulatoire, musculaire, nerveux, osseux, cardiaque, reproducteur, locomoteur et rénal. Chaque système doit être en harmonie avec notre pensée. S'il ne l'est pas, ledit système s'en trouve perturbé donc malade.

Comment arrive-t-on à avoir des malaises et des maladies?

Les travaux du Dr Hammer sont très intéressants. Toutes ses recherches ont été prouvées scientifiquement. D'ailleurs, ce qui a amené ce médecin à pousser ses recherches dans ce sens, c'est le décès de son fils. On diagnostiqua chez le Dr Hammer un cancer des testicules, peu de temps après ce tragique événement. Suite à ce diagnostic, le Dr Hammer fit un «scanner» de son cerveau et il s'est aperçu qu'un groupe de neurones touchant les testicules avaient, disons, la même anomalie. Il était convaincu que son cancer, qui arrivait si subitement après le décès de son fils, avait un lien avec cet évènement, car juste avant il était en parfaite santé. Par la suite, il continua ses recherches sur plusieurs hommes vivant cette même forme de cancer et il découvrit que tous avaient la même anomalie au niveau des neurones reliés aux testicules. Il remarqua aussi que tous ces hommes avaient vécu la perte d'un enfant, soit par décès ou soit par séparation. Inconsciemment le Dr Hammer vivait la perte de son fils comme une rupture de continuité. Pour lui tout s'arrêtait là. Donc son cerveau a fabriqué une masse pour créer un cancer puisqu'il y avait un manque au niveau de la continuité (selon son senti). Les neurones ne peuvent pas faire de différence entre ce qui est bon ou non pour la personne. Ils répondent à un ordre, commandé surtout par le senti.

Suite à ses recherches, il guérit de son cancer en travaillant sur son émotion et en modifiant sa pensée. Il continua ses recherches sur 2800 femmes atteintes du cancer du sein droit. Encore là, toujours un même groupe de neurones étaient touchés. Pour le cancer du sein droit, la femme se dit inconsciemment qu'elle n'est pas capable de nourrir son enfant (cela peut concerner un homme aussi, car c'est le côté maternel). Elle code ainsi son cerveau et ses neurones. Ils vont créer plus de cellules, donc une masse. Par cette masse, son corps lui dit qu'elle doit changer sa perception car elle n'a pas besoin de vouloir nourrir autant son enfant, c'est-à-dire de se sentir responsable comme elle le pense. Elle devra ainsi en prendre conscience et changer sa perception pour retrouver la santé au niveau du sein.

Par ce travail, le Dr Hammer nous démontre comment fonctionne notre cerveau. Notre cerveau a 4 façons de réagir:

- Il fait des masses (cancer);
- Il fait des trous (ulcères, os);
- Il fait des blocages (diabète, paralysie, etc.);
- Il fait des déblocages (maladie de Parkinson).

Chaque cellule de notre corps réagit comme nous pensons. N'oubliez jamais que le cerveau ne fait pas la différence entre digérer une patate ou digérer une personne, c'est la raison du grand nombre d'ulcères d'estomac et de problèmes de digestion. Si les gens étaient beaucoup plus conscients de leur corps, il y aurait beaucoup moins de personnes malades, car chaque individu prendrait la responsabilité de ce qu'il vit et gérerait ainsi ses émotions qui sont vraiment la clé d'une bonne santé. Il n'y a pas que les travaux du docteur Hammer qui permettent cette conclusion. D'autres ont écrit sur le sujet et ont fait des recherches, entre autre Salomon Salam, (origine et prévention des maladies), Claude Sabbah, Marc Frechet, et bien d'autres. Tous ces chercheurs expliquent le rapport entre le cerveau, les pensées, les émotions et les maladies.

Pour en revenir à notre organisme, dès qu'il y a perturbation, il y a conflit entre notre pensée et les lois naturelles du corps:

- **FOIE:** L'organe qui représente la colère. Elle se vivra comme un état de manque, soit d'argent, d'amour, de sécurité, etc. Cela amènera de la frustration, de la jalousie et de l'agressivité.
- **INTESTIN:** L'organe de la parole. Je retiens les événement de la vie (constipation) ou je rejette les événements (diarrhée). Finalement c'est l'assimilation des situations.

- **OS:** Il concerne la valeur de la personne. C'est la structure, la charpente sur laquelle mon être entier est construit. Ce qui touchera les os, c'est la dévalorisation de soi.

- **RESPIRATOIRE:** Respirer la vie, faire confiance. Quand il y a problème, cela dénote une personne qui se sent étouffée par la vie et qui a peur.

- **MUSCULAIRE:** Ce système est contrôlé par la force mentale, la puissance et la résistance de nos os. C'est le reflet de ce que nous sommes, ce que nous croyons et nous pensons devenir dans la vie.

- **DIGESTIF:** Les événements que je vais digérer et accepter, en un mot c'est l'acceptation des choses, des gens et des situations.

- **CIRCULATION:** C'est le sang qui circule dans nos veines. Donc un problème au niveau de la circulation a un lien avec la joie de vivre.

- **CARDIAQUE:** Il représente ma capacité à aimer, la joie, la vitalité et la sécurité. Ceux qui font des infarctus sont des personnes qui prennent tout à cœur et qui critiquent beaucoup.

- **NERVEUX:** Les nerfs sont comme le système électrique de mon corps. Si mes circuits sont surchargés parce qu'il y a trop de tensions, cela affecte le fonctionnement de tout mon organisme.

Tout ceci nous amène à comprendre comment fonctionne notre cerveau, et par le fait même, nous apprend à traiter nos malaises et nos maladies.

Je vais vous donner un truc pour comprendre vos malaises, posez-vous la question suivante:

«À quoi sert la partie touchée?», par exemple:

- Les oreilles servent à entendre, «Qu'est-ce que je ne suis plus capable d'entendre?»

- Les épaules servent à supporter, «Qu'est-ce que je ne suis plus capable de supporter?»

Cela vous mettra sur des pistes pour trouver votre pensée inadéquate.

Le langage du corps pour l'agoraphobe

On le sait, l'agoraphobe vit beaucoup de symptômes dans son corps. Nous ne pouvons combattre les symptômes, mais nous pouvons du moins les comprendre pour ainsi les éliminer. J'avais beaucoup de symptômes dans mes années d'agoraphobie, mais dès que j'ai compris que la pensée était reliée aux malaises, j'éliminais immédiatement le symptôme. À ma naissance, je pleurais des journées entières car j'avais des douleurs aux oreilles (otites). J'ai vécu cette situation jusqu'à l'âge de 18 ans, subissant 13 opérations. Lorsque je suis partie de la maison, les douleurs se sont arrêtées. À ce moment-là, je ne savais pas que la cause de mes maux d'oreille étaient reliés à ce que je ne pouvais plus entendre. Mes parents se disputaient presque tous les jours et inconsciemment, je ne voulais plus les entendre. J'ai créé une douleur et une surdité pour me protéger. Lorsque je suis partie de la maison et qu'en même temps mes douleurs sont disparues, j'en ai pris conscience et par la suite je n'ai plus jamais eu de troubles reliés aux oreilles. J'ai réglé toutes mes maladies de cette façon, car ainsi je travaillais directement sur la cause.

Je vous explique comment composer avec ces symptômes qui sont si terrifiants, mais pas dangereux. La technique que je vous propose est très simple et efficace. Lorsque vous serez en présence de symptômes, vous vous poserez ces questions et vous serez émerveillé de constater que cela fonctionne très bien.

*   **ÉTOURDISSEMENTS:** Dès que vous ressentez ce symptôme, posez-vous la question: «*Qu'est-ce que je ne veux pas voir ou que j'ai peur d'affronter?*» et vous remplacez par: «*J'avance et j'affronte la situation ou la personne*». Les symptômes que vous ressentez dans votre corps ne trompent jamais car ils sont en résonance avec une pensée qui n'est pas bonne. Votre corps exprime par le symptôme ce que vous pensez à l'instant même.

*   **PALPITATIONS:** Une peur profonde de perdre ou de ne pas avoir l'amour dont j'ai tant besoin. Les palpitations surviennent aussi lorsque vous êtes en présence d'une émotion forte, comme la peur. Vous devez à ce moment

vous dire que cela est une illusion, vous répéter *«Je suis calme»* et prendre de bonnes respirations.

• **PEUR DE PERDRE CONNAISSANCE:** Lorsque vous êtes en présence de cette peur, vous devez prendre conscience que vous voulez fuir la situation et ainsi si vous perdez connaissance, vous ne verrez pas ce qui arrive. Donc vous pouvez vous poser la question suivante: *«Qu'est-ce que je veux fuir?»*, et accepter la situation. La personne se sent impuissante devant la situation et elle doit la remplacer par *«acceptation»* et la conviction qu'elle a tout à l'intérieur d'elle.

• **VERTIGES:** La personne a l'impression de perdre pied, de manquer d'équilibre. Elle vit dans l'angoisse de prendre une décision. En présence de ce symptôme, la personne doit changer sa notion d'une vie ou d'une personne équilibrée. Finalement elle n'écoute pas ses vrais besoins.

• **NAUSÉES:** La personne se sent menacée par un événement ou par quelqu'un. Elle s'apprête à rejeter. Donc elle doit plutôt prendre conscience qu'elle dramatise et au lieu de vouloir rejeter, elle doit prendre cette situation, l'accueillir et changer sa perception face à la vie.

• **SENTIMENT D'ÉTOUFFER:** La personne se sent prise, dans ses pensées. Elle doit se dire mentalement *«Je reprends le pouvoir que j'ai donné aux situations ou aux personnes. Je reprends ma liberté et j'accepte de changer ma façon de voir»*. Je me rappelle que mon plus gros symptôme était une très grande peur d'étouffer et que j'allais chercher mon air continuellement, ce qui m'amenait à faire de l'hyperventilation. Lorsque j'ai compris que finalement je me sentais prise dans ma façon de penser et que je donnais du pouvoir aux autres, le sentiment d'étouffer a disparu.

• **CHALEURS:** Les bouffées de chaleur représentent de la culpabilité face à l'amour relié à un sentiment d'estime de soi. Quand la personne ressent ces chaleurs, elle doit prendre conscience si elle n'est pas en train de se culpabiliser. Ensuite, elle le remplace par l'amour de soi et le respect.

• **JAMBES MOLLES:** Peur d'avancer dans la situation, je remplace par *«J'avance et je fais confiance»*.

- **GORGE:** Serrements, la personne s'empêche de dire ou de faire ce qu'elle voudrait. Sa créativité est touchée. Elle ressent comme une anxiété ou une angoisse. La personne doit la remplacer par *«Je m'exprime et j'accepte de faire ce que je veux»*.

- **PEUR D'AVALER:** *«Qu'est-ce qui ne passe pas, qu'est-ce que je ne peux avaler?»*

- **ENGOURDISSEMENTS:** La personne ne veut pas sentir ses émotions. Elle doit se poser la question *«Qu'est-ce que je ne veux pas sentir?»*.

- **ESTOMAC:** Digestion, *«Qu'est-ce que je ne digère pas?»*

- **MAUX DE TÊTE:** La personne cherche à comprendre ou se casse la tête, elle doit donc laisser aller.

- **TREMBLEMENTS:** La personne retient beaucoup et a peur de perdre le contrôle. Elle doit ressentir son émotion et laisser aller le contrôle.

- **MIGRAINE:** C'est une pression que la personne se met et elle doit l'enlever en se disant *«Qu'est-ce que je m'oblige à faire?»*.

- **SENTIMENT D'IRRÉALITÉ:** L'agoraphobe vit dans son monde imaginaire et avec ses pensées. Il a l'impression d'être sur une autre planète. Il doit remplacer toutes ses pensées par la réalité. Il ne doit pas s'occuper de ce symptôme, il doit le laisser aller.

- **PEUR DE PERDRE LE CONTRÔLE:** La personne doit le remplacer par *«Je laisse aller, je ne me bats plus et j'accepte de perdre le contrôle»*.

Tous ces trucs vous aideront à composer avec ces symptômes. Bien sûr, il ne faut pas avoir comme objectif de les éliminer, car dans ce cas vous utilisez le contrôle et ce sera pire. Vous travaillez uniquement sur la pensée.

> *Chaque symptôme ressenti a un lien avec la pensée.*

GUIDE POUR LA NEUVIÈME ÉTAPE

- Le but de la neuvième étape est d'apprendre à s'autoguérir, de comprendre le fonctionnement de notre corps et d'utiliser ses merveilleux outils.

- Apprendre les messages que notre corps nous envoit. Comprendre comment fonctionne notre corps.

- Pratiquer à éliminer des malaises que vous avez par l'autoguérison. Le faire régulièrement.

- Pratiquer avec les symptômes d'agoraphobie.

- *In vivo*, intégrer les nouvelles connaissances, pratiquer les situations anxiogènes.

Utiliser la programmation

La programmation est un outil à la portée de tous grâce à la pensée. Dans ce chapitre, nous apprendrons à libérer le subconscient, pour ensuite le reprogrammer.

La programmation fait partie des 12 étapes. Nous devons apprendre à nous servir de cet outil pour prendre conscience de la force et du pouvoir de la pensée. C'est une technique qui m'a beaucoup aidée et qui m'a amenée à réaliser mes objectifs. Vous devrez employer cet outil régulièrement. Les 12 étapes pour vaincre l'agoraphobie vous serviront toute votre vie. Vous serez armé et plus jamais vous ne ressentirez un mal de vivre.

Qu'est-ce que la programmation?

La programmation, c'est un programme mis en action. C'est la répétition de phrases positives que nous choisissons, dans le but de se développer personnellement et ainsi d'agir sur les énergies et sur notre environnement. Chaque être humain a ce pouvoir. Par la programmation, nous pouvons décider de notre avenir sur les 4 niveaux: psychologique, physique, matériel et spirituel.

Par la programmation, nous construisons des ramifications interneuroniques qui permettent à la pensée intérieure de chacun de nous de s'extérioriser. C'est en répétant régulièrement ces pensées positives que nous construisons ces ramifications. Elles sont comme des petits rameaux qui se construisent à partir d'un plus gros, pour agir au niveau des neurones.

Distinction entre programmation et autosuggestion

L'autosuggestion est utilisée pour augmenter la confiance en soi. C'est votre conscient qui vient éduquer votre subconscient pour changer des choses et y ajouter des nouvelles. C'est le JE qui parle au MOI. Par exemple: je suis bon, je suis bon, etc. Cette répétition augmentera la confiance de la personne. Ce n'est toutefois qu'une «suggestion» au subconscient. C'est une façon d'apprendre à diriger notre pensée. Elle est utilisée lorsque qu'on veut éduquer notre subconscient qui est inondé de pensées négatives.

La programmation est utilisée pour transformer. Elle inscrit dans chaque cellule de la personne qui programme, les forces que celle-ci veut intégrer. En pratiquant la programmation régulièrement, les phrases répétées s'inscriront dans la matière et l'énergie. Une personne peut voir son comportement changer radicalement et positivement. Quelqu'un qui est toujours mélancolique et triste peut en quelques semaines avoir une joie de vivre durable. La clef? Dire tous les jours *«je suis positif à 100 %»* et cela fonctionne. Que ce soit pour l'angoisse, l'anxiété ou les peurs, cette pratique régulière de la programmation amène à se libérer de ce qu'on ne veut plus. C'est un outil merveilleux et sa puissance est infinie pour nous permettre d'évoluer et de se transformer très rapidement avec beaucoup d'efficacité.

La personne qui ne se sent pas bien dans sa vie, qui n'aime pas sa façon de réagir (réaction), son comportement ou encore sa façon de voir les choses (perception) peut programmer ce qu'elle veut devenir. Il est donc possible d'accélérer le rythme de l'évolution par la programmation. En un mot, la programmation veut dire choisir un programme, l'enregistrer en soi et le mettre en action.

Quels sont les effets de la programmation?

Les phrases que vous allez répéter s'inscrivent dans l'énergie et dans chaque cellule de votre corps. Vous obtiendrez une croissance en force et vous serez même surpris de voir les résultats. Beaucoup de gens pensent que la programmation ne fonctionne seulement qu'avec des personnes sûres d'elles et que cette technique n'est pas pour tout le monde. Erreur! La programmation est une force et tout le monde a ce pouvoir. Chaque individu peut voir sa vie transformée positivement avec les vertus de la programmation. Il faut bien sûr comprendre que cela ne se fait pas du jour au lendemain et que ça demande certains efforts.

Quels facteurs influencent la valeur de la programmation?

Les facteurs qui influencent sont la détente, la conscience, la volonté, l'optimisme et la répétition.

Première clef: la détente

On ne peut obtenir de résultats si la programmation n'est pas réalisée dans la détente. C'est une clef très importante.

La détente, comme on l'a déjà vue, n'est pas de se coucher sur un lit mais de se convaincre que:

- La pensée a une influence sur le système nerveux;
- Notre façon de réagir a une influence sur les réactions nerveuses;
- Les gestes ont aussi une influence;
- Les mots que nous employions ont une influence;
- La façon dont nous communiquons a une influence.

La détente c'est de prendre conscience de toutes ces influences, de s'arrêter et de la pratiquer.

Deuxième clef: la conscience

C'est un état où je suis conscient de ce que je ressens, de ce que je suis et de ce que je suis capable de faire. Je suis conscient de mon environnement. C'est être aussi dans le moment présent. Je sens qu'il fait chaud ou froid, qu'il y a des choses que j'aime et d'autre moins. Je suis conscient que je peux agir contre moi ou pour moi. C'est être conscient que lorsqu'on pose des gestes ou qu'on ressent des choses, il faut agir avec sa conscience et prendre la responsabilité de ce que l'on fait. Plusieurs personnes passent leur vie sans jamais se poser de questions ni s'interroger sur le pourquoi de leur vie. Ces personnes sont libres de le faire ou non, mais la qualité de vie est très différente chez une personne qui a une conscience éveillée. Donc, par la programmation, on doit devenir de plus en plus conscient de ce qu'on dit, de ce qu'on fait et de ce qu'on sent. Quand vous faites de la programmation, vous devez en un mot ressentir ce que vous dites et en être tout à fait conscient.

Troisième clef: la volonté

Pour développer la volonté, vous devez développer votre conscience, votre logique et votre raisonnement. C'est une motivation qui incite la personne à agir pour satisfaire ses désirs. Vous augmenterez beaucoup votre volonté en vous fixant un but et en le visualisant. Dans ma démarche de guérison, je visualisais souvent ma guérison et la volonté grandissait en moi.

Quatrième clef: l'optimisme

L'optimisme est un état d'être dans lequel la personne a confiance en la vie et en ce qu'elle fait. C'est une ouverture d'esprit et un pouvoir d'observation. En résumé, on doit ouvrir notre esprit et comprendre que dès qu'il y a une pensée qui y est semée et répétée, elle se matérialise dans notre vie.

Cinquième clef: la répétition

La répétition fait partie de notre vie. Tous les jours, nous répétons les mêmes gestes que nous posons depuis des années et qui deviennent des habitudes. Pensez aux symptômes d'agoraphobie qui sont déclenchés toujours au même endroit parce que cela devient une habitude. Les symptômes deviennent une mauvaise habitude, donc vous devez les changer. La répétition amènera le changement. Chaque but demande toujours un certain temps avant de se fixer et d'être intégré complètement. Si vous affirmez seulement une fois: «je suis positif», cela n'aura aucun impact. Mais si vous le répétez, l'appliquez aux actes de votre vie et que votre conscience le ressent, le sens du mot «positif» s'inscrira profondément dans votre subconscient.

Autres clefs importantes

La voix (verbe, son, parole)

La parole est matérialisatrice et c'est la raison pour laquelle il faut prononcer à voix haute chaque programmation que vous faites. Lorsque nous prononçons une phrase, il se forme des ondes composées de différentes vibrations. Faites un test, dites-vous que la vie est merveilleusement belle et que tout va bien. Regardez comment vous vous sentez. Ensuite faites l'inverse, dites-vous que la vie est dure et que tout est laid. Observez à nouveau comment vous réagissez. La parole a une résonance sur les cellules de notre corps. Il y a des mots qui donnent des sons longs et graves, d'autres, courts et aigus, et d'autres, longs et courts ensemble. Si vous dites A, l'onde n'est pas la même que B. La parole a une vibration et une énergie spécifiques.

Si on fait une programmation seulement en pensée, sans parole, cette programmation est bonne, mais elle n'est pas aussi complète que si vous la faisiez avec le son. Le son augmentera beaucoup les effets de la programmation, de la volonté, de l'optimisme et vous serez aussi plus convaincu des résultats.

En conclusion, programmer à voix haute a beaucoup plus d'impact qu'à voix basse.

Le doigt

En touchant l'écrit de la programmation avec votre doigt, les nerfs du toucher et les neurones qui commandent ce doigt donneront l'ordre d'exécuter ce qui est écrit.

Les yeux

Les yeux qui voient l'écrit de la programmation communiquent à leur tour, au moyen de ramifications nerveuses, avec celles du toucher, l'ordre donné par la phrase programmée. C'est un moyen physique pour déclencher les réactions nerveuses. En résumé, le psychisme le capte et le distribue dans toutes les cellules du corps de l'individu.

Le geste

Le geste agit sur les réactions musculaires. Donc si vous avez une pensée positive, vous en ressentirez les bienfaits dans tout votre corps.

L'évolution de l'homme consiste à devenir maître de son corps et à développer ses neurones. Les neurones sont l'intelligence et leur évolution implique de la discipline, de la connaissance et de la volonté. Bien sûr nous devons faire des efforts, car une évolution est toujours un pas en avant et un pas suppose une nouvelle intégration. Tout changement amène une progression vers quelque chose et demande un acte de volonté et un effort, par rapport au pas que l'on veut faire.

Si le corps est en santé parfaite, l'intelligence bien équilibrée et le système nerveux solide, la progression vers le haut donnera de l'euphorie, au lieu de la fatigue. Si le corps est faible ou malade, l'intelligence mal équilibrée et le système nerveux fatigué, même la routine sera un effort.

«Si le corps est bien malade (ou l'esprit), la compréhension n'est pas équilibrée, même le terrain plat sera encore difficile à suivre. On laissera aller sa faiblesse vers les pentes descendantes. Il est plus facile de rouler sur toute la longueur de son corps que de monter atteindre un haut sommet sur nos pieds. L'effort, c'est ça.» (Adela Tremblay Sergerie).

Je poursuis maintenant avec l'intégration. Pour avoir une meilleure intégration de la programmation, je suggère de terminer chaque séance par le texte suivant:

J'intègre...
   J'intègre...
      J'intègre...

         Je fixe en moi...
            Je fixe en moi...
               Je fixe en moi...

                  Je suis...
                     Je suis...
                        Je suis...

                           Je manifeste...
                              Je manifeste...
                                 Je manifeste...

                                 Je rayonne...
                                    Je rayonne...
                                      Je rayonne...

J'agis consciemment dans l'amour...
　　J'agis consciemment dans l'amour...
　　　　J'agis consciemment dans l'amour...

　　　　C'est réalisé...
　　　　　C'est réalisé...
　　　　　　C'est réalisé...

Vous ne devez pas oublier que la maîtrise de soi s'acquiert par la prise de conscience de son moi et par le fait même aide l'individu à penser positivement et à maîtriser ses pensées négatives. Je vous ai expliqué comment on fait pour programmer notre subconscient. Cela m'a beaucoup aidée pour aller vers le but que je m'étais fixé. Je vous cite quelques programmations que vous pourrez faire une à une. Le but n'est pas de les faire toutes en même temps, mais bien d'en intégrer une et de passer à la suivante par la suite.

Demeurez discret par rapport à vos démarches de programmation. La discrétion vous permettra de conserver la paix intérieure et aussi vous protègera des influences de toutes sortes qui pourraient nuire à votre projet. Gardez votre énergie pour vous.

Programmation

La programmation qui suit se fait pendant 21 jours consécutifs. Si vous oubliez une journée, vous devez recommencer au début. Pendant les 15 premiers jours, vous devez lire le texte de la première journée, ajoutez le texte de la deuxième journée et ainsi de suite.

Décodage

1er jour:

Pendant les 15 premiers jours, dire au moins une fois par jour:

Mon subconscient, je te demande de me décoder entièrement et de détruire toutes les entités négatives accumulées depuis ma conception et qui nuisent à mon évolution.

2e jour:

Le subconscient décode de façon progressive et nous libère de chaque étape:

✓ *Toutes les entités négatives inscrites depuis l'âge de 21 ans sont maintenant effacées à tout jamais.*

3e jour:

✓ *Toutes les entités négatives inscrites entre 14 et 21 ans sont maintenant effacées à tout jamais.*

4e jour:

✓ *Toutes les entités négatives inscrites entre 7 et 14 ans sont maintenant effacées à tout jamais.*

5e jour:

✓ *Toutes les entités négatives inscrites entre 1 et 7 ans sont maintenant effacées à tout jamais.*

6e jour:

✓ *Toutes les entités négatives inscrites au moment de ma naissance sont maintenant effacées à tout jamais. Je suis heureux d'entrer dans le monde.*

7e jour:

✓ *Toutes les entités négatives inscrites durant le 9e mois de la grossesse de ma mère sont maintenant effacées à tout jamais.*

8e jour:

✓ *Toutes les entités négatives inscrites durant le 8e mois de la grossesse de ma mère sont maintenant effacées à tout jamais.*

9e jour:

✓ *Toutes les entités négatives inscrites durant le 7e mois de la grossesse de ma mère sont maintenant effacées à tout jamais.*

10e jour:

 Toutes les entités négatives inscrites durant le 6e mois de la grossesse de ma mère sont maintenant effacées à tout jamais.

11e jour:

Toutes les entités négatives inscrites durant le 5e mois de la grossesse de ma mère sont maintenant effacées à tout jamais.

12e jour:

Toutes les entités négatives inscrites durant le 4e mois de la grossesse de ma mère sont maintenant effacées à tout jamais.

13e jour:

Toutes les entités négatives inscrites durant le 3e mois de la grossesse de ma mère sont maintenant effacées à tout jamais.

14e jour:

Toutes les entités négatives inscrites durant le 2e mois de la grossesse de ma mère sont maintenant effacées à tout jamais.

15e jour:

Toutes les entités négatives inscrites durant le 1er mois de la grossesse de ma mère sont maintenant effacées à tout jamais.

16e jour:

 La première partie du décodage est terminée. Vous êtes maintenant débarrassé pour toujours des éléments négatifs qui s'étaient installés à votre insu.

Je suis maintenant prêt à vivre d'une façon positive et en harmonie avec l'énergie cosmique.

17e jour:

 Je me pardonne et pardonne aux autres tout ce qui a pu me blesser depuis ma conception jusqu'à ce jour.

18ᵉ jour:

 J'accepte avec humilité mes limites, mais je désire développer mon potentiel le plus complètement possible afin de contribuer à ma propre évolution et à celle des autres.

19ᵉ jour:

 Mon subconscient va trouver dans l'intelligence universelle tout ce qui est nécessaire à mon développement et je m'engage à vivre pleinement toutes les expériences nécessaires à mon évolution.

20ᵉ jour:

 Désormais, je peux aimer, avec toute la force, mon être, Dieu, mon prochain ainsi que moi-même.

21ᵉ jour:

 Grâce à l'amour, je me dirige chaque jour vers la connaissance et je suis un être libre.

Le subconscient

À mon subconscient, je demande de mettre un sceau sur les feuillets que j'ai imprimés de manière négative depuis ma conception et j'imprime par-dessus.

Je détruis de fond en comble les archives qui ne sont pas en harmonie avec mon plan de vie et ce depuis ma conception. Je les remplace par le désir bien arrêté de ne vivre qu'au positif sans jamais y imprimer de nouveau des pages négatives.

Pendant 36 jours, tous les jours, 3 minutes, arrêt 1 minute

En touchant le plexus:

*   *Je libère mon subconscient de toute agressivité négative;*
*   *Je libère mon subconscient de tout sentiment de révolte;*
*   *Je libère mon subconscient de toutes les frustrations qui y sont imprimées;*
*   *Je libère mon subconscient des injustices qui y sont gravées;*
*   Terminer par *je suis, je suis, je suis...*

Abondance

Pour l'abondance vous répétez une des phrases qui vous attire. (Réjean Déziel)

- *Je me concentre sur ce que j'aime et l'attire à moi.*
- *Je me représente l'abondance pour moi-même et autrui.*
- *Je vis dans un univers d'abondance, j'ai tout ce qu'il me faut.*
- *Je crée argent et abondance par la joie, la vitalité et l'amour de moi-même.*
- *J'attire toujours plus la richesse, la prospérité et l'abondance.*
- *Je me trouve toujours au bon endroit au bon moment.*
- *Je me félicite souvent.*

Maître de soi

Cette programmation est ma préférée, d'ailleurs je la répète encore aujourd'hui.

- *Je suis maître de mes réactions émotives.*
- *Je suis calme en toute circonstance de la vie.*
- *J'ai le parfait contrôle de soi.*
- *Je suis maître de ma sensibilité*

Toute personne vivant le problème d'agoraphobie a été capable de programmer son cerveau à croire en des choses totalement illusoires et peut donc prendre conscience de la force de la programmation. Maintenant il s'agit de faire le contraire.

GUIDE POUR LA DIXIÈME ÉTAPE

Cette étape a pour but d'aller reprogrammer le subconscient, de lui donner une nouvelle forme-pensée, de créer de nouvelles choses, de fixer entièrement son but et de le voir se matérialiser par la pratique quotidienne de la programmation.

- Apprendre la programmation et à s'en servir.
- Pratiquer la programmation, travailler avec tous les outils, le rythme, les gestes et le son.
- Se fixer des objectifs et vérifier les résultats.
- *In vivo*, pratiquer les leçons apprises et les situations anxiogènes.

11ᵉ étape

Les 12 lois du comportement

Nous savons tous que notre monde est régi par des lois inventées par l'homme et qui nous amènent à vivre beaucoup d'émotivité et d'agressivité. Par contre, il existe des lois qui sont naturelles et qui sont plus fortes que tout. On les appelle les 12 lois cosmiques ou les 12 lois divines de l'être humain. Pour ma part, j'aime bien les nommer les lois du comportement. Elles ont été reçues par Madame Adéla Tremblay Sergerie, il y a de cela plusieurs années. Madame Sergerie a aussi laissé derrière elle une documentation impressionnante sur l'Univers, le cosmos, Dieu et l'homme. Le présent chapitre est donc largement inspiré des écrits de Madame Sergerie.

Les lois cosmiques sont inconnues de la majorité des gens et elles sont violées jour après jour. Pourtant nous devrions avoir tous les jours cette conscience et cette ouverture d'esprit devant les forces et l'énergie de la terre. Les 12 lois divines ne sont pas les lois de l'homme, mais bien les lois de l'univers.

Nous sommes déjà arrivés à la onzième étape et je ne pouvais passer outre à ces lois du comportement qui sont d'une vérité et d'une aide absolues. Lorsque j'ai découvert ces lois divines, j'ai été vraiment émerveillée de voir les changements s'opérer en moi après en avoir pris connaissance et intégré chaque jour leurs enseignements. À partir de ce moment, je savais que je détenais les clefs pour la liberté.

Définition des lois du comportement

Ces lois proviennent d'un ordre supérieur et elles sont imprimées dans chacune de nos âmes. Elles sont aussi vieilles que la terre et que la vie elle-même. Leur but est de nous permettre d'atteindre le bonheur, d'être bien avec soi et avec les autres et d'être en harmonie avec tout ce qui vit autour de nous. Ces lois nous permettent aussi de nous libérer de nos craintes, de nos doutes, de nos peurs, de nos phobies, de nos angoisses, de nos inquiétudes, etc. Ces lois sont au nombre de 12 et s'harmonisent en nous graduellement. Elles s'intègrent dans notre vie par des leçons et des expériences que nous avons besoin d'apprendre et par des buts que nous nous sommes fixés avant notre arrivée au monde (inconsciemment). Ce ne sont pas des lois bibliques, mais des lois de la vie. On doit comprendre qu'il n'est pas possible de travailler une loi en particulier, si les lois précédentes n'ont pas été intégrées. Donc vous devez commencer par la première. Les lois s'intègrent une à une, comme un enchaînement. Par exemple, la première loi demande d'avoir la simplicité d'un enfant et de cette loi découle la joie de vivre. L'une ne va pas sans l'autre car la deuxième loi est la continuité de la première, la troisième est la continuité de la deuxième et ainsi de suite.

Comme je vous l'avais expliqué précédemment, l'agoraphobe n'a pas appris à vivre. Donc en intégrant ces 12 lois une à une, il transformera sa vie pour enfin goûter à la liberté. Vous serez surpris de constater que des lois si simples puissent changer votre vie entière. Le plus difficile c'est de les intégrer.

Les douze lois du comportement (ou cosmiques)
1- la simplicité d'un enfant;
2- la joie de vivre;
3- la miséricorde;
4- la compréhension;
5- la pureté d'intention;
6- le positivisme complet;
7- la générosité;
8- l'absence de préjugés;
9- la compréhension et l'observation de la loi naturelle;
10- le sens de la justice;
11- le degré d'évolution des individus;
12- Le respect et la compréhension du sexe opposé.

Quels sont les effets des lois?

Ces lois nous permettent d'être en contact avec des courants d'énergie reliés à l'univers. C'est cette énergie qui nous permet de nous libérer de nos craintes, de nos angoisses, de nos inquiétudes, de nos doutes, de nos phobies et de nos peurs. Elle guérit autant notre corps que notre âme et nous harmonise avec le reste de la nature.

Les lois nous permettent d'atteindre graduellement, à notre rythme, notre plein potentiel spirituel. En fait, c'est une question de cheminement et d'évolution. À mesure que nous travaillons sur ces lois, nous pouvons observer des changements qui s'amorcent en nous. Cela ne se fait pas du jour au lendemain, mais avec de la persévérance et de la patience, il est possible d'obtenir des résultats assez impressionnants. On doit commencer par observer ces lois. Elles sont simples mais demandent beaucoup de travail. Parfois, ce sont les choses les plus simples qui sont les plus difficiles à intégrer.

Première loi: la simplicité d'un enfant

Qui y a-t-il de plus simple qu'un enfant? L'enfant exprime ses besoins sur-le-champ: j'ai soif, j'ai faim, j'ai mal, je suis triste, etc. Il est spontané dans ses paroles. Il agit selon ce qu'il ressent et surtout il ne se pose pas de questions. Il ne rumine pas puisqu'il exprime au fur et à mesure et ne garde rien en lui. Il n'accorde aucune importance à ce que les autres peuvent penser ou dire de lui. Même si on le dispute, il boude un peu, puis ensuite tout est oublié et il revient vers nous sans rancune, sans haine. L'enfant possède une grande simplicité face à la vie.

> *Cette simplicité lui permet de vivre dans le présent et de jouir de l'instant sans se soucier d'avant ou après.*

Il accepte les choses qui le touchent, il ne nie pas ce qui arrive (émotion). Cette simplicité devant les événements lui permet de vivre dans le présent et en profiter sans se préoccuper d'avant ou d'après. Lorsque nous retrouvons cette simplicité de l'enfant, nous arrivons à nous adapter à tous les milieux sociaux et à toutes les circonstances de la vie. On ne contrôle plus. Cela nous permet de nous libérer de conditionnements (mauvaises habitudes), d'être capable de faire de nouvelles choses sans en avoir peur et d'agir spontanément. Cela ne veut pas dire de ne pas penser avant d'agir mais cela signifie de ne pas se perdre dans des questionnements qui n'en finissent plus avant de faire un pas. Par exemple, si quelqu'un vous fait plaisir, n'hésitez pas à lui sauter au cou et à le remercier chaleureusement. Si par contre quelqu'un vous fait de la peine, n'hésitez pas à lui dire sur-le-champ. On n'a pas besoin de faire un drame, simplement le dire, ne pas le garder en soi car vous ruminerez encore et encore jusqu'à ce que vous n'en puissiez plus et que vous détestiez cette personne. L'agoraphobe agit beaucoup de cette façon, c'est la raison pour laquelle il se sent pris et qu'il étouffe entre les murs qu'il érige.

Comme l'enfant, exprimez ce que vous ressentez et ensuite oubliez-le aussi rapidement. Si on regarde attentivement des enfants qui se disputent, on se rend compte que quelques minutes après ils s'embrassent. Pour eux, une fois les sentiments exprimés, que ceux-ci soient positifs ou négatifs, les enfants peuvent passer à autre chose.

On nous a enseigné de ne jamais révéler ce que nous pensons par crainte de ce que les autres pourraient dire ou penser. Nous sommes préoccupés par l'image qu'on projette mais on doit se demander si le jeu en vaut la peine. Quand pouvons-nous être nous-mêmes? À force de refouler et de porter des masques, nous perdons de vue notre propre réalité. Nous nous fabriquons une image que les autres acceptent et nous vivons dans un monde irréel. En réalité, ce que nous faisons c'est «paraître» plutôt qu'«être».

Vous devez être prêt à exprimer ce que vous ressentez au moment où l'action se passe et avoir la force morale de le faire. Vous n'êtes pas obligé d'en faire tout un drame, seulement l'exprimer.

Vivre dans le moment présent

On doit rester soi-même lorsqu'on s'exprime, utiliser le «JE» et ignorer de ce que les autres peuvent penser. Le passé doit être utilisé seulement à titre de connaissance et de souvenir, pour apprendre à se connaître et non pour se détruire ou encore ruminer. Donc laissez-vous aller à votre première réaction. Au début c'est un peu difficile, mais avec le temps, vous verrez comme c'est simple.

Imaginez qu'à partir de maintenant vous exprimiez sans culpabilité votre joie ou votre chagrin au lieu de les cacher sous le poids du ressentiment. Essayez, c'est un premier pas dans la bonne direction. N'oubliez pas que nous avions tous cette simplicité auparavant et elle a été remplacée par la peur du jugement, l'image, etc. L'enfant a la faculté merveilleuse de vivre au moment présent. Pourquoi l'enfant la perd-elle? Par la société et l'éducation, il apprend à devenir quelqu'un d'autre. Nous sommes continuellement aux prises avec notre passé et notre futur. Mais ce que nous ne savons pas, c'est que vivre ainsi nous fait manquer le meilleur de la vie et le plus important. Pour vivre au présent, on doit seulement s'occuper de la journée que nous sommes en train de vivre, car nous la récolterons demain. Finalement, c'est prendre conscience avec nos cinq sens de ce que nous vivons présentement.

Apprendre de ses erreurs passées

Cela ne veut pas dire de se foutre du passé, mais il est inutile de le revivre continuellement ou de vivre dans des souvenirs, car chaque jour est un jour nouveau, plein de possibilités. On doit seulement tenir compte du passé pour ne pas recommencer les mêmes erreurs. On doit avoir la capacité d'apprendre tout comme apprend l'enfant qui se brûle une fois. Notre passé ne doit pas devenir un boulet que l'on traîne, mais plutôt nous servir d'expérience, comme un tremplin pour passer à l'étape suivante. Parfois, on se rend compte que l'on répète les mêmes erreurs. C'est tout simplement que nous n'avons pas appris mais plutôt subi. Vivre dans le passé nous empêche d'évoluer, car nous n'avons pas intégré les leçons que nous devions apprendre et la vie se charge ainsi de nous remettre face aux mêmes situations jusqu'à ce qu'elles soient intégrées.

Je sais que cela paraît dur et que vous vous dites sûrement: «Elle a dû avoir un passé facile», mais c'est faux! J'ai eu un passé rempli d'expériences difficiles mais qui m'amènent aujourd'hui à comprendre et à m'en servir. Chaque jour, vous devez vous poser la question suivante: si je devais mourir ce soir, aurais-je accompli tout ce qui est important pour moi aujourd'hui, comme dire à mes proches à quel point ils sont importants et à quel point je les aime? Si vous appliquez ce principe tous les jours, vous verrez que certaines choses qui vous semblaient très importantes ne le seront plus autant et que vous vous concentrerez sur les choses qui comptent vraiment, celles que l'on vit dans le moment présent.

Le futur

Une autre façon de fuir le présent est de vivre dans le futur et ce n'est pas l'idéal. Le futur, vous ne travaillez pas à le bâtir, vous essayez tout simplement de l'attraper avant son temps. On doit comprendre qu'il existe une différence entre planifier l'avenir et vivre en fonction de celui-ci. Planifier c'est avoir des buts mais vivre au futur, c'est penser uniquement au futur et se dire: «Quand j'y serai arrivé, je serai heureux». Tout cela est faux. Être heureux ne doit pas être basé sur le futur. On doit vivre dans le moment présent.

Apprentissage

L'enfant s'adapte naturellement, car il plie comme un roseau. C'est la raison pour laquelle on dit souvent qu'un enfant est plein d'énergie, car il ne la perd pas à penser inutilement. L'enfant est toujours en apprentissage et il s'émerveille de tout et de rien.

La clé pour atteindre plus facilement la simplicité de l'enfant est de demander, le matin en se levant, à l'énergie universelle (Dieu ou autre) de nous centrer dans le moment présent, de nous diriger là où nous devons aller, de faire des choses bénéfiques et de rencontrer des gens qui auront une bonne influence sur nous. On peut aussi répéter plusieurs fois *«j'ai la simplicité d'un enfant»*.

En définitive, c'est vivre dans le moment présent, apprendre de ses erreurs passées, s'adapter et s'émerveiller.

Si cette loi n'est pas respectée, il y aura un problème au niveau de la confiance en soi et cela créera une fausse image de nous-mêmes qui entraînera l'angoisse et l'anxiété. Il peut arriver aussi de nous sentir comme un volcan prêt à éclater sous la pression sans qu'on connaisse les raisons de cette colère.

Finalement, lorsque nous ne pratiquons pas cette loi, nous portons des masques et nous ne sommes jamais nous-mêmes. Lorsque vous commencerez à pratiquer l'intégration de cette loi, vous devrez d'abord laisser tomber les rôles et les images en examinant soigneusement qui vous êtes.

Deuxième loi: la joie de vivre

Je ressens la joie de vivre! Pour intégrer cette affirmation, on doit nécessairement posséder la simplicité de l'enfant. Il est impossible d'avoir la joie de vivre si on se cache sous des masques et si on n'est pas soi-même. C'est un état d'être, une façon de vivre et d'apprécier la vie. C'est voir chaque jour la beauté et la bonté dans notre vie. Au début, nous devons faire des efforts pour arriver à trouver quelque chose de beau et de bon dans notre vie. Si nous avons pris l'habitude de critiquer et de penser qu'il nous manque toujours quelque chose pour être heureux, cela demande des efforts. Penser de cette façon ne nous fait pas atteindre notre but, car l'argent ne fait pas le bonheur! On est porté à penser que plus on a de l'argent plus on est heureux, mais on sait très bien que tout ceci est éphémère. Pour avoir la joie de vivre, nous devons trouver dans le moment présent quelque chose de plaisant, que ce soit avec des personnes ou dans des situations.

Nous devons porter une attention à ce que nous faisons. Nous sommes portés à prendre pour acquis ce que nous avons: la maison, l'information dont nous disposons, la télévision, internet, les livres, les films, les personnes avec lesquelles nous vivons, etc. Prendre conscience de tout cela fait partie de la joie de vivre.

Prendre le temps

> *La joie de vivre provient de l'intérieur*
> *et non de l'extérieur.*

Avoir la joie de vivre implique aussi de prendre le temps de vivre, de déléguer, de profiter de chaque moment et de prendre des instants pour nous. La joie de vivre provient de l'intérieur, elle ne vient pas de l'extérieur. Elle ne s'achète pas et il est impossible de se faire bâtir un bonheur sur mesure. La joie de vivre, c'est la faculté de reconnaître la beauté de la nature. Ce sont toutes des petites actions qui nous rendent la vie agréable. C'est être capable de rire de soi et de ses erreurs, car le rire nous libère du stress.

La joie de vivre ne dépend pas de vos possessions maté-rielles. Elles vous permettent seulement de mieux en profiter. Comme je vous l'expliquais, la joie de vivre découle de la simpli-cité et de la faculté de percevoir la beauté autour de soi à tout instant.

Lorsque vous prendrez l'habitude de vous arrêter sur les petits plaisirs que la vie vous procure, vous constaterez et ap-précierez la vie comme étant quelque chose de merveilleux. Je vous donne l'exemple du jardinage. C'est incroyable le plaisir qu'on peut retirer à regarder ses fleurs pousser tous les jours, d'apprécier leurs odeurs, leurs couleurs, leurs textures. Pour-quoi les laisser dans la plate-bande? Coupez-en des fraîches tous les jours et embellissez une pièce de votre maison. Voilà l'exemple d'un petit plaisir qui embellit la vie.

Le bonheur c'est une pratique quotidienne

Lorsque vous pratiquerez cette loi, vous vous rendrez compte que même si vous ne comprenez pas tout ce qui vous arrive, il vous sera plus facile de l'accepter. Vous serez plus conscient d'apporter des changements pour votre joie de vivre et aussi d'accepter les choses que vous ne pouvez changer. Pour savoir si vous intégrez la joie de vivre, remarquez si vous prenez le temps de rire de plus en plus tous les jours. Vous vous sentirez de mieux en mieux.

Si cette loi n'est pas respectée, on doit faire face à un stress et l'insatisfaction peut amener un problème de foie et d'intoxi-cation biliaire. La personne qui n'a pas de joie de vivre est tou-jours pessimiste et se décourage pour un rien. Elle voit toujours le côté négatif des choses. C'est une personne égoïste qui n'est jamais satisfaite de rien ni de personne. Elle est plus centrée sur les biens matériels que sur son bien-être.

Troisième loi: la miséricorde

Cette loi est un peu plus difficile car elle implique le pardon. Il existe plusieurs raisons pour pardonner et la plus importante est de ne pas vous faire mal à vous-même en nourrissant et en ruminant des sentiments de haine, de rancune et de vengeance. Le pardon c'est redonner à la personne sa liberté, ainsi que la vôtre. C'est de cette façon que l'on doit voir le pardon, car cela nous permet de nous libérer de sentiments négatifs qui nous nuisent. On doit comprendre que les lois divines sont là pour nous aider à mieux vivre, à nous sentir bien dans notre peau et à évoluer tout en nous permettant d'apprendre et de comprendre pourquoi nous sommes sur la terre

> *On ne pardonne pas pour l'autre*
> *mais pour nous-mêmes et le véritable pardon*
> *se fait sans condition.*

Nous ne sommes pas venus ici pour nous faire mal et pour souffrir. Nous sommes ici pour intégrer et comprendre les situations et les gens. Cela ne veut pas dire qu'on doit être d'accord avec la personne à qui nous pardonnons, car on le fait pour soi-même. Pardonner, en fait, n'implique que vous-même. Par cet acte, vous vous libérez de tous ces sentiments négatifs qui empoisonnent votre vie. De plus, vous vous empêchez de revivre les mêmes expériences pour les comprendre. Le véritable pardon se fait sans condition.

Au début, cette pratique peut vous sembler désagréable mais elle est très importante. Nous tenons à nos vieilles rancunes et à nos idées. C'est comme si en les laissant aller, nous avions l'impression d'y perdre ou de nous soumettre et que l'autre a gagné sur nous. Il n'en est rien, bien au contraire! On doit élever notre conscience et comprendre que les personnes à qui nous en voulons sont la plupart du temps inconscientes et leur but n'était pas de faire du mal.

Lâcher prise

Pensez à toute l'énergie gaspillée inutilement en pensant et repensant à tout ce que les autres vous ont fait. Lorsque vous repensez à ces événements, c'est comme si vous les viviez à nouveau car le subconscient ne fait pas de différence entre ce qui est vécu dans le moment présent ou la pensée qui vient du passé.

Donc il est important de prendre conscience du mal que vous vous faites quand vous repensez à ces évènements sur lesquelles vous n'avez plus de pouvoir ni de contrôle. Cela ne donne rien. Le pardon vous permet de lâcher prise sur la personne ou la situation à qui vous en voulez. Elle permet d'aller de l'avant en se libérant du sentiment d'être envahi par ces personnes et leur emprise. En plus, elle vous permet de comprendre la situation et de ne plus la répéter. Au début, cela semble difficile mais vous y arriverez.

On doit refuser la haine et le ressentiment

Lorsque nous sommes en présence de sentiments de haine ou de ressentiment, c'est comme si nous nous injections un poison qui à la longue va nous détruire. On ne doit pas nourrir ces sentiments, bien au contraire.

Être capable de faire le pardon envers soi-même

La miséricorde implique aussi de se pardonner soi-même et cela est plus difficile. Pardonner aux autres, c'est extérieur à nous, mais pardonner à soi-même implique de prendre ses responsabilités, d'accepter l'apprentissage, de comprendre et de continuer de vivre avec soi-même.

On doit saisir qu'il y a deux choses qu'il faut se pardonner. Premièrement, le mal que l'on a pu causer aux autres et deuxièmement, le mal que l'on s'est fait à soi-même. Se pardonner implique que nous devons prendre conscience de notre imperfection, de nos faiblesses et accepter que nous sommes humains. En un mot, pardonner c'est prendre conscience que nous sommes tous des êtres humains et que celui-ci est faillible.

Clés

Les deux premières lois nous apprennent la simplicité et la joie de vivre. Elles nous permettent d'être nous-mêmes et d'enlever toute contrainte à notre vie. En devenant miséricordieux et en se pardonnant, on s'accepte tel qu'on est et ainsi cette voie choisie nous amène sur le chemin de notre évolution spirituelle.

Pour avoir été moi-même agoraphobe, je peux affirmer que nous nourrissons tous des sentiments négatifs et un jugement très fort à notre égard. Nous avons beaucoup de difficulté à nous pardonner. On peut se répéter plusieurs fois par jour *«je suis miséricordieux»* pour nous amener à l'intégrer dans notre vie.

Ne pas respecter cette loi perturbe la circulation sanguine et le fonctionnement du cœur (infarctus).

Quatrième loi: la compréhension

Tout conflit provient d'une incompréhension qui amène la peur et la frustration, pour finalement se transformer en colère. Chaque individu possède ses propres idées et ses propres perceptions et nous sommes portés à croire que si l'autre ne pense pas ou n'agit pas comme nous, il n'est pas correct. Ceci nous amène à vivre beaucoup de conflits et d'insatisfactions dans nos relations. La base fondamentale de la compréhension est de se comprendre soi-même, c'est-à-dire comprendre qu'il existe 360 façons de penser et qu'aucune n'est meilleure qu'une autre. L'important est que la personne soit bien avec celle qu'elle choisit.

Se comprendre soi-même

Tout d'abord, pour être compris et comprendre les autres, on doit se comprendre, connaître nos croyances et savoir d'où proviennent nos convictions personnelles. La compréhension et la connaissance nous amènent à nous libérer de nos peurs, de nos croyances et de cette prison où il n'y a pas de porte et où on se sent étouffer.

La compréhension ne veut pas dire d'agir comme l'autre, mais plutôt de comprendre sa façon d'agir. Par exemple, vous connaissez une personne qui ne travaille pas et qui se plaint tout le temps. Au lieu de la juger, vous pouvez, par votre compréhension, ouvrir votre esprit et vous dire que peut-être cette personne est dans l'incapacité de foncer, qu'elle manque d'outils et que peut-être elle est aux prises avec son passé, etc. De toute façon, vous n'avez pas à la juger, car ainsi vous vous jugez vous-même. Je me suis toujours dit, pour comprendre les autres personnes avec lesquelles je n'étais pas en accord, que je pourrais juger seulement si j'avais marché 2 kilomètres dans leurs souliers.

La compréhension n'implique pas de prendre la responsabilité de l'autre, mais plutôt de faire preuve d'empathie et de comprendre qu'il existe plusieurs opinions différentes des vôtres.

Clés

Pour arriver à être plus compréhensif, nous devons changer nos croyances et avoir une ouverture d'esprit. Lorsque vous vous sentez attaqué, c'est que vous doutez de vos valeurs.

Si elle ne respecte pas cette loi, la personne risque de souffrir de problèmes d'estomac causés par l'anxiété et la peur des autres. Cela touche aussi le système lymphatique.

Cinquième loi : la pureté d'intention

Avoir des intentions pures c'est une question d'honnêteté. Il suffit d'être soi-même, d'être vrai et d'accepter ses besoins. L'honnêteté est essentielle pour que nos intentions soient pures et cela signifie d'être honnête avec soi même et les autres. Pour posséder la pureté d'intention, on doit être capable d'accepter ses limites et ses besoins qu'ils soient physiques, émotifs, spirituels, etc.

Une fois que vous avez reconnu vos besoins, c'est plus facile de reconnaître ceux des autres. Ceux-ci ne deviennent plus une question de sacrifice, mais une question d'échange et de communication. Si par contre vous mettez vos propres besoins de côté pour satisfaire ceux des autres, vous éprouverez du ressentiment et vous aurez toujours l'impression que vous passez en dernier. Vous serez ainsi toujours dans l'attente que les autres comblent vos besoins.

> *La pureté d'intention*
> *c'est donner sans avoir d'attente.*

La pureté d'intention c'est l'équilibre entre vos besoins et ceux des autres. Lorsque vous passez tout le temps en dernier, vous n'êtes pas honnête envers vous-même ni envers les autres. On doit toujours penser à soi d'abord et par la suite, nous sommes en mesure de donner avec qualité. Sinon, vous serez porté à ressasser le passé sans cesse. Avoir la pureté d'intention, c'est donner sans avoir d'attente, pour le plaisir de le faire. Bien sûr, il est plaisant de recevoir, mais on ne doit pas vivre dans l'attente.

Suite au non-respect de cette loi, nous pouvons souffrir de problèmes rénaux. Les reins agissent comme purificateurs de notre organisme et sont sensibles à tout ce qui est toxique. Comme notre corps est le résultat de notre pensée, au fur et à mesure que nous purifions nos pensées (pureté d'intention), nous contribuons à la purification de notre corps. À mesure que nous augmentons l'honnêteté envers nous et les autres, notre corps se libère de ses toxines plus facilement.

Sixième loi : le positivisme complet

«Je suis positif à 100 %»: cela semble tout un mandat et pour plusieurs impossible. Je dirais que c'est une loi que les agoraphobes ne pratiquent pas et avec laquelle ils ont beaucoup de difficulté. Avant d'aller plus loin, il est important de comprendre ce que veut dire «être positif à 100 %». Lorsque j'ai appris cette loi, je me croyais déjà une personne positive et après avoir pris connaissance de ce qu'elle représentait, j'ai changé d'idée.

Être positif à 100 %, c'est vivre en harmonie avec soi-même et les autres. Pour cela, nous devons nous accepter tel que nous sommes, avec nos forces et nos faiblesses, nos qualités et nos défauts. Cela ne veut pas dire que l'on ne doit plus faire d'efforts pour s'améliorer, mais tout simplement accepter.

Vous devez d'abord faire une liste de vos défauts, de vos qualités, de vos attributs et de vos forces. Une fois que c'est fait, la relire et changer votre perception face à vos défauts. Ensuite, vous prenez conscience que vous avez des côtés positifs et que ceux qui vous apparaissent moins positifs doivent être perçus plutôt comme des choses que vous devez intégrer.

> *Toute pensée qui fait naître de l'inquiétude,*
> *de l'angoisse, de l'anxiété ou qui suscite un malaise,*
> *est une pensée négative.*

Penser positivement c'est voir le bon côté chez les gens. Plus vous le verrez, plus vous serez en processus de changement. Pour mieux vous entraîner à penser positivement, vous devez reconnaître les pensées négatives. Ceci est très simple: toute pensée qui fait naître en vous de l'inquiétude, de l'angoisse, de l'anxiété ou qui amène des symptômes, est une pensée négative. Au début, cela peut vous décourager si toutes vos pensées vous amènent à être angoissé ou mal à l'aise. Mais ne vous découragez pas, car vous les prendrez une à une jusqu'à ce qu'il n'y en ait plus. Le but, c'est d'en être conscient. Lorsque vous vous entendez dire ou penser une idée négative, prenez-en conscience. Vous la remplacez par la suite.

On doit comprendre que ce n'est pas la pensée elle-même qui est négative mais les émotions qu'elle provoque. Les émotions ne sont que du vent et n'existent pas en dehors de nous. Elles sont à l'intérieur de nous et amènent des réactions.

Une fois que vous êtes en mesure de reconnaître les pensées négatives et de les remplacer, vous êtes prêts pour l'étape suivante: reconnaître les sentiments et les états d'âme négatifs. C'est un peu plus compliqué, car ces sentiments sont bien souvent enfouis au plus profond de nous pour ne pas nous faire souffrir, mais ils sont nécessaires. Tout état d'âme ou sentiment négatifs qui amènent des pensées de haine ou de vengeance, sont négatifs. Tout état d'âme ou sentiment qui suscitent de la jalousie et de l'envie sont négatifs. On a souvent l'impression que l'amour nécessite de la jalousie, mais il n'en est rien. C'est plutôt de la possessivité et bien souvent ce n'est pas de l'amour. Donc si vous ressentez de la jalousie, observez attentivement vos sentiments pour la personne. La plupart du temps, c'est la peur de demeurer seul ou le désir de la posséder, mais pas de l'amour.

L'envie est un sentiment très négatif qui détruit la personne qui le ressent. On doit plutôt être content pour l'autre et non l'envier.

Une autre source de négativisme sont les jugements et la critique qui sont très destructeurs. Passer son temps à critiquer et à juger n'est pas du tout positif, bien au contraire. Vous devez vous poser la question suivante: critiquez-vous ou jugez-vous pour vous remonter ou est-ce plutôt pour que l'autre n'ait pas le temps de vous critiquer à son tour?

Comment être positif à travers le négatif

Lorsque nous avons l'impression que tout va mal et que la vie semble nous écraser, c'est justement dans ces situations qu'une pensée positive peut vous aider le plus. Le négatif engendre le négatif, cela n'amène aucune solution et en plus enlève de l'énergie de la personne. En ayant des pensées positives et en se demandant «qu'est-ce que j'ai à apprendre?», cela vous amènera à trouver des solutions. Juste le fait de se poser cette question, est le début de la solution.

Les critères pour reconnaître une personne négative sont les suivants: c'est une personne qui est impatiente et toujours mécontente peu importe ce qui lui arrive. Même dans des événements heureux, elle trouve toujours des choses négatives à dire. Elle critique beaucoup et elle fera tout pour détruire le bonheur des autres ou le diminuer. Lorsqu'on glisse sur la pente du négativisme, on devient profondément négatif et on commence à devenir haineux. Ces personnes sont incapables de reconnaître les qualités des autres, elles iront même jusqu'à dire que tout le monde est dépourvu de qualité. Elles deviennent parfois paranoïaques en croyant que tous sont contre elles. Elles sont les seules à avoir raison.

Ces personnes sont très malheureuses. Elles auront beau être riches, en santé et avoir les plus belles choses, elles demeureront convaincues que tout va mal. C'est ce qu'on appelle des personnes négatives. Bien sûr, il y a des degrés, mais cela vous donne une idée.

Pour intégrer sur cette loi, vous devez travailler chaque jour sur vos pensées et vos sentiments négatifs. Si tous les jours vous en éliminez deux, à la fin de la semaine, vous en aurez éliminés quatorze et dans deux semaines vingt-huit, etc. Le but c'est de le faire tous les jours pour arriver à être positif à 100 %.

Comme je vous l'ai mentionné, cette loi est très importante pour les personnes qui vivent de l'agoraphobie, elle est une clé de leur guérison.

Si cette loi n'est respectée, il y aura un problème au niveau du système nerveux. L'anxiété et l'angoisse font partie de la vie courante. Cela peut mener à la dépression nerveuse et des problèmes psychologiques de toutes sortes, dont l'agoraphobie.

Septième loi: la générosité

Nous avons tendance à mêler générosité et argent. C'est vrai que nous pouvons être généreux de notre argent, mais cela est juste une façon parmi tant d'autres. Bien souvent des gens utilisent l'argent pour se débarrasser et avoir la conscience tranquille. La façon d'aborder la générosité est la même que pour les autres lois divines. Cette loi découle des précédentes. La générosité est beaucoup plus que donner de l'argent. On doit faire la différence entre tout donner et donner par générosité.

Lorsque nous parlons de générosité, cela veut dire «généreux de sa personne» en premier et en second «de ses biens». Il est plus important d'être généreux de sa personne. Il n'y a pas de limite: un sourire, un conseil, une conversation, etc. Toutes ces attentions ne coûtent rien et apportent du bien-être à la personne qui le reçoit.

> *La générosité doit se faire par plaisir*
> *dans la joie et la simplicité.*

En un mot, la générosité commence lorsqu'on partage ce qu'on a de trop. Ce n'est pas de la générosité que de donner à manger à un mendiant et de laisser ses enfants manquer de nourriture. Le don doit se faire dans la joie et la simplicité. Nous ne devons pas donner pour bien paraître, mais au contraire, nous devons le faire par plaisir et en toute simplicité.

Comment peut-on être généreux de soi?

> *La générosité trouve sa récompense*
> *dans l'acte lui-même.*

La générosité peut aussi impliquer le don de son temps, comme le bénévolat. La générosité ne recherche aucune gloire ni l'attention des autres. Elle trouve sa récompense dans l'acte lui-même. Lorsque vous offrez généreusement, c'est le plaisir de ceux qui reçoivent qui est votre plus beau cadeau. Ensuite, on peut, avec une pensée d'amour, pratiquer la générosité comme je le mentionnais au début, avec un simple sourire, un service, etc. Il existe mille et une façons d'être généreux sans que cela ne nous coûte rien.

Pour ce qui est de la générosité matérielle, il faut posséder assez pour partager. Vous pouvez le faire avec vos vêtements que vous ne portez plus ou avec des choses que vous n'utilisez plus. Pas besoin d'être riche pour se montrer généreux.

> *La clé de la générosité est dans la volonté de partager qui on est et ce qu'on a, sans rien attendre en retour.*

La générosité peut être également intellectuelle et elle est toute aussi importante: écouter une personne, encourager les autres, dire un mot gentil. La clé de la générosité est dans le désir de partager qui on est et ce qu'on a. La personne généreuse l'est en tout mais elle doit faire la différence entre être généreux et faire abuser d'elle. Certaines personnes n'en ont jamais assez, quel que soit le temps que vous passez avec eux. C'est pour cela qu'on doit faire attention. Il vaut mieux à ce moment-là arrêter tout simplement et exercer sa générosité ailleurs. Lorsqu'on est généreux, on donne sans rien attendre en retour.

En résumé, il faut se rappeler que la générosité commence avec soi. Il faut apprendre à se donner à soi avant de donner aux autres. Sinon vous vivrez de la frustration, de l'attente et des déceptions. Si je pense à moi, je pourrai facilement penser aux autres. Ce que je me fais à moi je le fais aux autres, et vice-versa. C'est une question de discernement. Pour pratiquer cette loi, vous répétez plusieurs fois par jour: «*Je suis généreux de moi-même et de mes biens*».

Ne pas tenir compte de cette loi amènera un problème de santé au niveau lymphatique.

Huitième loi: l'absence de préjugés

Avoir un préjugé, c'est porter un jugement et condamner une personne, sans avoir de preuve et la plupart du temps il est basé sur des commérages. Pré-juger, c'est de juger d'avance sans connaître la personne ou les évènements. Remarquez les gens qui jugent les autres ou les situations, la plupart du temps ils ne savent même pas de quoi ils parlent. Ce type de pensées est contraire à toutes les lois précédentes. Les préjugés sont à l'opposé de la générosité, de la justice, du pardon et de la compréhension.

> *Il existe toujours une leçon à tirer*
> *des préjugés qu'on a.*

C'est une façon de penser profondément négative et malhonnête. Je dirais même que les préjugés sont issus de l'ignorance ou du manque de connaissance du sujet dont il est question. Le jugement, ou plutôt la condamnation, appartient à des forces plus élevées que nous. Pour se libérer des préjugés, il faut d'abord prendre conscience qu'on en a, que c'est humain d'en avoir et travailler par la suite à s'en débarrasser. Cela veut dire qu'il faut comprendre les raisons qui nous amènent à porter des jugements. Vous devez comprendre qu'il y a toujours une leçon à tirer des préjugés qu'on a. Il y a toujours quelque chose à comprendre. Certains préjugés sont d'origine familiale puisque nous avons grandi avec eux en les intégrant avant de nous faire notre propre idée et de pouvoir vérifier si c'est exact ou non. Mais dès que l'on s'y arrête, cela nous semble ridicule. Étant jeune, mon grand-père m'avait appris qu'une jeune femme qui fumait sur la rue venait d'une famille indigne. Chaque fois que je voyais une jeune femme fumer, immédiatement je la jugeais et j'étais même convaincue qu'elle appartenait à une famille de basse classe... Comme s'il y avait des classes !

Prenez le temps d'examiner vos préjugés afin de les éliminer. Vous serez surpris de constater que vous traînez un bon bagage de préjugés. Faites l'exercice d'écrire tous les préjugés qui vous viennent à l'esprit et trouvez-en la justification. Vous n'y arriverez pas, car il n'y en a aucun qui tient. Débarrassez-vous alors de tout cela au plus vite. Lorsque des préjugés sont fortement ancrés en nous, nous devons faire preuve de patience et de tolérance d'abord envers nous-mêmes. Souvent, il nous arrive d'être en contact avec des personnes qui sont portées à juger et c'est à ce moment-là que vous pouvez pratiquer la générosité intellectuelle.

Lorsque nous ne portons plus de préjugés, nous devenons de plus en plus sage. Nous cessons d'accuser légèrement et sans preuve, pour plutôt chercher à comprendre et donner à l'autre le bénéfice du doute. Cette façon de voir les choses nous permet d'atteindre un état de justice plus grand.

Je me rappelle lorsque j'étais aux prises avec l'agoraphobie, je jugeais constamment mais je ne me rendais pas compte que cette façon d'agir était un couteau à deux tranchants. Ce que je jugeais m'amenait premièrement à me juger moi-même, deuxièmement à être jugée moi aussi par les autres.

Lorsque vous serez tenté de vous laissez aller à des jugements, prenez le temps de réfléchir, de penser et de vous poser la question suivante: comment je me sentirais si on parlait de moi de cette façon? Pour pratiquer cette loi, nous pouvons répéter plusieurs fois par jour: *«Je suis libre de préjugés»*.

Si vous ne respectez pas cette loi, suivront beaucoup de conséquences pour vous-même. D'abord, vous intoxiquez votre âme de façon sérieuse et à la longue, cela peut entraîner la dégénérescence de vos cellules ainsi que l'affaiblissement de votre intelligence. Du point de vue physique, la violation de cette loi entraîne des problèmes respiratoires, des infections pulmonaires et respiratoires.

Remarquez autour de vous les gens qui jugent les autres. Dans bien des cas, vous remarquerez que ces personnes souffrent d'emphysème ou de bronchite chronique. Ce sont souvent des personnes âgées qui ont passé leur vie à juger les autres. Lorsque vous intoxiquez l'air ambiant en parlant faussement contre d'autres personnes, vous vous condamnez à ne plus pouvoir respirer.

Neuvième loi: la compréhension et l'observation de la loi naturelle

Cette loi nous amène à comprendre et à vivre en harmonie avec les lois de la nature et les lois naturelles, celles inscrites dans notre code génétique. Il n'existe pas de destruction gratuite dans la nature, le gaspillage étant une invention de l'homme. Dans la nature, la destruction précède la naissance de quelque chose qui prend la place. Le cycle de vie se répète dans tous ses moindres détails. On connaît tous les dinosaures qui ont fait place aux mammifères. Du point de vue naturel, la destruction est nécessaire pour faire place à une nouvelle vie. Le cycle de mort et celui de la naissance sont inséparables. On doit comprendre le cycle de la nature et travailler avec lui et non contre lui. Il faut prendre conscience de nos actes, surtout ceux qui vont à l'encontre des lois naturelles. Pour comprendre cette loi, on doit en connaître le but: chacun de nous doit vivre en harmonie avec la nature. Par exemple, chaque geste que nous faisons pour favoriser la nature, en recyclant, en plantant un arbre ou simplement des fleurs.

Celui qui viole toutes les lois naturelles refuse l'énergie de l'univers et se replie sur lui-même, n'ayant confiance qu'en ses propres forces.

Celui qui n'intègre pas la loi de la nature cesse de puiser dans l'énergie de l'univers. Ainsi, il n'est plus en harmonie avec les énergies de la terre et sa vitalité tend à diminuer. Cette loi est la seule qui puisse être appliquée sans tenir compte des autres.

Dixième loi: le sens de la justice

Tout d'abord, qu'est-ce que la justice? S'agit-il de la justice des hommes, de Dieu ou celle du karma? La justice c'est un peu comme la vérité, on doit se méfier des systèmes déjà tout fait et tout pensé. La justice s'acquiert avec l'expérience, avec la compréhension libre de préjugés et avec le discernement.

Pour intégrer cette loi, nous devons comprendre le karma qui signifie action-réaction. Dans la religion hindouisme, il se traduit par le travail de l'âme cherchant à se réunir avec Dieu pour atteindre le nirvana. Lorsque l'on commence à comprendre les ramifications de la justice, on se rend compte que tout le monde est responsable de ses actes et qu'on n'a pas à subir les actions des autres. Si une personne vous dérange, par respect pour vous-même, vous pouvez décider de ne plus voir cette personne. Si cette personne est très négative et cherche à vous nuire, vous n'avez pas à demeurer dans sa négativité.

Lorsque nous développons le sens de la justice envers les autres, nous nous attirons la justice en retour. De façon très simple, la personne qui possède le sens de la justice donne à chacun ce qui lui revient. Lorsque notre sens de la justice est faussé, nous déplaçons les valeurs et nous changeons un objet pour un autre. C'est le cercle du karma qui tourne et tourne encore. En un mot, c'est remettre à l'autre ce qui lui appartient et de prendre ce qui nous appartient. Pour pratiquer cette loi, nous devons répéter à tous les jours: «*J'ai le sens parfait de la justice*».

Si nous ne tenons pas compte de cette loi, nous accumulons des dettes karmiques et cela nous amène à nous éloigner du but à atteindre.

Elle touche la guérison et les intestins. Comme je vous en avais parlé, j'avais la colite ulcéreuse (maladie de Crohn); je prenais tout sur moi et je n'avais aucun sens de la justice; j'ai pu guérir mon intestin lorsque je pratiquai cette loi.

Onzième loi: le degré d'évolution des gens

Comme vous pouvez le constater, plus on avance dans l'apprentissage des lois, plus la difficulté augmente. La première étape est de prendre conscience de notre propre niveau d'évolution. L'évolution n'est pas reliée à la somme de livres lus ou à l'instruction. Il y a des personnes très instruites ayant un faible degré d'évolution. Une leçon peut prendre parfois toute une vie avant d'être intégrée complètement. On doit respecter son rythme. L'évolution n'a aucune limite ni frontière. Je compare souvent l'évolution à une école: il y a des personnes qui viennent apprendre à la maternelle, d'autres en première année et enfin d'autres au niveau du doctorat. Nous pouvons voir par cette explication qu'on ne peut demander à une personne de comprendre l'enseignement du doctorat si elle est en première année. Cela nous amène à respecter le degré d'évolution et le cheminement des autres personnes. Nous ne vivons plus de frustration.

Pour pratiquer cette loi nous devons répéter à chaque jour: *«Je respecte le degré d'évolution des gens»*.

La personne ne peut accéder aux autres lois si elle ne respecte pas celle-ci, car plus elle est évoluée, plus elle sait faire la part des choses. Elle trouve beaucoup de joie et de bonheur en se donnant aux autres. Il est important de comprendre les divers niveaux d'évolution des personnes qui nous entourent. Par cette compréhension, vous enlèverez des préjugés et vous éliminerez des toxines qui peuvent se loger au niveau du pancréas et des reins. Pour vous aider, demandez-vous si vous pouvez demander à un enfant de 5 ans de comprendre la vie comme un adulte de 35 ans? Cela vous donnera la réponse lorsque vous serez en présence de personnes qui pour vous n'ont pas de conscience.

Douzième loi: compréhension et respect du sexe opposé au mien

Cette dernière loi touche l'homme et la femme. Elle est très importante pour combler le vide qui s'est établi entre les sexes au cours des siècles précédents et pour nous amener à comprendre aussi ce qui se passe dans la tête et dans le cœur d'une personne du sexe opposé. On sait tous qu'un homme et une femme ne pensent pas de la même façon et que nous avons des différences très marquées. Combien de fois ai-je affirmé et prétendu qu'un homme se devait de penser comme moi, pour ensuite récolter peines et frustrations. Si à ce moment-là j'avais compris la différence qui existait entre nous, j'aurais eu moins mal.

Pourquoi est-il important de comprendre le sexe opposé? C'est très simple, car c'est la continuité de soi, c'est l'autre face de la pièce de monnaie. Le meilleur exemple de la dualité et de la continuité des sexes se trouve dans le symbole du yin et du yang. Nous savons tous que nous possédons un côté yin et un côté yang. C'est le principe masculin et féminin. On peut affirmer que l'homme et la femme sont différents sur pratiquement tous les plans, même le langage. Par exemple, l'homme s'exprime avec autorité et la femme, elle, plus par détour. Pour comprendre le sexe opposé, on doit comprendre son propre sexe dans un premier temps et l'accepter. Ensuite nous pouvons comprendre l'autre sexe et comprendre que les deux sont faits pour se compléter. Il est donc normal qu'ils ne soient pas identiques et qu'ils soient même très différents. On doit pour cela voir avec les yeux de l'autre sexe pour le comprendre et la base est le respect. Pour pratiquer cette loi, vous devez vous répéter chaque jour: «*Je comprends le sexe opposé aux mien*».

Vous pouvez même faire l'exercice suivant:

* Quand la personne du sexe opposé vous parle de quelque chose, écoutez-la simplement sans commentaire.

* Ne pas faire d'interprétation sur ce qu'elle vous dit, car vous vous trompez assurément, parce qu'elle n'est pas comme vous. Lorsque j'ai commencé à traiter des couples, tous les partenaires avaient une opinion différente de leurs relations. J'aurais pu croire qu'ils vivaient séparément, tellement ils avaient une perception différente et dans tous les cas ce que la femme pensait de l'homme ou l'inverse était faux.

* Ne jamais décider pour l'autre personne sans lui avoir demandé à l'avance.

* Ne jamais se mettre à la place de l'autre. En résumé ne jamais faire d'équation.

   Sans le respect de cette loi, il n'y a aucune chance de réussite dans une relation de couple! Elle touche tout le système endocrinien.

   Nous venons de voir les 12 lois divines. Ces lois sont des outils merveilleux qui renferment toute la sagesse du monde. En les étudiant et en les intégrant, vous remarquerez des changements positifs dans votre vie. Selon ma propre expérience, ces lois m'ont donné la clé vers la liberté. C'est à vous maintenant de prendre la vôtre.

GUIDE POUR LA ONZIÈME ÉTAPE

Le but de cette onzième étape est la liberté et comment l'obtenir grâce à ces lois du comportement.

- Lire plusieurs fois les lois divines pour les comprendre;
- Commencer par pratiquer la première et l'intégrer pour pratiquer la deuxième et ainsi de suite;

Première loi:

- Vivre dans le moment présent;
- Apprendre de ses erreurs passées au lieu de se culpabiliser et guérir le passé;
- Voir la vie comme une école où l'on fait des apprentissages;

Deuxième loi:

- Prendre le temps de rire et de s'amuser;
- Voir et apprécier ce que vous avez;
- Vous créer de petits bonheurs chaque jour;

Troisième loi:

- Se pardonner soi-même et aux autres;
- Refuser la haine et le ressentiment;

Quatrième loi:

- Se comprendre soi-même;
- Comprendre les autres;

Cinquième loi:

- Les intentions que vous avez sont honnêtes;

Sixième loi:

- Ne plus prendre de pensées et de sentiments négatifs;
- Voir le côté positif chez les autres;

Septième loi:

* Donner de son temps, de son sourire et de soi sans attendre en retour;

Huitième loi:

* Ne plus porter de préjugés ni condamner, mais les remplacer par des compliments;

Neuvième loi:

* Comprendre les lois naturelles;

Dixième loi:

* Remettre aux autres ce qui leur appartient et prendre votre responsabilité;

Onzième loi:

* Reconnaître votre degré d'évolution, connaître celui des autres et les respecter;

Douzième loi:

* Comprendre et faire la différence entre les sexes.

12e étape

Vivre le détachement

Nous sommes maintenant rendus à la douzième étape, celle qui ferme la boucle. Comme toutes les autres, cette étape est essentielle lorsqu'on veut se libérer de ses peurs. Elle englobe tout ce que vous avez appris jusqu'à maintenant. Elle est basée sur le détachement, le lâcher prise et les techniques de méditation.

Nous entendons beaucoup parler du fameux «lâcher prise» et nous nous posons tous la même question: comment fait-on pour lâcher prise, pour arriver à se détacher sans être perçu comme une personne égoïste ou sans cœur? J'ai lu beaucoup de livres sur le sujet et après avoir terminé la lecture de chacun d'eux, je n'en savais pas beaucoup plus qu'avant. Ce n'est pas que je veuille dénigrer les auteurs, mais je trouve qu'ils tournent autour de la question sans vraiment nous dire dans des mots simples et justes de quoi il s'agit et de quelle façon nous pouvons arriver à pratiquer le détachement.

Pendant plusieurs années, j'ai été comme tout le monde, attachée à beaucoup de concepts et d'idées qui me faisaient souffrir, mais auxquels je tenais, car c'est ce que j'avais appris. Par la suite, n'en pouvant plus de souffrir, j'ai travaillé sur le détachement (lâcher prise) et j'ai poussé mes recherches jusqu'à ce que je trouve une réponse à mon questionnement. Ce fut long et ardu et j'ai tiré comme conclusion qu'il y a très peu de gens qui pratiquent le lâcher prise dans leur vie. Je vous explique dans des mots très simples comment vous pouvez arriver à vous défaire de ces liens qui, tout comme moi, vous font souffrir.

Attachement

> *Du moment qu'une idée ou qu'une pensée*
> *nous fait souffrir, c'est que nous sommes attachés*
> *à cette idée ou à cette pensée.*

L'attachement est un problème d'ordre émotionnel et le mot «attachement» fait obligatoirement souffrir. Pensez à une corde qu'on mettrait à votre pied et qu'on attacherait à une autre personne. Vous ne seriez pas libre, vous seriez prisonnier. L'attachement c'est la même chose. À quoi sommes-nous attachés? Nous sommes attachés à notre maison, à notre conjoint, à nos enfants, à notre travail, à nos idées, à notre passé, à nos croyances, à nos biens matériels, etc. Pour la plupart, l'amour représente l'attachement mais il n'en est rien. Du moment qu'une idée ou qu'une pensée nous fait souffrir, c'est que nous y sommes attachés. Lorsque nous sommes trop aveuglés et pris par quelque chose, c'est de l'attachement et cet attachement nous amène à être prisonnier de nous-mêmes puisque l'on ne peut plus s'en passer. Nous entendons souvent des personnes qui affirment être attachées à leur conjoint ou à leurs enfants! Ceci n'est pas de l'amour, mais de la soumission. C'est quoi de la soumission? Quelque chose ou à quelqu'un qui ne fait pas notre affaire, mais que nous nous y soumettons quand même par amour. Nous croyons que nous le faisons par amour, mais ce n'est pas le cas, car pour que ce soit fait par amour, il doit y avoir du respect de soi et de l'amour de soi.

Lorsqu'on est soumis, on ne s'aime pas et on n'aime pas non plus. Plusieurs vont même affirmer que ça fait leur affaire d'être soumis, mais il ne peut y avoir de l'amour lorsque l'on est soumis, car on s'oublie soi-même et cela amène beaucoup de frustrations. Pensez aux personnes âgées qui ont élevé leurs enfants et qui ont toujours passé en dernier, qu'est-ce qu'elles disent? «Après tout ce que je t'ai donné, tu ne penses même pas à moi, j'ai passé ma vie à me sacrifier pour les autres et aujourd'hui, ils me laissent tomber!» Vous voyez que la soumission n'est pas de l'amour et n'amène pas pour autant la gratitude.

Dans les générations passées, les gens ont été éduqués de cette façon. Ils ont donc appris à vivre beaucoup de frustrations et à avoir peu d'estime d'eux-mêmes.

Nous sommes soumis par éducation mais aussi par culture. Tout ceci nous amène à être attaché et par le fait même à être prisonnier. Quelques fois il y a des situations où nous n'avons pas le choix de nous soumettre physiquement. Je vous donne un exemple, prenons un jeune garçon qui a un père autoritaire voulant absolument que son fils soit assis lorsqu'il mange. Le jeune garçon lui veut être debout. Il peut s'asseoir et se dire mentalement qu'il est debout, car dans notre tête personne ne peut entrer et personne n'y a de pouvoir. Quand on est soumis, on perd notre liberté, notre autonomie et notre pouvoir de décider. Il y a autant d'hommes soumis aux femmes que de femmes soumises aux hommes.

Une des conséquences de l'attachement est justement la perte de liberté. L'attachement crée des nœuds qui se multiplient, et plus il y a de nœuds, plus la personne est prise.

Comment fait-on des nœufs?

Pour comprendre, pensez au cordon ombilical, un cordon auquel on est attaché et nourrit par l'autre extrémité. Pour les nœuds, c'est la même chose. Nous créons des nœuds chaque fois que nous nous soumettons. Chaque fois que nous agissons par soumission, nous faisons un nœud et nous sommes attachés. Plus longtemps nous demeurons dans la situation, plus le nœud devient gros et plus il est difficile de s'en défaire. Nous pouvons ainsi imaginer combien de nœuds nous avons pu créer dans notre vie. Pour que vous compreniez bien la façon dont on crée des nœuds, je vous donne plusieurs exemples:

L'amour

Dans l'amour, il ne doit pas y avoir de soumission. Il doit plutôt y avoir du respect. Pourquoi certaines personnes demeurent dans des relations où elles subissent de la violence ou tout simplement dans des relations où il n'y a plus d'entente? À cause de ses nœuds et de ses attachements. La personne demeure dans une relation douloureuse parce qu'elle est attachée et prisonnière d'elle-même. Alors qu'est-ce qui fait qu'elle reste attachée? Le manque de respect et d'amour envers soi. Cela amène à ressentir un vide, un trou, et bien souvent la personne aura peur de se détacher. La personne croit, à tort, que le détachement amènera un sentiment de vide, mais c'est le contraire qui se produit. On m'a souvent demandé le pourquoi de ce vide ressenti. Je répète toujours la même chose: c'est par manque de respect à votre égard; puis vous vous oubliez, vous faites des choses contre vous-même.

L'amour de soi, c'est de passer en premier et comme vous avez vu dans le chapitre sur l'estime de soi, une fois que cela est rempli, nous pouvons aller vers les autres.

Je vous donne mon propre exemple. Lorsque j'étais agoraphobe, je vivais beaucoup de relations affectives très souffrantes, mais au moment où je les vivais, j'étais convaincue que c'était de l'amour. Je souffrais beaucoup dans mes relations, car il manquait toujours la base qui est le respect. J'ai même vécu une relation où la personne était violente verbalement et si j'étais demeurée dans cette situation, j'aurais inévitablement vécu la violence physique. Plusieurs fois j'ai rompu avec cette personne mais je revenais toujours avec elle, jusqu'au jour où j'ai compris que ce que je vivais n'était pas du tout de l'amour, mais de la soumission. J'étais attachée, j'avais des nœuds. Finalement, je ne m'aimais pas car une personne qui s'aime n'accepte pas qu'on manque de respect. Dès que nous sommes dans une relation, qu'elle soit affective ou autre, dans laquelle nous ne nous sentons pas bien et qu'il n'y a pas d'entente, nous ne devons pas rester là, nous devons nous détacher.

Les personnes agoraphobes vivent beaucoup de soumission en amour et tout comme moi, croient que ce qu'elles vivent c'est de l'amour. Mais il n'en est rien, car l'amour est supposé être facile, calme, vécu dans le respect, où il n'y a pas de relation de pouvoir. Cela m'a amenée à prendre conscience que finalement je n'avais jamais été en amour, c'était uniquement de l'attachement, rien d'autre, car il n'y avait même pas de respect entre nous. Je ne pouvais aimer, car je ne m'aimais pas et je ne me respectais pas du tout. Pour avoir traité beaucoup de personnes agoraphobes, je sais que la personne qui souffre de ce problème vit des relations d'attachement et achète souvent l'amour.

Lorsqu'on aime, on doit avoir les deux pieds sur terre, une connaissance de soi et s'accepter tel qu'on est, sans aucune restriction. La personne qui ne s'aime pas ne peut demander à l'autre de l'aimer, cela est impossible et pourtant la majorité des gens le croit.

Aujourd'hui, je vis une relation de couple basée sur l'amour et dans laquelle je suis extrêmement bien. Au début, je croyais que ce n'était pas de l'amour parce que je ne ressentais pas de passion et comme j'avais toujours vécu mes relations de cette façon, je croyais que ce que je vivais était uniquement de l'amitié. Bien sûr je me suis trompée, car n'étant pas habituée à ce genre de relation, c'est comme si je me refusais de vivre cette expérience. Mais j'ai compris que je vivais la plus belle relation amoureuse qui soit car elle n'avait aucun attachement ni aucune souffrance. Je vous raconte tout ceci pour que vous sachiez faire la différence entre un amour relié à l'attachement et un amour de liberté. L'amour est un signe de joie, de bonheur, de bien-être et non de difficulté.

Apprendre à se détacher

Si vous travaillez sur le détachement, vous connaîtrez la joie de vivre en permanence, l'autonomie, la liberté d'action et l'élimination de la souffrance. Celui qui est libre ne transporte plus rien ni culpabilité ni concepts spirituels, il est détaché des résultats. Le détachement est le mot le plus douloureux à entendre parce qu'il nécessite des cures, des sevrages et des douleurs, mais combien libérateur quand on a compris son principe, c'est-à-dire que l'attachement est toujours psychologique et que tout passe.

Lorsqu'on commence à se détacher, on doit s'attendre à vivre une forme de sevrage, comme par exemple si vous décidez de ne plus prendre la culpabilité. Lorsque vous serez en présence d'une situation où habituellement vous vous sentiez coupable, c'est sûr que vous serez tenté de reprendre ce concept de culpabilité. Vous devrez utiliser votre intelligence et persévérer tout en acceptant de ressentir un certain vide et une certaine douleur. Par la suite, vous serez libéré de votre attachement à la culpabilité. Chaque concept ou croyance fonctionne de la même façon.

Il faut comprendre que quelques minutes suffisent pour lâcher prise. Imaginez-vous tenant une corde et que vous lâchiez cette corde. Vous venez alors de lâcher la prise que vous teniez. Dans ma pratique, je rencontre beaucoup de personnes qui me demandent comment lâcher prise et pourquoi il faut parfois des années pour lâcher prise sur quelque chose qui nous amène de la souffrance. Tout simplement parce que nous sommes entêtés et l'entêtement vient de l'orgueil qui nous amène à résister. La personne qui ne veut pas lâcher se donne du mal et agit aussi par peur, parce qu'elle aime souffrir, ou elle ne connaît pas autre chose sinon elle lâcherait. Si vous tenez un morceau de métal chaud dans votre main et que vous refusez de le lâcher, vous allez vous brûler et souffrir. Comme le cerveau ne fait pas de différence entre lâcher un morceau de métal chaud ou lâcher une situation ou une personne, tout cela va vous amener à la souffrance et à vous autodétruire. Lâcher prise prend quelques secondes. Si on le garde quand même, c'est que cela fait notre affaire et c'est aussi par manque de responsabilité. Donc, nous sommes responsables de notre souffrance.

> *Il n'y a personne sur cette terre qui soit assez important pour que je me fasse souffrir.*

Pour arriver à nous détacher, nous devons pratiquer le «*je-m'en-foutisme*», je m'en fous. C'est refuser de mettre de la souffrance à l'intérieur de moi alors que la situation ne me concerne pas ou que je ne suis pas bien. Qu'est-ce que vous pouvez faire pour les guerres et les enfants du tiers monde? Ce n'est pas que je ne veux rien savoir, c'est une attitude mentale, je n'y peux rien. Il n'y a personne sur cette terre qui soit assez important pour que je me fasse souffrir. C'est la raison pour laquelle nous devons régulièrement remettre à l'autre (responsabilité) ce qui lui appartient. Chaque fois que vous avez une douleur, faites-le et reprenez votre responsabilité, puis travailler et maîtriser votre réaction. On doit travailler sur soi avant de travailler sur les autres.

Apprendre à se détacher, c'est reprendre la liberté de réagir et de penser comme vous l'entendez. Quand vous êtes attaché, c'est un refus d'avancer et personne ne peut être bien lorsqu'il est attaché. Quand vous êtes en présence d'une frustration et que vous le dites à la personne, c'est déjà libéré. Par contre, il y a des personnes vont répéter leurs frustrations des centaines de fois à tout le monde. Elles ne sont pas conscientes que lorsque c'est dit une fois, c'est déjà sorti de soi et par la suite on agit, sinon cela devient de l'attachement et concerne le passé. On peut aussi être attaché à ses pensées, et de ne pas les lâcher devient destructeur. Pendant longtemps, j'étais attachée au contrôle, mais je ne contrôlais rien en fait, donc j'ai lâché.

Pour se libérer de l'attachement au passé, on doit seulement s'occuper de 3 jours : hier, aujourd'hui et demain. Tous les autres jours avant appartiennent au passé, car la journée d'aujourd'hui est le résultat d'hier et elle sera le résultat demain.

Pour pratiquer le détachement vous pouvez :

1. Observer

2. Vous demander : pourquoi suis-je comme cela ?

3. Quels avantages et inconvénients de la situation je veux garder ?

4. Ensuite, compléter toujours avec l'action.

> *On doit laisser le passé derrière soi*
> *pour faire place à la vie devant soi.*

Quel que soit le sujet de préoccupation et d'inquiétude : amour, santé, famille, travail, il y a toujours une issue, une porte. Comme je le répète souvent, on ne doit pas se mettre des murs sans porte, il y en a toujours une. Peut-être que je ne connais pas la solution dans le moment présent, mais la sagesse divine, elle, la connaît. Elle a une manière claire et simple de résoudre notre problème. Se concentrer sur ce qui se fait au moment présent, c'est faire confiance à la vie. On doit laisser le passé derrière soi pour faire place à la vie devant soi. Pour avoir été moi-même agoraphobe, je peux affirmer que l'agoraphobe s'érige des murs sans porte. Il est donc prisonnier et ne sait pas comment sortir de cette prison, car il est attaché à beaucoup de concepts, et ne veut surtout pas lâcher prise. Pour lui, cela représente la perte de contrôle.

Se détacher implique de faire une rupture d'un lien émotionnel ou intellectuel, qui fait souffrir. Cela ne veut pas dire que je n'aime plus ou que je n'ai plus d'intérêt pour la personne ou la chose, au contraire cela indique que je m'aime et que j'aime les autres. Je décide de me détacher pour être libre et aimer plus harmonieusement, sans attache. Pensez à une personne à laquelle vous seriez attaché. Vous avez peur de la perdre; si elle s'en va comment allez-vous vous sentir? Si vous êtes attaché fortement à vos enfants et qu'en retour vous ne recevez pas ce à quoi vous vous attendez, la déception est là. Dès que vous êtes en présence d'un sentiment de tristesse, vous êtes en présence d'un attachement, d'une prise que vous avez sur quelque chose ou sur quelqu'un. Vous devez alors abandonner la prise, pour votre grande joie de vivre.

Dans le détachement, un autre élément est important. On doit se détacher avant de s'attacher. Par exemple, dans une relation affective, vous ne pouvez aimer deux personnes à la fois. Donc vous devez terminer cette relation avant de vous embarquer dans une autre, sinon vous êtes attaché à deux personnes en même temps et cela crée beaucoup de nœuds et les relations sont vouées à l'échec. C'est la même chose pour le travail, si vous travaillez à deux endroits par peur de ne pas avoir assez d'argent, vous ne pouvez vous consacrer véritablement sur un emploi, donc cela ne peut fonctionner.

Il y a 5 milliards et demi de personnes sur terre et il y a 5 milliards et demi de lunettes différentes qui teintent la vision sur la vie. Si je ne suis pas heureux, pas bien, triste et malheureux, ce n'est pas la faute des autres car chaque être humain est responsable de ses frustrations et de ses émotions. Si je ne suis pas heureux, je n'ai qu'à changer mes lunettes en acceptant que les autres aient le droit de garder leurs lunettes. Il existe des lunettes de toutes les couleurs, des roses, des bleus, des noirs, des jaunes, etc. Les lunettes que nous mettons ont un lien avec la perception de la vie que l'on a et qui prend racine dans l'enfance. Si je vois mon enfance comme étant un enfer et que je me vois comme victime, les lunettes que je porte risquent d'être teintées de noir, alors je n'ai pas à me surprendre si je vois la vie en noir. Mais, par contre, si je change mes lunettes et que je trouve que le monde a bien changé, que les gens sont plus gentils, plus souples, que la vie est plus belle tout à coup et bien tout ceci n'est pas vrai. Le monde n'a pas changé, c'est moi qui a changé ma façon de voir.

> ## *Pour se détacher, il faut vouloir changer.*

Si vous n'apprenez pas à gérer vos émotions, ce sont elles qui vont vous mener. Vous devez éduquer votre subconscient, car il ne l'a pas appris. Pour se détacher, il faut vouloir changer, c'est une condition. Ce n'est pas le désir, mais la volonté; c'est d'en avoir assez de vivre comme cela. Le résultat est le détachement et la liberté d'être.

L'intégration du détachement se fait beaucoup à partir de l'âge de 30 à 35 ans. Pourquoi à cet âge? Parce qu'en principe, c'est à cet âge qu'on réfléchit sur ce qu'on veut devenir, sur notre vie sociale et intellectuelle. La personne en a assez de vivre la souffrance et elle est prête à changer. Il y a des personnes pour qui c'est plus tard et d'autres, jamais. Les croyances que nous avons apprises et qui nous faisaient souffrir jusqu'à cet âge, nous sommes maintenant capables de les changer. L'ouverture de la conscience se fait généralement à cet âge. Bien sûr, il y a toujours des exceptions. Si la personne a beaucoup souffert, elle sera portée à changer plus tôt. Finalement, c'est une décision qui prendra le pouvoir sur l'émotion, car l'émotion prend souvent la place de l'intelligence. Il faut alors que l'intellect reprenne sa place et décide de laisser l'émotion. Vous ne devez plus vous laisser conduire par vos émotions (subconscient).

Il s'agit d'utiliser la logique et le rationnel. Au début, je croyais qu'être rationnel impliquait ne pas avoir de sentiments ou être froid. Au contraire, c'est de cette façon que nous arriverons à nous libérer de ces attaches qui nous font souffrir. On doit faire la différence entre ressentir et ensuite utiliser notre côté rationnel. N'oubliez pas qu'avant de gérer une émotion, on doit la vivre et la ressentir. Beaucoup d'agoraphobes nient les émotions et par la suite essaient d'utiliser leur côté rationnel; cela ne fonctionne pas, car il nie l'émotion, il ne la reconnaisse pas donc ils ne peuvent la gérer.

Exercice

Comme exercice pour vous amener à pratiquer le lâcher prise, je vous suggère d'écrire toutes les choses qui vous font souffrir et auxquelles vous êtes attaché. Ensuite, mettez-les en ordre

décroissant, du plus facile au plus difficile, et pratiquez le détachement tous les jours. Vous serez surpris de voir de grands
changements s'opérer en vous. Vous pourrez dire que vous
n'êtes plus attaché à rien, lorsque vous pourrez affirmer: JE NE
TRANSPORTE PLUS RIEN.

LA MÉDITATION: OUTIL POUR LE DÉTACHEMENT

Qu'est-ce que la méditation et quel est son but?

La méditation n'est pas une science nouvelle. Elle vient des
pays bouddhistes et hindouistes. La méditation constitue dans
ses modes et ses degrés un art difficile à maîtriser. Elle demande de la pratique. C'est une technique et un outil qui a pour
but d'agir sur la conscience pour la modifier et surtout l'élargir.
Elle apporte de la quiétude et c'est un moyen qui nous permet
d'élever notre conscience degré par degré. La méditation arrive
à la fin des 12 étapes; avant, les gens ne seraient pas capables
de la faire, vu leur grande activité cérébrale et leur incapacité de
ressentir. J'ai déjà essayé de méditer au début de mes symptômes et cela me faisait beaucoup plus peur, car je ressentais
des choses que je ne voulais pas ressentir et à ce moment-là, je
n'avais fait aucun travail sur moi et je n'avais aucun outil. Mais
rendu à ce stade, vous êtes capable de la pratiquer et de créer
une nouvelle habitude dans votre vie.

Le mot «méditation» veut dire réfléchir ou se concentrer
sur un sujet en utilisant l'imagination et la pensée. La méditation n'est pas une fuite. On ne fait pas de la méditation pour
échapper au monde, aux difficultés de la vie ou à ses responsabilités. On la fait pour se recentrer et se reconnecter. La méditation a un très grand pouvoir de transformation. Elle aide à nous
solidifier intérieurement face aux difficultés de la vie et par le
fait même nous permet de mieux gérer nos émotions. La méditation est un outil pour aller à l'intérieur de soi. Il s'agit de se
concentrer sur une pensée spécifique et rien d'autre. Si votre
pensée s'en va ailleurs, vous ne pourrez méditer et vous devrez
ramener votre pensée sur le sujet en question.

La méditation a un très grand pouvoir de guérison puisque
c'est une nourriture pour les racines de notre être. Elle vient reconnecter notre corps et notre âme pour ne faire qu'un. L'agoraphobe est déconnecté. Il est séparé de son corps et de son

esprit. La méditation remplace les médicaments que l'on utilise pour:

- Apporter la tranquillité d'esprit
- Redonner de l'énergie
- Améliorer la santé
- Régler les problèmes d'insomnie

Lorsque j'ai commencé à pratiquer la méditation, j'ai constaté beaucoup de changements en moi et je me sentais beaucoup plus connectée et enracinée. Je me sentais beaucoup plus calme et sereine. Les effets de la méditation sont grands. La méditation apaise le mental de l'agitation inutile, elle améliore la concentration, augmente l'efficacité au travail, recharge en énergie tout notre organisme et améliore la connaissance de soi et des autres. Elle aide aussi à éliminer les tendances négatives du subconscient et augmente la maîtrise de soi, en un mot la méditation a un pouvoir de changement. Elle peut changer la structure du moi, de la pensée et nous libérer du conditionnement (agoraphobie) et du passé.

Comment la méditation peut-elle nous aider face à des sentiments de doute et de culpabilité? La perception qu'on a face au bien et au mal, au vrai et au faux, qui à son tour est le produit de notre éducation et de nos souvenirs, nous enchaîne au passé. Nous ne sommes pas maîtres de nos actes, donc cela nous amène à douter et à nous sentir coupable. Nous vivons dans une conscience conditionnée qui vient des influences internes et externes qui nous gouvernent. Une conscience qui est conditionnée ne peut avoir une vision juste des choses. Par la méditation, vous apprendrez à prendre conscience et à maîtriser cet espace intérieur avec ses associations mentales et ses émotions qui souvent créent des tensions.

Lorsque vous commencerez à pratiquer la méditation, tranquillement vous sentirez le goût de changer vos habitudes alimentaires, vestimentaires, musicales, etc. Pour comprendre la méditation vous devez apprendre les niveaux de conscience chez l'humain.

NIVEAUX DE CONSCIENCE CHEZ L'HUMAIN
Le supraconscient:

C'est dans cette zone que résident les énergies supérieures de l'esprit, les facultés et les pouvoirs supranormaux d'un genre élevé. C'est de là que nous parviennent nos intuitions et nos inspirations élevées. Cette partie de nous est en contact avec les plans supérieurs.

Le conscient:

C'est ce que l'on perçoit: les émotions, les pensées et les sensations. Avec le conscient, on juge, on raisonne et on sélectionne.

Le subconscient:

C'est le réservoir de nos automatismes, de nos habitudes, de nos instincts et de nos pulsions. C'est lui qui enregistre tout du début jusqu'à la fin. Il ne réfléchit pas, il reçoit les ordres du conscient. Il n'a pas la faculté d'analyser.

L'inconscient:

C'est la même chose que le subconscient. Comme je vous l'ai expliqué précédemment, nous sommes régis à plus de 90 % par notre subconscient.

Par la méditation nous purifions différentes zones de l'inconscient.

> *Nous devenons tout ce qu'on a laissé entrer*
> *dans notre subconscient.*

Pour arriver à maîtriser sa vie, il faut devenir plus conscient. Bien souvent l'être humain ne sait pas vraiment ce qu'il dit, ce qu'il fait ou qu'il pense puisqu'il agit machinalement. Cela amène à vivre des états intérieurs négatifs dont les causes profondes nous échappent. On sait que nous avons appris des comportements, des sentiments négatifs qui nous amènent à avoir des pertes d'énergie, qui nous rendent malheureux et provoquent des tas de choses que l'on ne désire pas et qui sont très désagréables. Nous devenons tout ce qu'on a laissé entrer dans notre subconscient. On doit se poser des questions. Par la méditation vous aurez des réponses qui vous amèneront à comprendre vos comportements.

Pour comprendre plus en profondeur la méditation, nous allons nous arrêter sur la constitution de l'homme. Tout d'abord, nous sommes constitués de 7 corps subtils:

LE CORPS PHYSIQUE: Il est le dernier maillon d'une chaîne importante. Il sert de support aux autres corps plus subtils. Il est celui que l'on utilise pour entrer en contact avec la matière via nos cinq sens. Il est très utile à notre évolution. On se doit de le tenir en santé car il est notre instrument de travail.

LE CORPS ÉTHÉRIQUE OU ÉNERGÉTIQUE: Il est le détenteur de la vie. Son rôle est d'absorber les énergies et de les transformer pour ensuite les distribuer selon les besoins du corps physique. Il est comme un agent transformateur de l'énergie vitale et universelle appelé «prâna». Il est l'image du corps physique et épouse sa forme. Lorsque nous sommes endormis, il répare le corps physique. La santé du corps éthérique dépend de la pensée positive et harmonieuse, d'une bonne respiration, d'une nourriture saine et équilibrée, de l'hygiène physique et morale. Il est très relié au corps physique. Après la mort, il prend trois à cinq jours pour se désagréger et retourner au réservoir de la nature.

LE CORPS ASTRAL OU ÉMOTIONNEL: C'est le corps de nos désirs, de nos passions et des émotions (peurs, angoisses, culpabilité, colère). C'est un corps qui fluctue beaucoup à cause des émotions qui changent régulièrement.

LE CORPS MENTAL INFÉRIEUR: C'est le corps de la pensée. L'impulsion de la pensée, du corps mental est transmise au plan physique par le corps astral et se manifeste par des vibrations émises au cerveau. Le corps mental permet l'exercice de la raison, du jugement et de l'imagination. Dans ce corps sont inscrits nos habitudes, nos principes et nos préjugés. C'est par lui que nous avons notre perception du monde. Selon la pureté du corps mental, nous allons soit générer de bonnes pensées ou de mauvaises pensées.

LE CORPS CAUSAL OU MENTAL SUPÉRIEUR: Ce corps régit les formes-pensées au niveau de l'intuition spirituelle. Il est le résultat de toutes les expériences de notre vie. Ces résultats agissent comme causes et façonnent les existences futures de nos prochaines incarnations.

LE CORPS BOUDDHIQUE OU CORPS DE FÉLICITÉ: Ce corps s'identifie par l'amour pur, universel pour les êtres humains. Il cristallise tous nos efforts qu'on a accomplis pour se rapprocher de Dieu.

LE CORPS ATMIQUE OU DIVIN: C'est le divin qui est en nous, notre étincelle divine. Il donne accès au plan de l'absolu. Le but ultime de la méditation est de communiquer avec cet aspect de la conscience divine qui est en nous. Plus les corps inférieurs se purifient par la pratique de la méditation, plus les hautes vibrations de ce corps de lumière nous imprègnent de mieux en mieux et transforment notre vie.

Je vous ai expliqué les 7 corps subtils parce que la plupart d'entre nous ne connaissons que la définition du corps, de l'âme et de l'esprit.

Le corps: C'est le corps de chair, notre véhicule. Le corps éthérique et le corps physique sont intimement liés.

L'âme: C'est une énergie spirituelle qui s'infiltre en tout notre être et qui l'humanise. Elle correspond au corps mental et au corps astral.

L'esprit: Ce sont nos trois corps supérieurs: causal, bouddhique et atmique.

Je pourrais vous parler longuement de tout ce qui touche la méditation, par exemple: les chakras qui sont des centres énergétiques. Le but est d'apprendre à méditer et de le pratiquer tous les jours. Vous verrez encore là beaucoup de changements. La méditation est utilisée pour la détente du mental, pour améliorer notre état d'être et surtout pour être plus conscient donc plus centré en nous-mêmes.

La raison pour laquelle la méditation fait partie des 12 étapes est que l'on ne peut se sortir de ce mal de vivre sans avoir été à l'intérieur de soi. Pratiquer ici et maintenant la méditation nous amène à être plus conscient et avoir plus de concentration.

Méditation en action

La méditation ne veut pas dire seulement «en état de détente». On peut méditer sur n'importe quoi de positif. Beaucoup de personnes méditent sans le savoir. La méditation veut dire concentration. Je vous donne plusieurs exemples de choses sur lesquelles vous pouvez méditer et qui sont simples.

Concentrez-vous sur votre main et observe-la, regardez comment elle est faite, sa couleur, sa structure. Le but est que lorsque vous méditez sur votre main, vous ne pensez pas à autre chose. On peut méditer éveillé, en bougeant, comme par exemple en prenant une marche dans le bois et en observant les arbres. Le but c'est de devenir plus conscient. L'agoraphobe a un grand problème de concentration, car il est constamment dans son mental et dans des pensées négatives. Je me rappelle que j'oubliais beaucoup de choses et je me décrivais comme étant lunatique. Je croyais que cela faisait partie de moi, mais c'était tout simplement que j'étais constamment dans mes pensées négatives. Quand j'ai commencé à pratiquer la méditation, j'ai remarqué un changement considérable et un grand bien-être. Je vous donne une méditation qui est simple car si je vous enseigne une méditation compliquée, vous ne la ferez pas. Vous devriez vous pratiquer tous les jours à méditer sur des choses faciles, comme votre corps, des objets, une pensée. Le but de la méditation est que vous soyez de plus en plus conscient et de plus en plus concentré. Vous n'êtes pas obligé de pratiquer plusieurs heures par jour car quelques minutes suffisent pour en ressentir les bienfaits.

Méditation en état de détente

Mantra

Dans la méditation il y a des mantras. Un mantra est un mot sanscrit. En fait, c'est un mot neutre qui ne veut rien dire. On utilise le mantra pour faire monter les vibrations, c'est un son et vous devez en venir à être capable de le faire vibrer jusqu'à votre colonne vertébrale. Il existe des mantras traditionnels, mais vous pouvez trouver le vôtre.

Aoume

Le aoume est prononcé «A OU ME» et doit être décortiqué, ceci est très important. Lorsque vous prononcez un mantra, vous demeurez concentré et cela augmente votre vibration. Comme mantra il y a aussi le AKA et le KARA. Lorsque vous faites une méditation en état de détente, vous pouvez seulement répéter un mantra, car le mantra est méditatif.

Respiration

Toujours pour la méditation en état de détente, il est important de bien respirer et de pratiquer la respiration pour la méditation que je vous ai enseignée précédemment dans le chapitre de la détente.

Musique

Il existe aussi des musiques qui sont faites pour la méditation et qui harmonisent tous nos corps énergétiques. Vous pouvez aussi chanter la musique la bouche fermée. Vous vous rendrez compte d'une vibration à l'intérieur de vous. La danse est aussi une forme de méditation, car lorsque vous dansez, vous ne pensez pas à vos problèmes.

Position

Lorsque vous faites de la méditation en état de détente, la position est très importante. Vous pouvez la faire soit sur une chaise ou dans la position dite facile pour les débutants. Il existe bien sûr la position du lotus, la posture parfaite et la posture facile. Le but est de pratiquer la méditation de façon régulière. Si je vous donne en partant une position difficile, vous allez abandonner et finalement vous ne connaîtrez jamais les bienfaits de la méditation. De toute façon on ne doit jamais oublier que le but est d'être bien et d'arriver à la liberté.

Position facile ou le tailleur

Pour être confortable dans cette position, on doit surélever le bassin avec un coussin épais pour que les hanches ne soient pas trop basses par rapport aux genoux. Prenez le temps de ressentir vos points de tension pour les travailler. On doit chercher à assouplir nos articulations. Une posture est maîtrisée lorsqu'on peut garder la position pendant une longue période de temps. On peut le faire aussi sur une chaise, l'important c'est de garder la colonne très droite. On doit être bien dans la position que l'on adopte. Je vous propose une méditation qui vous aidera à devenir maître de vous. C'est une méditation qui agit au niveau du plexus solaire qui est le centre des émotions.

Exercice pour décongestionner le plexus solaire

À pratiquer au coucher ainsi qu'au réveil.

- Respiration lente, calme, complète de 5 à 10 fois;
- Puis inspiration normale durant deux minutes;
- Inspirer lentement, complètement, puis rester en rétention d'air tout en sortant et en rentrant alternativement l'abdomen;
- Puis expirer et attendre que la respiration se calme;
- Recommencer le même processus de 3 à 5 fois;
- Se relaxer;
- Une fois la détente bien amorcée, affirmer:
  - Je suis de plus en plus calme, calme.
  - Je suis de plus en plus maître de moi, maître de moi.
  - La maîtrise sur mes émotions grandit chaque jour.
  - Le calme grandit en moi.
  - Je deviens de plus en plus maître de moi.

Les obstacles à la méditation

Il est normal de rencontrer des petites difficultés lors de la pratique de la méditation. La méditation est une confrontation avec soi-même, avec certains aspects de soi qu'on n'aime pas et qu'on a de la difficulté à accepter. C'est la raison pour laquelle l'agoraphobe a de la difficulté au début à méditer, car il est confronté à lui-même. Cette difficulté vient de l'intérieur et non de l'extérieur de nous. L'important est de ne pas se décourager et de continuer.

Les principaux obstacles rencontrés lors de la pratique de la méditation:

- L'inconfort dans la posture
- L'impatience
- Le doute
- Les émotions de haine, de jalousie et de tristesse
- La paresse
- L'instabilité mentale
- Les désirs
- La tendance à la rêverie
- La solitude

Pour avoir été moi-même agoraphobe, je peux affirmer que j'ai connu tous ces obstacles lors de mes pratiques. Aujourd'hui, je traite beaucoup de personnes et toutes au début ont beaucoup de difficultés à se concentrer. Elles affirment même que cela est impossible, car elles ne sont pas capables de visualiser ou d'aller à l'intérieur d'elles. Cela est tout à fait normal car le mental, étant très agité et tourmenté par des pensées obsessionnelles, ne peut arriver à garder sa pensée sur un point en particulier. Par contre, je peux vous affirmer que si vous persévérez, vous arriverez à vous défaire de ce tourment qui vous amène à vivre comme si vous étiez emprisonné.

Je suggère à mes clients de se trouver un exercice physique pour reprendre contact avec leur corps ainsi qu'avec leur âme, soit par l'anti-gymnastique, le yoga, la pratique du Feldenkrais ou encore la massothérapie, la polarité, le trager, le massage énergétique, le conditionnement physique, la natation etc. L'agoraphobe ne se sent pas bien dans son corps et pour lui ce dernier est son pire ennemi. C'est la raison pour laquelle vous devez reprendre contact avec ce qui vous fait le plus peur, à l'intérieur de vous, mais c'est en y allant que vous découvrirez tous les trésors qui y sont enfouis. Par la méditation vous pourrez prendre contact avec tout votre être et plus jamais vous ne vous sentirez vide.

De toutes les techniques que j'ai utilisées, celle que je trouve excellente et qui à mon avis est la meilleure, pour les personnes souffrant d'agoraphobie, c'est la méthode Feldenkrais. C'est reprendre conscience de notre corps à travers le mouvement pour l'habiter le mieux possible, pour tirer partie de la totalité de notre potentiel physique et psychique. Tel est le but vers lequel tend la méthode Feldenkrais. *«C'est une technique corporelle basée sur les découvertes de la neurologie, de la physiologie et de la psychologie qui est en train de gagner du terrain en France.»* Anne Le Nir

Par la pratique du Feldenkrais, vous retrouverez l'enfant en nous et réhabiterez votre corps dans un bien-être et une harmonie incroyables. C'est une forme de rééducation et une façon de changer l'image que vous avez de vous-même. La méthode à été développée avec les mouvements de base du bébé. Moshé Feldenkrais avait sa propre école et enseignait à l'université.

J'ai moi-même pratiqué la méthode Feldenkrais, dès les premières séances, j'ai remarqué beaucoup de changements en moi et surtout une confiance que je retrouvais ou plutôt que je découvrais car je ne l'avais jamais ressenti auparavant. Elle m'a appris à prendre conscience de mes émotions par le mouvement et j'ai par la suite fait la prise de conscience par les émotions ce qui fait un merveilleux mélange. C'est la raison pour laquelle je conseille fortement à toutes les personnes atteintes de problèmes phobiques de pratiquer le Feldenkrais. D'ailleurs dans les ateliers que je donne, les séances de Feldenkrais en font partie.

Conclusion et témoignages

Je suis certaine que vous avez travaillé très fort et que vous avez déjà constaté beaucoup de changements positifs. J'aimerais vous dire de ne pas vous inquiéter pour ce que vous n'avez pas encore réglé. Avec le temps et la pratique de ce que vous avez intégré, vous arriverez complètement à vous libérer de vos peurs.

Les 12 étapes ont été élaborées à partir de mon vécu et je peux vous assurer de leur efficacité, si vous les suivez bien. On doit toujours considérer que cela prend un certain temps avant que tout soit intégré. Ne vous découragez pas, car vous avez une preuve que ça fonctionne bien avec les changements déjà opérés en vous. Il ne faut jamais oublier que la peur est un conditionnement comme n'importe quelle mauvaise habitude et que cette mauvaise habitude peut revenir parfois après huit années de non-symptôme seulement pour vous tester afin de voir si vous allez embarquer avec elle de nouveau. C'est à vous d'agir en conséquence.

Depuis sept ans, je n'ai plus du tout de symptômes. Je me rappelle que l'année suivant ma guérison, certaines craintes ont voulu refaire surface. Par cette expérience, j'ai compris qu'il me manquait quelque chose. Je ne contrôlais pas mes émotions à 100 %. Cette expérience m'a permis de comprendre que je devais traiter encore plus mes émotions et qu'il me restait à travailler sur un sentiment de ne pas être à la hauteur. Par la suite, je n'ai pas eu d'autres symptômes.

Ce qui me permet de vous affirmer que l'on peut s'en sortir à 100 %, c'est que dernièrement j'ai vécu une belle expérience qui me prouve que ma technique est efficace et que je ne suis plus du tout agoraphobe. Je me suis retrouvée à un endroit où j'étais complètement dans l'inconnu et seule dans le bois, pendant un certain temps, ne sachant même pas où j'étais ni comment retrouver mon chemin, et ce qui est merveilleux c'est que je n'ai ressenti aucune peur et aucun symptôme.

Ma recherche personnelle m'amène à croire que si cela revient, c'est qu'il reste encore des émotions que nous n'avons pas traitées d'où l'importance de les gérer. Lorsque vous serez complètement libre de tous concepts, croyances et pensées négatives, il est pratiquement impossible d'avoir à nouveau des symptômes.

J'espère que les 12 étapes ont su vous aider grandement et si vous en ressentez le besoin, recommencez-les. Vous comprendrez peut-être des choses que vous n'aviez pas vues la première fois. Avant de terminer, j'aimerais vous expliquer la pratique beaucoup plus en détails, la psychothérapie et des questions que j'ai recueillies à travers les rencontres avec mes clients. Je veux également partager avec vous des témoignages reçus de personnes que j'ai traitées.

QUESTIONS FRÉQUENTES

- **J'ai l'impression que je recule, que je n'avance plus et que je retombe comme avant.**

On ne doit jamais oublier l'échelle de guérison de 0 à 10. Lorsqu'on avance, il est tout à fait normal d'avoir un arrêt qui est nécessaire pour comprendre des choses que vous ne saisissez pas encore. Cet arrêt vous permet de comprendre pour ensuite continuer à avancer. Il y a 12 étapes à comprendre, donc chaque fois que vous vous arrêtez, c'est pour en comprendre une et l'intégrer.

- **J'ai de la difficulté à faire mourir la peur.**

Pour faire mourir la peur vous devez vraiment avec votre cœur vous abandonner, accepter de mourir et de ne plus vous battre. Ainsi la peur diminuera de plus en plus.

- **J'ai peur de pratiquer la technique d'anticipation et de faire une panique.**

Au contraire, c'est l'inverse qui se produit puisque la technique d'anticipation a pour but de faire mourir la peur. Plus vous la pratiquerez et plus votre peur diminuera. N'oubliez pas que la panique se présente lorsque la personne se bat avec la peur, lorsqu'elle veut la fuir. Faire la technique d'anticipation, c'est comme accepter à l'avance de ne pas combattre la peur, mais de plier dans le même sens qu'elle.

- **J'ai de la difficulté à pratiquer la notion de responsabilité et j'ai peur que les gens ne m'aiment plus.**

Plus nous pratiquerons cette notion, plus nous deviendrons responsable et maître de notre vie. Nous devons apprendre à nous aimer en premier pour ensuite récolter l'amour des autres. Chercher à se faire aimer des autres en premier ne pourra jamais nous apporter l'amour de nous-mêmes. C'est une notion qui est très importante pour parvenir à la guérison.

- **Même si je continue à manger du sucre, est-ce que je vais m'en sortir quand même?**

Comme je l'ai expliqué, nous parvenons à la guérison en travaillant sur les 4 plans et une bonne nutrition en fait partie. Le sucre représente le manque d'amour, alors que l'agoraphobe a besoin d'apprendre à s'aimer.

La psychothérapie

À travers les douze étapes, j'inclus toujours la psychothérapie visant à travailler sur les émotions. Je vous explique la technique que j'utilise et quels en sont les effets. C'est une approche psychothérapeutique empirique «réaccord» qui veut dire unir le corps et l'esprit. Elle amène la conscientisation par laquelle on exerce la suppression des tensions intérieures en conscientisant les sources véritables pour enlever les barrières à l'épanouissement de l'être.

Lorsque je travaille en psychothérapie, j'amène la personne en état de détente (alpha) et je travaille au niveau de ses émotions, pour l'amener ainsi à se réconcilier avec son intérieur en allant chercher la cause profonde du mal être. Le principe de base est la responsabilité et l'intégrité. L'intégration du vécu sert à purifier l'âme et à supprimer les tensions intérieures. Cela amène le discernement et la prévention, car des émotions qui ne sont pas traitées peuvent se transformer en maladies physiques. On doit libérer les émotions négatives et les résistances qui ont amené jusqu'à maintenant des confrontations dans notre vie.

En plus, cette technique efface du subconscient la programmation erronée qui provoquait auparavant un comportement réactif. Une fois la mauvaise programmation enlevée, cela permet d'accéder à un niveau de conscience supérieure et à plus de puissance dans notre vie. Toutes les confrontations extérieures que l'être humain vit, sont le reflet de son intérieur et sont placées sur son chemin afin de le faire évoluer et de lui faire découvrir sa véritable essence (nature divine). L'être humain pourra produire plus de puissance dans sa vie pour obtenir l'abondance qu'il veut atteindre. La conscientisation de ses émotions ouvre des portes que la raison se charge de fermer à clé. C'est la psychothérapie que j'utilise. Vous pouvez en travaillant sur les 12 étapes suivre quelques séances de psychothérapie. Vous devez vous assurer que cette psychothérapie travaillera au niveau des émotions.

In vivo

Lorsque vous pratiquez pour vous défaire de vos peurs, vous devez travailler sur les vraies peurs qui se cachent derrière et ensuite passer à l'action. Quand je parle d'action c'est **faire la confrontation avec ce qui vous fait peur**. Par exemple, vous vous sentez jugé, vous travaillez à remplacer le jugement en vous et vous devez bien sûr passer à l'action qui serait peut-être d'aller dans une foule. **Si vous ne passez jamais à l'action, vous ne pourrez intégrer ce que vous aurez travaillé**. Je vous donne un exemple, vous vous pratiquez à aller dans les centres commerciaux, vous trouvez cela difficile et vous n'y retournez plus. Vous venez de faire une fuite. Vous devez au contraire retourner jusqu'à ce que vous n'ayez plus de symptômes. Je vous donne un conseil pour que cela avance plus vite: **vous devez pratiquer tous les jours**.

Résumé

En résumé, je tiens à vous répéter que l'agoraphobie est un mal de vivre. Nous devons apprendre à vivre et cela en vaut la peine, car lorsqu'on est libre, la vie est merveilleuse. Pour avoir traité plusieurs personnes, je peux vous dire que tout le monde peut s'en sortir, si vous avez la volonté et si vous le voulez vraiment. Je termine en vous laissant quelques témoignages de personnes pour vous encourager. Bonne chance et bon retour à la vie!

TÉMOIGNAGES

Je termine sur une note positive et très encourageante: des témoignages de personnes que j'ai traitées ou qui ont suivi uniquement les 12 étapes pour vaincre l'agoraphobie. Ceci a pour but de vous donner une lueur d'espoir et de prendre conscience qu'il existe d'autres personnes qui vivent ce problème et qui s'en sortent.

Chère Nathalie,

Juste un petit mot pour te dire que je suis très heureuse d'avoir rencontré une personne gentille et courageuse telle que toi. À travers tes cours, tu as su nous faire profiter des épreuves que tu as traversées au fil des ans et nous permettre de les franchir à notre tour mais en nous aidant à comprendre ce qui nous arrivait.

Pour moi, suivre ce cours a été l'occasion de renouveler l'estime de moi que j'avais perdue et d'éloigner petit à petit toutes mes peurs avec lesquelles je vivais depuis plusieurs années déjà. Aujourd'hui je pense un petit peu plus à moi, je suis plus à l'écoute des autres et j'essaie aussi de les comprendre.

En conclusion, j'ai grandement apprécié cette thérapie qui m'a apporté confiance en moi et plaisir dans la vie!

Merci pour tout

Paule

Chère Nathalie,

Je voudrais te remercier pour les connaissances que j'ai acquises avec toi. Tu m'as appris à me faire confiance, moi qui n'en avais pas du tout. Tu m'as donné beaucoup d'outils pour m'en sortir et je suis sûre d'y arriver. Toutes les semaines, j'avais hâte au «jeudi». C'était tellement intéressant que je ne voyais pas l'heure passer. J'ai toutes les cassettes et les feuilles du cours que je vais garder précieusement toute ma vie. Je vais les écouter et les relire souvent. En allant à tes ateliers, je me suis fait un fichu de beau cadeau.

Merci Nathalie d'avoir partagé ton savoir avec nous!

Pierrette

Chère Nathalie,

Je suis bien contente d'avoir rencontré quelqu'un qui était comme moi. J'ai beaucoup apprécié ta série de cours et avec tous les outils que tu nous as donnés, tu nous aides à nous en sortir. Quand il y a quelque chose qui ne marche pas, on peut te lire ou t'écouter avec les cassettes.

Je t'ai trouvée chaleureuse, je me sentais très bien avec toi et je ne regrette pas d'avoir suivi tes cours. Il y a longtemps que je cherchais ce genre de cours. Pour moi c'était la première fois que je suivais un cours au complet, cela a été très intéressant.

Bien à toi

Thérèse

Salut Nathalie,

Température ici 80 °F avec légère brise. Le vol a été plaisant et sans aucun problème, j'ai même dormi! Tout est parfait, c'est bon de décrocher et de faire le plein. Hier matin, j'ai suggéré à mon compagnon de sortir, il m'a répondu que je n'étais plus la même personne puisque c'est moi maintenant qui voulais faire des sorties alors que les fois précédentes, je tentais de les éviter. Merci Nathalie pour ma thérapie, c'est vrai ma vie n'est plus la même je profite de chaque moment.

À bientôt, Sylvie

Bonjour Nathalie,

Lorsque je t'ai rencontrée, j'étais comme dans un trou noir. À travers les 12 étapes, j'ai travaillé sur moi. Quel grand bonheur et quelle grande joie de voir que cela fonctionne et surtout que pour une fois j'ai senti la liberté. C'est merveilleux de vivre ainsi. J'aimerais dire à tous ceux qui vivent ce problème de ne pas se décourager, car on peut vraiment s'en sortir. Merci mille fois pour tout ce que j'ai appris avec toi.

Manon

À prime abord, je désire spécifier que je ne souffre nullement d'agoraphobie, mais que le miraculeux effet de ce cheminement n'en est guère demeuré moindre. Pour ma part, aussitôt que cet éventail d'outils s'est immiscé dans ma vie, j'ai senti une flamme s'allumer en moi. J'ai 19 ans et jamais auparavant je n'avais éprouvé une si grande joie de vivre, une si grande envie de vivre des expériences et de plonger à l'intérieur de moi-même. J'ai découvert, grâce à ces différentes étapes, un amoncellement de trésors dont je n'avais jamais supposé l'existence. Le travail que j'ai eu à faire et qu'il me reste encore à faire sur moi permet d'ouvrir véritablement les yeux sur le monde et il ouvre également les fenêtres du cœur et y laisse entrer et sortir la lumière. Enfin, je tiens à remercier Nathalie du plus profond de mon cœur pour ce nouvel élan qu'elle a donné à ma vie en incrustant en moi cette vague inépuisable de bonheur.

Sabrina

Lorsque j'ai commencé les 12 étapes, j'étais très sceptique parce que j'avais tout essayé : psychiatre, psychologue, médecin, etc. Je me disais encore une autre thérapie qui ne donnera rien. Je l'ai quand même suivie étape par étape et je remarquais les changements s'opérer en moi. J'étais convaincu que cela ne pouvait pas durer, j'avais des doutes même si Natahlie me disait le contraire. Je continuais donc à travailler sur moi pour me rendre compte que j'avais de moins en moins peur, jusqu'à ne plus rien ressentir du tout.

Ce témoignage est pour vour encourager à persévérer dans votre démarche et que ces 12 étapes sont vraiment la clé de votre libération.

Mille mercis,

Claude

Annexe 1

Aide-mémoire face à la peur

Je vous suggère de garder cet aide-mémoire sur vous. Quand vous aurez l'impression d'avoir oublié ce qu'il faut faire face à une peur, sortez-le. Lorsque survient la panique, même si vous essayez de vous raisonner, cela ne fonctionne pas, oubliez cela. Vous devez plutôt vous rappeler les règles suivantes:

1. N'oubliez pas que les symptômes ressentis ne sont pas dangereux. Ils ne sont conditionnés que par la peur qui se trouve derrière. Donc vous **ne vous occupez pas des symptômes**;

2. Les pensées traumatisantes qui surgissent ne sont là que pour vous aider à vous sevrer de la peur, laissez-les là, n'embarquez pas avec elles. Tout ceci est normal, laissez-les passer;

3. **Faites mourir la peur en ne l'écoutant plus**, en arrêtant d'y croire même si vous avez peur. Abandonnez-vous à elle en acceptant le pire. Surtout, ne pas se battre avec elle;

4. Utilisez les outils suivants: «je suis partout chez-moi», «je ne contrôle plus, je laisse aller», «je ne me bats plus». Visualisez la tente, visualisez votre espace, c'est votre place, ne vous occupez pas des autres;

5. Pratiquer la respiration et relâcher les tensions;

6. Éduquer votre subconscient en lui disant que tout ceci n'est qu'une peur irréelle et que vous allez lui montrer ce que vous ne désirez plus;

7. Attendez que la peur disparaisse et d'être complètement à 0 niveau d'anxiété. **Ne faites pas de fuite ni d'évitement** sinon vous augmentez votre noyau de la peur et cela sera pire la prochaine fois;

8. **N'essayez pas d'aller plus vite, de vous dépêcher**, cela ne fait qu'augmenter la panique, prenez votre temps;

9. N'oubliez pas que ce qui amène la panique c'est lorsque vous combattez la peur et que vous ne voulez pas qu'elle soit là, mais si vous accepter le pire, de mourir, de devenir fou ou folle, la peur tombera et vous n'aurez pas de panique.

10. Lorsque tout est terminé, soyez fier de vous, félicitez-vous et pensez à votre but.

Annexe 2

Vivre avec une personne agoraphobe

L'agoraphobie n'est pas une maladie mentale. C'est un conditionnement appris, une mauvaise habitude créée par des sentiments comme la culpabilité, la honte, le rejet, le manque d'estime de soi, le sentiment d'abandon, etc. En un mot, c'est un mal de vivre. L'agoraphobe n'a pas appris à vivre. Il érige constamment des murs sans portes autour de lui.

En présence d'une personne souffrant d'agoraphobie, il faut d'abord faire preuve d'accueil. Soyez assuré que la personne souffre vraiment. Elle se sent en prison et vit un enfer. Demandez-lui de vous exprimer ce qu'elle ressent et témoignez-lui de la compassion. Ne lui faites pas la morale. Aidez-la à mettre des mots sur ce qu'elle ressent, mais en même temps ne craignez pas de lui faire remarquer ses fausses perceptions.

Il ne faut jamais la plaindre ni encouragez la fuite. Vous nourririez alors ses peurs et son état se détériorerait encore plus. N'acquiescez pas à ses demandes de fuite.

Méfiez-vous afin de ne pas prendre ses responsabilités. L'agoraphobe doit être responsable de ce qu'il vit et ressent; il doit en prendre conscience. Il vous faudra ainsi faire preuve d'un certain détachement qu'il ne faut pas confondre avec l'ignorance. Remettez-lui ce qui lui appartient, tout simplement.

Les choses à éviter:

- Ne faites pas les choses à sa place.
- Ne le plaignez pas.

- N'arrêtez pas vos propres sorties ou loisirs.
- N'embarquez pas dans ses peurs.
- Aidez-lui à attendre le niveau 0 d'anxiété avant de quitter un endroit.
- Motivez au lieu de forcez.
- Ne jugez pas et ne blâmez pas.
- Ne prenez pas ses responsabilités.

Les choses à faire:

- Dites-lui souvent que la peur est imaginaire.
- Encouragez-le.
- Pratiquez des exercices ensemble.
- Aidez-le à s'exprimer et à identifier ses sentiments.
- Ramenez-le à la réalité.
- Acceuillez-le.
- Minimisez ses drames.

Bibliographie

DEZIEL, Réjean, *la programmation*.

SERGERIE, Madame Adéla, *Toute la documentation cosmique*.

RAINVILLE, Claudia, *La métamédecine*, éditions FRJ.

STARENKY, J. Danielle, *Le mal du sucre*, éditions Orion.

BRADSHAW, John, *Retrouver l'enfant en soi*, éditions de l'Homme.

THORTON, Betty, *Les 12 lois cosmiques*, éditions Quebecor.

BOURBEAU, Louise, *Qui es-tu*, éditions Etc..

Pour rejoindre l'auteure ou pour commander des cassettes audio de chacune des étapes, veuillez vous adresser à:

Nathalie Jean
C.P. 71
Ancienne-Lorette, Qc, Canada
G2E 3M2

ou par téléphone au 418-861-9152
    par télécopieur au 418-861-9144

ou visitez le site web
    infini.net/agoraphob/
    courriel: agoraphobie@videotron.ca